国家出版基金资助项目
"十三五"国家重点图书出版规划项目

王 晓◎著

三江并流核心区社会秩序的建构与维持机制研究

芜野东南的民族丛书（系列二）

何国强 主编

中山大学出版社

版权所有　翻印必究

图书在版编目（CIP）数据

三江并流核心区社会秩序的建构与维持机制研究/王晓著.—广州：中山大学出版社，2016.12

（芫野东南的民族丛书/何国强主编.系列二）

ISBN 978-7-306-05893-5

Ⅰ.①三… Ⅱ.①王… Ⅲ.①社会秩序—研究—云南 Ⅳ.①D677.46

中国版本图书馆 CIP 数据核字（2016）第 267529 号

出版人：徐　劲
策划编辑：嵇春霞
责任编辑：高　洵
封面设计：林绵华
责任校对：刘　犇
责任技编：何雅涛
出版发行：中山大学出版社
电　　话：编辑部 020-84111996，84113349，84111997，84110779
　　　　　发行部 020-84111998，84111981，84111160
地　　址：广州市新港西路 135 号
邮　　编：510275　　　传　真：020-84036565
网　　址：http://www.zsup.com.cn　　E-mail：zdcbs@mail.sysu.edu.cn
印　刷　者：佛山市浩文彩色印刷有限公司
规　　格：787mm×1092mm　1/16　18 印张　318 千字
版次印次：2016 年 12 月第 1 版　2016 年 12 月第 1 次印刷
定　　价：52.00 元

如发现本书因印装质量影响阅读，请与出版社发行部联系调换

苟怀四方志，偏向边地行
（代序）

何国强

　　文化人类学在西方主要是研究海外民族的。中国引入这门学科时，学者们也是到民族地区做调查，了解异域的文化。例如，1929年调查广西凌云的瑶族，1930年调查松花江下游的赫哲族。到了1933年，燕京大学社会学系推行社区研究方法，派遣师生到内地和沿海做调查，开辟了该文化的实证研究方向。从此，中国民族学有了两种教学研究倾向或南北学派的划分。

　　虽然南派醉心于民族地区的简单社会，北派专注于汉族地区的复杂社会，但从整个学科来看，这种"自然分工"是可以接受的。1952年全国高校院系调整，南北两派不复存在，中国民族学回到南派的研究旨趣——只调查少数民族，不调查汉族，但理论指导已经有所不同。改革开放改善了这一局面，继1987年召开汉民族研讨会，更多的人开始到汉族农村做调查。回顾中国民族学走过的路程，学科的目标始终没有发生变化，那就是以田野调查方法为主，研究少数民族的文化，同时兼顾汉族的文化。

　　之所以如此，是因为中华民族乃一个整体，由几十个少数民族和汉族长期融合而成。各民族间，尤其是少数民族与汉族间的联系很密切。汉族人口众多，主要集中于内地和沿海；少数民族人口较少，主要分布于西部省份和边疆地区。少数民族在伟大祖国的创造与发展过程中尽到了光荣的责任，而且少数民族的民族数量多、文化类型多、占有资源多，所以民族学的首要研究目标是少数民族。但是，这种研究不能采用"单轨"的方式，因为如果只研究少数民族而不研究汉族，许多问题就弄不清楚；反之，亦然。另外，即使两者都研究，也不能平列对待。外国人类学家到中国来做实证研究，与我们面对的情况不同，无论调查汉族还是研究少数民族，在他们看来都是异文化。

　　研究民族主要是研究民族的文化属性，而不是研究其体质或其他自然属性。文化总是流行于确定的地域，受空间框架的限制；并且在历史长河中沿袭，受时间框架的限制。在时空条件的制约下，文化通过群体行为的传递和民族心理的投射有了固定的模式，因此，研究文化就是要寻找作为其底蕴的模式及其成因。为了揭示文化性质与时空因素的关联，有必要采用"区域文化"的概念来反映实际情况。例如，少数民族有自己的区域文化（藏文化、纳西文化等），汉族也有自己的区域文化（客家文化、福佬文化、广府文化等）。

国内区域文化的研究与黄淑娉的名字分不开。黄先生在50年的田野调查经历中，"前四十年研究异文化，后十年研究本文化"[①]，研究重点可想而知。她说："对少数民族的调查研究使我深感汉族人类学研究的重要性……当我从研究异文化转到研究本文化时，发觉先前对少数民族的田野调查和研究为我的汉民族研究打下了很好的基础……对人类学理论有进一步的体会。"[②] 这就拓展了杨成志"在中国搞人类学，非到少数民族地区调查就很难成功"[③] 的观点。笔者不惑之年受业于黄先生，继而在中山大学人类学系从教，受南北两派思想潜移默化的影响，滋生了研究两种区域文化的志趣。这种志趣推动着自己在青藏高原东部和东南部做调查，也调查广东省的汉族文化。笔者通过指导研究生深入实地调查研究，达到了为中国民族学培养人才、传承研究志趣的目的。

区域文化研究是探讨民族文化的源流关系、空间分布、内在结构、外在条件、功能特性和类型归属，从而揭示民族文化的共同性和差异性的一门学问。根据研究范围的大小，可将其分为三类，即宏观研究以全球民族文化为对象、中观研究以一国或一大地区的民族文化为对象、微观研究以局部地区的民族文化为对象。《氐野东南的民族丛书》是中观研究的成果，其中每本书所涉及的某一局部地区的一个主题则属于微观研究的成果；根据层级节制的原则，研究青藏高原东南部的民族属于宏观的区域文化研究之组成部分，其中每本书则属于中观的区域文化研究之一部分。

从技术上看，研究区域文化要讲规则。首先，一种民族文化是该民族所处的自然环境及其应对方式的交响，所以，在相似环境中的民族可能有同类型的文化，也可能没有；置身于不同环境的民族的文化类型可能不同，也可能相同。此处并不想引申这个原理，只想强调有些因素可以在书斋里慢慢品味，但民族文化非亲临其境不能完全了解，因此要坚持田野调查。

其次，区域文化是会成长、移动和变迁的，许多特质是通过民族迁徙、商贸往来、族际通婚甚至战争或征服等事件来传播的，又通过当地人的采借或抵御而产生不同程度的民族交融的结果。文化的变动性决定了区域文化研究必须

---

① 周大鸣、何国强主编：《文化人类学理论新视野》，国际炎黄文化出版社2003年版，第288页。

② 黄淑娉：《从异文化到本文化——我的人类学田野调查回忆》，见周大鸣、何国强主编《文化人类学理论新视野》，国际炎黄文化出版社2003年版，第302页。

③ 杨成志：《我与中山大学人类学系》，见《杨成志人类学民族学文集》，民族出版社2003年版，第549页。

持以动态的观点，既要注重空间的变化，也要注意时间的变化。动态观点要求把当前的文化现象作为历史的结果和未来发展的起点，要求研究不同发展时期和不同历史阶段民族文化的发生、发展及其演变规律。这不仅是区域文化研究本身的需要，而且也是这门学问在国家建设、区域开发中发挥作用的需要。

最后，区域文化的多样性决定了研究方法的多样化。从静态来看，大致有三种方法：①野外调查（或称"田野工作"）；②室内分析、综述和模拟相结合；③用正确的预设来统率材料。三者当中，田野工作无疑是最重要的，因为大部分数据和第一手资料来自于它。从动态来看，大体有三个步骤：①形成预设，指导调查并接受实证材料检验；②参与观察、收集材料、增加感受、检验或修正预设；③撰写民族志。三者是循序渐进、不断深化的过程。

以动态的观点来解释静态的社会结构需考虑文化的层次性。也就是说，物质的、制度的和精神的文化是互相作用的，周而复始就形成了惯性。传统就是一种带有惯性的文化，不论它最初是怎么形成的，原动力来自何方，一旦形成传统，其自身就成为影响历史的独立因素。传统文化有保守的功能，也有进步的功能。后者主要是对社会起稳定作用，以舒缓现代化带来的张力。因此，区域文化研究应关注四点：①族源与族体，如收集各种关于起源的传说、记录民族迁徙的故事、进行活体测量等；②物产、资源与当地人对其利用，了解其生产特点、经济结构与生活习俗；③随着生产力的提高、交通与信息条件的改善以及地区间、民族间经济文化联系的增强，民族融合与同化程度加深；④国家的民族政策内容和实施效果，行政区划和管理权限的变动与保持民族文化完整性的关系，当地民族的评判标准与评价内容。关注文化的层次性有助于国家制定科学的民族政策，更好地开发当地资源，促进民族团结，保持国家的统一；同时，有助于相关学科的建设，推动民族教育、民族地理、民族史等研究的发展。

研究青藏高原东南部的区域文化，需注意地理、民族、经济、政治、文化的互相纠缠。这片区域覆盖中国西南部、缅甸北部和印度东北部，生活着十几个民族。其中，居住在中国境内的有藏族、门巴族、珞巴族、纳西族、彝族、傈僳族、景颇族、白族、普米族、独龙族、怒族、傣族等民族，各个民族均由部落构成。这些民族的语言均属于汉藏语系，但有缅藏语族和壮侗语族之分。前者又有藏语支、景颇语支、彝语支和未定语支之分，后者则仅有壮傣语支。这片区域也是中、印、缅三国毗连的地方，边境上有些地段没有正式划界，和平时期边境民族可以自由往来。由于各种原因，当地经济和文化相对落后，各国的行政管理都有鞭长莫及之虞。目前，《芤野东南的民族丛书》的作者仅在中国境内的川、滇、藏三省（自治区）交界地带做调研，考察民族分布、人口规模、聚落构成、生计模式、生活方式、风俗制度和社区控制等内容，了解当地生态环境与人文景观的联系。印度、缅甸和英、美等国学者在中国对面边境一方做调研。中外民族学工作者共同研究青藏高原东南部，符合"礼失求诸野"的含义：文明边缘地区的文化演进迟缓于中心地区，更容易保存古朴形态的文化。假如今天要去寻访原生的文化形态，最合适调查的地点不在内地，而在边陲。2013 年，荷兰格罗宁根大学彼得·伯杰教授和德国慕尼黑大学弗兰克·海德曼教授合编了一本教科书《现代印度人类学：民族志、主题和理论》①，勾画了印度共和国成立至今 60 年的人类学历程。全书共 19 章，每章描述一个邦的民族文化。其中，第 12 章专门讲述青藏高原东南部印度一侧的情况，题目是"东北印度：民族志和政治特性"。

2013 年年底，中山大学出版社出版了《芒野东南的民族丛书》（系列一）。2015 年，系列一获得第四届中国大学出版社图书奖优秀学术著作一等奖。2016 年年底，《芒野东南的民族丛书》（系列二）即将出版。两套丛书均为中山大学出版社组织申报的国家出版基金资助项目与国家重点图书出版规划项目成果②，系列一由 7 本专著组成，系列二由 4 本专著组成，作为后续成果。科学的区域文化研究成果是长期调查、严格择材、反复构思、贯注理论和精心写作的产物，这 11 本专著就是这么循序渐进、一步步锤炼出来的。从某种程度上来说，系列二的 4 本专著后来居上，因为 4 位作者承担过系列一的工作，在后续研究中显得更有经验、更加成熟，体现了青藏高原东南部民族研究的推陈出新。

以下对系列二 4 本专著的精要概述一二：

《动力与桎梏：澜沧江峡谷的盐与税》描述了西藏自治区芒康县纳西民族乡的盐业生计模式。全书贯穿了纵横两面法：纵向从吐蕃时期到清末民初，描述了盐业生产、交换市场和权力之间的互动关系；横向则着力于社会结构的分析，通过把盐看作民族交往和交融的链环，以盐税作为主线，围绕晒盐技术、人口和制度这三大要素的内在关系层层剥离，带出与盐产品相关的诸多因素，特别揭示了澜沧江峡谷的盐场与周边民族的关系，通过分析传统的交换关系，了解各种地方势力（土司、喇嘛寺和头人等）为争取利益而发动的博弈，围绕盐的生产、流通和交换而展开的权力之争来探讨当地社会变迁的动因。

《内生与外依：迪麻洛峡谷卷入现代世界体系的研究》依据取自滇西北高山峡谷的一个民族村落的第一手资料，描述了当地逐步扩大与外界交往的过

---

① Peter Berger, Frank Heidemann. The Modern Anthropology of India：Ethnography, Themes and Theory. London：Routledge, 2013.

② 《芒野东南的民族丛书》（系列一）于 2011 年入选"十二五"国家重点图书出版规划项目、2012 年入选国家出版基金资助项目，《芒野东南的民族丛书》（系列二）于 2015 年入选国家出版基金资助项目、2016 年入选"十三五"国家重点图书出版规划项目。

程，反思了现代世界体系在理论和现实社会中的双重局限，即当地社会在迎合世界体系的同时也产生着拒斥。主要表现为三点：①生活自给品的大量存在；②传统生计地位的稳固；③现实能力的制约。其中，第一点是文化适应和习惯延续的结果，第二点是相对于市场的风险而言的，第三点是因为获取收入的途径有限。作者指出了人类学的"政治经济学派"的局限，回答了偏僻山区参与全球化进程的具体方式、动力及其所带来的影响和结果，当地民众的生活及命运发生的变化等问题。

《新龙"夹坝"的历史与文化解读》展示了自清以来尤其是清末至民国时期，四川省甘孜藏族自治州新龙县（原怀柔县、瞻化县）流行的一种称为"夹坝"的民风，严重时此起彼伏，屡禁不止，导致人心惶惶。作者以新龙藏族群众的抢劫民风为切入点，以历史文献材料为基础，选择历史上发生频率较高的区域做田野工作，通过走向历史现场的方式勾画此民风流变的过程，钩沉该社区及其周边社会的民风与习惯、政权与法律的关系；通过深入分析，探究藏族群众抢劫民风的具体维持机制以及历代政权的辖治方式，进而探讨新龙藏族群众抢劫频发的三个方面的维持机制以及历代政权打破这些维持机制的过程与方式，达到对此现象进行深层次历史与文化解读的目的，为理解地方独特的文化提供一种新的模式。

《三江并流核心区社会秩序的建构与维持机制研究》根据三江并流峡谷区的选点调查，再现了詹姆斯·希尔顿笔下的世外桃源：虽然这里有多种民族聚居、多样宗教共存，但人们并没有因为身份特征的差异而产生交往困境；相反，他们却能够在日常生活实践中平和共处、相互包容，共同建构并维持了一个和谐共生型的社会秩序。紧接着背景介绍，作者又提出问题：这种秩序是如何建构起来的？动力源何在？其运行机制和特征又为何？循着这三个问题展开讨论，在讨论中采取点面结合、纵横对比的方法，深入考察当地人的互惠体制、宗教信仰和政治生态，以此揭示地方秩序的整合机制。全书集思想性与可读性于一体，展现了真实的地方政治面貌，为维持藏族聚居区社会的稳定提供了有益的参考。

整体而言，系列二追随系列一的主题唱和。这个主题就是揭示川、青、藏接合部和川、滇、藏接合部的民族文化的多样性，它们一根红线贯穿两个系列，涉及当地少数民族文化的 11 个侧面，如生计模式、婚丧制度、社会组织、信仰表象、权力博弈等。如不长期深入青藏高原东部和东南部的山山水水，并且结合文献解读历史，是无法获得这些异文化的特点的。

《氐野东南的民族丛书》集思想性与学术性于一体，通过深描喜马拉雅山脉与横断山脉交接地区的民族文化，打通了历史与现实的屏障，为以区域为基础的文化研究提供了指南；特别是丛书作者用实证的方法收集材料，用科学的概念、范畴来分析材料的学科规范凸显了研究的意义，让更多人看到区域文化的价值所在，促使他们深入思考民族志对于区域文化有什么重要的贡献，族群、区域与文化类型是如何表现的，应该如何发挥民族志的特长等问题。从这个意义上来看，这套丛书确实是一种宝贵的资源。

长期以来，"中心/边缘"成为探讨少数民族文化的框架。那么，在这个框架中，研究重心究竟在何处？对这个问题，仁者见仁，智者见智。最近10年来，要求把着力点放在边陲的呼声越来越高。这种倾向代表了人们对民族地区与内地、沿海地区传统地位的反思，带有打破"中心论"紧箍咒的意味，正可借用来帮助厘清汉夷观念的形成及其关系，重构民族交往、交流、交融的纽带。在国家加大力度推动民族文化的研究时，我们要清醒地看到不尽如人意的方面：少数民族区域文化研究与汉族区域文化研究的比例悬殊，边陲少数民族的实证研究仍然稀少；优秀的研究成果并不多见。之所以如此，就前一种情形而论，可能是因为对田野工作的认识不到位；就后一种情形而论，不仅有田野工作不够充分完备的原因，还有理论建构匆忙甚至缺乏必要的分析综合就任意拔高的原因。

综上所述，继续发挥中国民族学的区域文化研究传统、端正研究风气、完善研究体制依然任重而道远。今天，经济快速发展，交通状况不断改善，一方面为边疆民族的调查研究创造了良好的条件，另一方面则导致了当地文化中某些因素的急速覆灭。在这种情形下，民族学工作者更要听从时代的召唤，苟怀四方志，偏向边地行，为深化少数民族区域文化研究做出应有的贡献。

前　言

青藏高原东南部有个被称为"三江并流"的地区，该地区又可划分为核心区与外围区。其中，核心区整体处于滇西北民族走廊，自古便是藏缅语各族迁徙流动的重要通道。历史上，长期的碰撞与交流，形成了该区多民族杂居、多宗教共处的社会文化现象。然而，身份特征的悬殊并没有给当地人的交往带来任何不便；相反的是，他们能够彼此尊重、互惠互融，共同建构和维持了一个和谐共生型的社会秩序。

本书即以三江并流的核心区为考察范围，采取点面结合、纵横对比的方法，探讨历史至今影响当地社会秩序建构与维持的力量究竟有哪些、它们各自的运行机制和特点为何、发生了怎样的变迁等问题。

笔者认为，村民之间自发形成的互惠交换链条、与群众生活密切相关且早已渗入人们骨髓的宗教信仰，以及以土司、头人和国家为代表的政治权力，是截至目前该区始终能够维持平稳有序社会秩序的核心力量。

三江并流核心区地处边陲，物质稀缺，故当地民众在日常生活中一直保持着互惠互助的传统。其中，由婚姻所形成的血缘关系、由认寄与结拜行为所建构的拟血缘关系是该区实现家庭间互惠及整合的关键；在地缘村落中，日常性互助和仪式性相帮则起着无与伦比的黏合功能；若将范围扩展至整个区域，随着人们之间关系的疏远，互惠性质逐渐由均衡滑向消极，而互补性的商品交换则无疑充当了社会联结的重要媒介。

此外，该区是典型的"宗教支柱化"社会，宗教信仰的影响自然不能忽视。首先，作为宗教生活的基本形式，信仰和仪式在血缘家庭（家族）、地缘村落和区域社会三个层次上形成了逐渐外扩的整合性力量。其次，宗教也会通过世俗手段实现自己的权力建构。在政治上，该区经历了长时间"政教合一"的统治；在经济上，除绑缚和压制外，宗教在一定程度上承担起了蓄水池的功能,甚至还部分地取代了政府部门的社会管理职能;在法律上,宗教组织和宗教权威一直是该区私力救济解决纠纷的重要媒介。此外,宗教还利用一系列正式和非正式的教育手段将自己的一套价值观施加于人,进而达到影响人们外在行为的目的。

作为当地政治体系的三个层次,土司、头人和国家对地方秩序的影响无疑是直接而明显的。民主改革前,头人是该区基层社会的实际掌控者,他们多依能力自然产生,因此深得人民信任;处于中间一环的土司对其辖区内社会秩序的控制主要是通过在行政上层层分封、在军事上守土保民、在法律上参与纠纷解决、在宗教上奉行精神安抚、在婚姻上结成政治同盟以及在经济上直接进行人身控制来实现的;在土司、头人逐渐式微的同时,国家权力走向前台,并用一系列经济高绩效和行政严管控的手段维持着当地的社会秩序。

在以上三个核心力量中,以土司、头人和国家为代表的政治权力较为强调"控制"与"绩效",实现的是外在的刚性秩序;而宗教信仰和村民互惠则更多地关注"整合""价值"与"情感",实现的是内在的韧性秩序。正是两者的交互作用,才共同建构并维持了当地社会的稳定和有序。

目录

绪　论 /1
　　第一节　问题的缘起 …………………………… 1
　　第二节　控制与秩序：理论的梳理 …………… 3
　　　　一、个体层次：互动与社会秩序 ………… 3
　　　　二、组织层次：权威与社会秩序 ………… 4
　　　　三、国家层次：刚、柔与社会秩序 ……… 5
　　　　四、社会失控：冲突与社会秩序 ………… 6
　　第三节　相关研究述评 ………………………… 8
　　　　一、对内地社会秩序的探讨 ……………… 8
　　　　二、具体至藏族聚居区秩序的考察 ……… 10
　　第四节　材料、概念与分析框架 ……………… 15
　　　　一、材料的搜集与使用 …………………… 15
　　　　二、关键概念与本书框架 ………………… 18

第一章　研究区域背景扫描 /21
　　第一节　区域的界定 …………………………… 21
　　第二节　地域与民族 …………………………… 23
　　第三节　田野点概况 …………………………… 29

第二章　互惠交换与动态整合 /34
　　第一节　亲属网络与家庭关系 ………………… 34
　　　　一、婚姻与姻亲 …………………………… 35
　　　　二、认寄与结拜 …………………………… 44
　　第二节　村民互助与聚落秩序 ………………… 49
　　　　一、日常性互助 …………………………… 50
　　　　二、仪式性互助 …………………………… 62

  第三节 经济交换与网络联结 …………………………………… 74
    一、分工：经济交换的基础 ………………………………… 74
    二、物的流动与网络的生成 ………………………………… 77

第三章 信仰调适与圈层整合/86
  第一节 物质稀缺与宗教信仰 …………………………………… 86
  第二节 调适：从冲突到融合 …………………………………… 90
  第三节 神山信仰与圈层整合 ………………………………… 100
    一、家族神山 ……………………………………………… 101
    二、村落神山 ……………………………………………… 103
    三、卡瓦格博 ……………………………………………… 115

第四章 神圣的世俗权力建构/120
  第一节 组织的考察 ……………………………………………… 120
  第二节 私力救济与纠纷调解 ………………………………… 126
    一、权力基础 ……………………………………………… 127
    二、诉讼：规范的私力救济 ……………………………… 130
    三、说事：准规范的私力救济 …………………………… 131
    四、私设公堂：失范的私力救济 ………………………… 135
    五、从神判到忏悔 ………………………………………… 137
  第三节 经济绑缚与慈善反哺 ………………………………… 142
    一、"宗教经济租" ………………………………………… 142
    二、"绑缚"的表征：出家 ……………………………… 146
    三、蓄水池：慈善反哺 …………………………………… 150
  第四节 无处不在的伦理说教 ………………………………… 157
    一、寺庙教育 ……………………………………………… 157
    二、讲法与涵化 …………………………………………… 162
    三、伦理与规范 …………………………………………… 165

第五章 政治体系的权力运作/170
  第一节 权力的边缘 ……………………………………………… 170

第二节　氏族、村寨中的头人 …………………………… 174
　　　　一、氏族与族长 ……………………………………… 174
　　　　二、属卡和老民 ……………………………………… 177
　　第三节　土司：中间的一环 …………………………………… 182
　　　　一、从徼外到土司 …………………………………… 182
　　　　二、土司及其统治 …………………………………… 187
　　第四节　步步下沉的国家权力 ………………………………… 198
　　　　一、管官不管民 ……………………………………… 198
　　　　二、由"台前"至"幕后" …………………………… 206

结论与思考/226

附　录/233
　　圣俗之间：茨中教堂的周日礼拜 ……………………… 233
　　署丽江知府彭继志告示 ………………………………… 239

参考文献/249

后　记/267

附图表目录

图1-1	三江并流在中国的位置	22
图1-2	三江并流核心区	22
图1-3	澜沧江大峡谷之茨中村段	25
图1-4	田野调查点在考察区域的位置	30
图2-1	吴公底与其干儿若安在家门前	47
图2-2	换工背粪的姐妹们	51
图2-3	插秧换工的地头午餐	53
图2-4	婚礼上前来帮厨的村民	66
图2-5	婚礼现场之一角	67
图2-6	和玉龙的葬礼现场	70
图2-7	此里初姆的祭日家庭弥撒	71
图3-1	杂草丛生的茨中祭天场	95
图3-2	茨中村的阿杜白丁神山	104
图3-3	徐贵生在清晨煨桑祭山神	107
图3-4	茨中村的神山公祭场	108
图3-5	内转山途中小憩	119
图4-1	求雨弥撒前的教友告解	140
图4-2	国神父在腊匝山选地形修避雪所	156
图4-3	杜仲贤神父与花落坝学生在一起	160
图4-4	村头的喇嘛讲法大会	163
图4-5	姚神父在求雨仪式中说教	165
图5-1	圈层结构	172
图6-1	神山信仰的三级整合体系	228
图6-2	整合与约制:三种力的交互关系	231
附录图1	依次接受圣餐的教友们	236
附录图2	作为公共空间的天主教堂	238

表 2-1　小维西配偶家庭通婚距离与年龄结构（2014 年）……………36
表 2-2　茨中村一年的家务与农活 ……………………………………50
表 5-1　澜沧江流域世袭土司人员 ……………………………………185
表 5-2　塘卡的设置 ……………………………………………………204

绪　　论

当前中国正处于全面转型阶段，在实现社会加速发展的同时，各种社会问题也随之集中爆发。如何处理人与人、群体与群体之间的相互关系，把社会矛盾降到一个可控的范围内，是我国政府在今后很长一段时间内的主要议题。本书以地处边陲的三江并流峡谷社会为考察对象，重点探讨历史至今当地社会秩序的建构与维持机制，以期起到一叶知秋的作用。

第一节　问题的缘起

在进行田野调查时，茨中村的肖杰一老人给笔者讲述了他亲眼看见的天主教友营救外国友人的故事。其经过大致是：抗日战争期间，因物资转运的需要，从印度抵达昆明的飞机经常在滇西北上空来来往往。一天，茨中天主教堂的管事依拉爵在从明永办事返回的途中偶遇一位身负重伤的外国人。管事心生不忍，便把他带回教堂拜见当时的古纯仁神父。受伤的外国人自称是美国的一名高级军官，从印度起飞快要到雪山上空时，因机械故障被迫跳伞着陆。由于伤势严重，这位美国军官遂在茨中教堂休养了一月有余。休养期间，他四处采风，与村民打成一片，并形成了对当地社会的直观认识。其备忘录曾记载说："这里民族不同、信仰有别，却能彼此互敬互爱、和睦共处，世所罕见。"后来，也正是在古神父和热心教友的帮助下，这位美国军官才与官方取得了联系，顺利回国。①

---

① 有关该事件的详细经过，可参见肖杰一老人的私人日记《香格里拉之主人翁依拉爵见闻》。据说，1985年春天，这位美国军官的家属一行十多人还特意远渡重洋来到茨中天主教堂，酬谢淳朴善良的村民。

笔者之所以对这个故事比较感兴趣，是因为它完全可以看作英国知名作家詹姆斯·希尔顿（James Hilton）的成名作《消失的地平线》的翻版。《消失的地平线》以川滇藏交界带的神秘地区作为故事发生的自然地理和文化背景，用瑰丽的文字向世人描绘了一个充满诗意和梦幻、飘荡着田园牧歌的理想国度——香格里拉。虽然人们对"香格里拉"有不同的解释，但它所展现的生活状态却是具体而固定的：这里的雪山、冰川、峡谷、森林、草甸、湖泊纯净而明朗；这里的人们生活安然、闲适、知足；这里的人们善良、平和、青春永驻；这里的各个民族、各种信仰和平共处、相互包容，一切都和谐又宁静。

希尔顿笔下的"香格里拉"虽带有一定程度的文学修辞，但也并非完全是凭空编造的，美籍奥地利探险家约瑟夫·洛克（Joseph F. Rock）在滇西北的传奇经历以及他在美国《国家地理杂志》上所发表的一系列文章和众多精彩的照片为他提供了最直接的原生素材。20世纪90年代，为了把自己所在的地方标榜为希尔顿笔下的世外桃源，各地百姓众说纷纭，莫衷一是。而开篇肖杰一老人所回忆的故事，只不过是这种宏大叙事背后的一股涓涓细流。但有好多次，肖杰一老人仍心有不甘地大倒苦水。在他看来，"香格里拉"原本是只属于茨中村的标签。

然而，关于"香格里拉"的故事，最吸引笔者的并不在于考证它真实的地点，而在于它揭示了一个值得我们注意的现象，那就是：这里虽然多民族杂居、多宗教共存，但人们能够在生活中彼此尊重、互惠互融，共同建构并维持了一个和谐共生型的社会秩序。德里克·巴斯（Fredrick Barth）认为，"归属"与"排斥"是作为组织类型的族群的两大关键特征，族群通过行动者的认同和归属来分类，而其社会边界则主要经由排斥"陌生人"来维持。基于种种自然和历史原因，世界不同族群之间的发展并非铁板一块，在日益增多的相互接触中利益冲突在所难免。我们注意到，近半个世纪以来，世界上许多地方的社会冲突和内战多多少少都带有族群矛盾的背景。翻看该区的历史，族群之间的冲突和相互压制亦不时隐现，尤其是当宗教问题也掺杂其间的时候，情况就变得更加恶劣。如在天主教初传到该区时，因政治权力失衡加上宗教信仰上的巨大差异，这里就曾爆发过一系列砸教堂、逐教民的恶性事件，地方秩序也因此遭到破坏。然而，每当裂痕出现时，该区的社会秩序总能迅速且保质保量地恢复和重建，乃至使"香格里拉"成了当地人民的一种新的集体认同。为此，笔者不禁要问：是什么样的力量建构并维持了该区的社会秩序？它们的运行机制和特点为何？历史中又发生了怎样的变迁？这些就是本书所要探讨的主要问题。

第二节 控制与秩序：理论的梳理

社会秩序，简单地说就是"社会得以聚结在一起的方式"①。在一定程度上，社会秩序不仅是人类的本能需求，更是社会得以存在和发展的必要前提；而社会秩序的建构和维持问题，归根结底又可以看作社会控制的问题。控制与秩序有着不可分割的内在联系。没有控制，秩序也就无从谈起。可以说，自文明诞生以后，任何社会都需要秩序，也都需要对秩序进行维持。在对"社会秩序如何可能"这个问题的思考中，赫伯特·斯宾塞（Herbert Spencer）最先使用社会控制的概念。他把社会与生物有机体进行类比，强调社会系统各部分之间的相互依赖。② 社会控制概念的创造，为后来者继续深入关注社会秩序问题提供了有用的标签。但由于观察者的角度不同，故产生了不一样的解释范式。

一、个体层次：互动与社会秩序

20世纪20年代，美国芝加哥大学兴起了一种符号互动理论，侧重于从微观的个人之间的互动来解释宏观的社会现象。很自然地，社会秩序也成为他们重点关注的对象。

作为该理论的创始人物，乔治·赫伯特·米德（G. H. Mead）认为个体在社会化的过程中会逐渐习得一种"扮演他人角色"的能力，个体想象着将自我放进他人的处境，进入他人的角色中，设身处地体验他人的感受、了解他人的态度、设想他人可能采取的行动，以此来调整和控制自己的行为。

---

① ［美］西摩·马丁·李普塞特著：《一致与冲突》，张华青、林恒增、孙哲等译，上海人民出版社1995年版，第12页。
② 参见［美］鲁思·华莱士、［英］艾莉森·沃尔夫著《当代社会学理论：对古典理论的扩展》，刘少杰等译，中国人民大学出版社2008年版，第16页。

罗伯特·帕克（Robert Park）在米德即将结束他的学术生涯时，来到芝加哥大学。在社会控制问题的解读上，帕克明显继承了米德的互动理论，认为社会是一种个体成员之间相互作用的产物，而这些个体则要受到在相互作用过程中形成的传统和规范的整体控制，为此交流和沟通便显得异常重要。①

在欧文·戈夫曼（Erving Goffman）对日常仪式的探讨中也可以看到同样的观点。按照他的论述，交互行动中的每一个个体都会按照自己对别人将采取什么样的行动的预期来安排自己的行动。这样，个体之间通过预期—行动—反应—应对的行为序列，相互磨合、彼此影响，交互个体在被他人控制的同时也控制着他人。正是基于这样的认识，戈夫曼认为，社会控制的中心不是政府，而是来自政府以外的底层的、绵延不绝的、充斥在各种社会交往和各种社会环境下的社会生活实践。

二、组织层次：权威与社会秩序

马克斯·韦伯（Max Weber）十分强调人的理性选择，但与当今较为流行的"经济人"假设不同。他认为，人的行为并不是由获取物质利益的动机决定的，而主要基于对"合法性"的追求。所谓合法性，在韦伯看来主要表现在追随者对权威的信服上。依照韦伯的陈述，人的社会行动取向可分为传统的、卡理斯玛式的和理性的，为此也存在三种与之相对应的支配性权威，即传统权威、卡理斯玛权威与法理权威，并由此延伸出三种不同的组织形式，即传统组织、神秘化组织与合法化组织。

在韦伯看来，贯穿人类早期历史的绝大多数重要的权威关系分属传统主义的统治和卡理斯玛的统治，而法理型权威只是在近代以来才表现得越来越明显。根据韦伯的分析，传统主义不仅仅是对待日常事务的心理态度，更是把每日的惯例视为不可抗拒的一种行为规范。与传统权威不同，被统治者之所以服从卡理斯玛权威，是因为他们相信这个特定人物的非凡品质。②在卡理斯玛统治下的社会里，被支配者承认和确信支配者的权威，

---

① Park. R.. *On Social Control and Collective Behaviour*. Chicago：University of Chicago Press，1967，pp. 27 – 28.
② 参见［德］M. 韦伯著《权力的三种类型》，郑也夫译，载《社会学与社会调查》1991年第2期，第43～45页。

"可能来自恐惧"①，但也正是这种恐惧在维持群落秩序上起着无以伦比的作用。按韦伯的论述，传统权威与卡理斯玛权威都有其弊端：传统权威惯性太大，效率太低；卡理斯玛权威又过于带感情色彩而非理性。在他看来，唯有基于法理权威的组织才是最理想的组织类型，即"官僚制"。韦伯认为，官僚制是现代社会中占主导地位的组织形式，它们就好比一架架精心设计的机器，能使组织运行达到最优状态。

三、国家层次：刚、柔与社会秩序

在国家产生之前，并非没有社会秩序。只不过，"在大多数情况下，历来的习俗就把一切调整好了"②。在人类学家埃文思－普里查德（E. E. Evans－Pritchard）对努尔人的考察中，我们甚至可以看到这种"有序的无政府状态"社会的真实存在。③ 但自国家诞生后，尤其是近现代以来，国家在维持社会秩序方面发挥着越来越重要的作用。

国家问题是马克思经常关注的问题。④ 依照他的观点，国家是阶级斗争的产物，主要执行两方面的职能：一是政治统治职能，主要是通过暴力的方式来实现阶级统治和镇压；二是社会管理职能，重点运用宏观调控手段协调各部门之间的运作，实现社会的和谐有序。不难看出，国家的这两个职能与社会秩序的维持存在着对等关系，也可以说，国家的本质就是为了维护和保持固有秩序而衍生出来的上层建筑。正是基于这样的认识，马克思才提出了他的阶级斗争学说和革命纲领，目的是建立更加合理的社会秩序。

与马克思重点关注国家的强制控制不同，随后的学者越来越倾向于讨论国家的柔性控制。譬如，格拉马斯基（Gramasci）曾提出"盟主权"的概念。他认为，在资本主义社会的发展中，对无产阶级进行有效的控制，不能仅仅依赖于镇压，而是要通过控制一个在社会上占主导地位的理念和

---

① ［德］马克斯·韦伯著：《支配社会学》，康乐、简惠美译，广西师范大学出版社2004年版，第4页。
② ［德］恩格斯：《家庭、私有制和国家的起源》，载中共中央马克思恩格斯列宁斯大林著作编译局编译局编《马克思恩格斯选集》（第4卷），人民出版社1972年版，第92～93页。
③ 参见［英］埃文思－普里查德著《努尔人：对尼罗河畔一个人群的生计方式和政治制度的描述》，褚建芳、阎书昌、赵旭东译，华夏出版社2002年版，第207页。
④ 参见［法］列菲弗尔著《论国家——从黑格尔到斯大林和毛泽东》，李青宜等译，重庆出版社1993年版，第122页。

价值观，以建立资本主义政体的正当性和合法性。① 无独有偶，在安东尼奥·葛兰西（Antonio Gramsci）提出的"文化霸权主义"②和路易·阿尔都塞（Louis Althusser）论述"意识形态国家机器"的地位中，我们也可以看到相同的观点。以至于阿尔都塞断言："任何一个阶级如果不在掌握政权的同时对意识形态国家机器并在这套机器中行使其领导权的话，那么它的政权就不会持久。"③

无论是讨论国家的强制控制，还是将关注重点放在柔性策略上，这样的研究都有一个共同的特征，即认为政府是权力的唯一来源。更近些时期，随着社会的发展和文化的碰撞，越来越多的学者主张权力并非仅仅来源于政府，而是分散多元的，类似于网状物、巢状物，权力中心分布在社会这张网的各个关键结点上。在米歇尔·福柯（Michel Foucault）看来，权力只存在于微观的层面上，更多地表现为一种"机制"或"技术"，如时间表、监督制度及空间布局的微小调整等。因此，他坚定地认为，现代社会已经成为"全景敞视"④之下的规训社会，而现代社会生活下的人们都无不处在规训权力的网格之中；权力规训技术不但控制了人们的躯体，而且还控制了人们的思想，正是它的发展构成了现代社会的特征。

四、社会失控：冲突与社会秩序

视冲突为政治学研究意趣的雄辩者是马克思。⑤ 马克思重视社会秩序，希望社会能够和谐稳定，但他从不否认社会存在固有的矛盾和冲突。相反，在他看来，社会结构的固有矛盾和现实生活中的冲突是社会秩序得以向前发展的动力。这样，社会一直处于冲突—和谐—冲突反复的过程中，直到共产主义社会的到来。可以说，共产主义是马克思对美好社会秩序的强烈诉求，但在实现这一目标的路上，暴力与革命是必要的手段。

---

① 转引自［英］马丁·因尼斯著《解读社会控制——越轨行为、犯罪与社会秩序》，陈天本译，中国人民公安大学出版社2009年版，第29页。
② 参见［意］安东尼奥·葛兰西著《狱中札记》，葆煦译，人民出版社1983年版。
③ 转引自［英］马丁·因尼斯著《解读社会控制——越轨行为、犯罪与社会秩序》，陈天本译，中国人民公安大学出版社2009年版，第334页。
④ 参见［法］米歇尔·福柯著《规训与惩罚：监狱的诞生》，刘北成、杨远婴译，生活·读书·新知三联书店2012年版，第219～258页。
⑤ 参见［美］西摩·马丁·李普塞特著《政治人——政治的社会基础》，张绍宗译，上海人民出版社1997年版，第4页。

与马克思相似，盖奥尔格·西美尔（Georg Simmel）也认为冲突普遍存在和不可避免。在西美尔看来，人类具有一种先天攻击的本能，而冲突的爆发不仅是本能的体现，更是目标达成的工具。① 但他不像马克思那样，认为冲突只会成为暴力和革命，而且导致社会系统的结构变化；相反，西美尔常常趋向于分析那些不太暴力和紧张的冲突。按照他的观点，冲突不但不会造成间隙和分裂，而且如果冲突的激烈程度较低且频率较高，反而能建立彼此的联系，增强社会的团结。

刘易斯·科塞（Lewis A. Coser）对社会冲突的研究大体上沿着与西美尔相似的分析路径铺展开来。但稍有不同的是，科塞并不很关心人际关系层次上的冲突及其他互动形式之间的复杂和微妙的互相影响，而是特别关注冲突对于产生冲突的较大的社会体系的总的影响。科塞认为，冲突的激烈程度会使冲突各方的分界力更分明，权力更集中，意识形态的团结更强；如果一个系统中各单位间的差别越大且功能相互依赖性越强，则冲突有可能更频繁，但强度与激烈程度较低。这样的冲突在科塞看来有可能具有以下功能：①增强系统各单位的革新精神与创造力；②缓解系统各单位之间彼此的敌意，使它们不至于站到完全对抗的立场上；③促进冲突关系的规范控制；④增强对现实性争端的意识；⑤增强社会单位间联合体的数量。冲突越是促进以上①～⑤各项，则系统内部的社会整合水平及其适应外部环境的能力将越高。②

以上的梳理不但为本书的文本建构提供了有力的理论支撑，而且还为书中进行针对性的论述设置了学术对话点。比如，互动理论之于三江并流核心区的互惠互助传统，权威理论之于该区宗教神职人员、土司及头人的身份，国家控制理论之于该区历史至今中央政权所施展的刚柔相济的统治手段等，都可进行相互印证和补充。具体论述见后文，此处暂不展开探讨。

---

① 参见［德］盖奥尔格·西美尔著《社会学：关于社会化形式的研究》，林荣远译，华夏出版社2002年版，第179页。
② 参见［美］L. 科塞著《社会冲突的功能》，孙立平等译，华夏出版社1989年版，第24～97页。

第三节 相关研究述评

当代中国正处于社会转型期,秩序问题凸显出来,成为人们普遍关注的社会问题。时至今日,国内涉及社会秩序研究的成果用"汗牛充栋"来形容也并不为过,政治学、历史学、法学、社会学、人类学及各相关交叉学科都从不同的视角对其进行了考察和阐述。然而,依据不同的社会类型,其研究成果又可粗略地划分为两大类,即对内地社会秩序的探讨和具体至西南藏族聚居区社会秩序的研究。为凝聚话题,不致面面俱到却泛泛而谈,此处仅对密切相关的重要文献予以检阅。

一、对内地社会秩序的探讨

一直以来,历史学界有关传统社会秩序的探讨不绝于耳。但在"国权不下县"的传统政治框架下,有学者把中国传统社会分为两种秩序形式:一种是以皇权为中心的"官制"秩序,形成自下而上、等级分明的梯形结构;另一种是"乡土"秩序,以家族为中心,聚族而居形成大大小小的村落,每个村落是一个天然的"自治体",结成蜂窝状结构。[①] 因此,传统的乡土社会是散漫和谐的自然社会,皇权政治在人民实际生活上看,是松弛和微弱的,是挂名的,是无为的。[②]

与此相反的一种观点则强调专制政权的全面控制,即历代王朝无不自上而下将高度集中的国家权力经各级各地的行政管理机构一直延伸到底层的乡村社会。譬如,通过对作为治安工具的保甲制度和作为农村征税机关的里甲制度,以及作为饥馑管理的"常平仓""义仓""社仓"等谷仓制度和作为意识形态统治的"乡约"等制度的考察,萧公权就认为帝制统治下所谓的"自治"并非专制政府的意图所在,而是不完全集权的结果。作为一个独裁政府,它可以通过保甲、里甲、乡约等类似的民间组织把政权力量延伸到自然村内,乃至每一家农户,只要觉得有必要,它就会随时随

---

① 参见费孝通《基层行政的僵化》,载《费孝通文集》(第4卷),群言出版社1999年版,第336页。
② 参见[美]黄宗智主编《中国乡村研究》(第1辑),商务印书馆2003年版,第68页。

地干扰乡村的生活。① 此外，在吴晗对士绅阶层的角色论述中我们也可以看到相类似的观点。在吴晗看来，士绅阶层是皇权的执行者，与官僚具有内在的一致性，是作为国家控制地方的延伸形式而存在的。②

这种"官府—民间"二元对立的经典表述，在 20 世纪 80 年代以后随着基层社会史研究的繁荣，很快就受到了挑战。于是，在此后的研究中，越来越多的学者倾向于走出书斋，步入田野，用自下而上的人类学研究视角和互动模式审视区域与基层（乡村）的社会秩序问题。

在区域研究上，华南学者卓有成效。例如，刘志伟的《在国家与社会之间——明清广东里甲赋役制度研究》③ 就是从区域视野出发，关注里甲赋役制度在规范地方社会秩序方面所起的作用。此外，郑振满对明清福建家族组织的研究也可划归为此类。依照他的陈述，明代中叶以后，地方政府职能萎缩，乡族组织开始全面接管地方公共事务，从而拥有对基层社会的控制权，成为名副其实的地方管理者。④ 弗里德曼（Freedman）认为，正是因为宗族组织的地方管理功能减轻了国家社会控制的很大一部分负担，所以国家在一定程度上会支持宗族，甚至还通过赋予士绅特权而造就强大的房支和宗族来稳定地方秩序；但族权膨胀也容易破坏封建法制，扰乱社会治安，国家也会对其进行必要的制裁和抵制。⑤

在进行区域研究的同时，解剖麻雀式的乡村个案调查也如火如荼。其中，诸多作品都涉及与本书主旨密切相关的社会秩序问题。如萧凤霞在 *Agents and Victims in South China：Accomplices in Rural Revolution*（《华南的代理人与受害者：乡村革命的协从》）⑥ 中，就通过个案考察对乡村秩序进行了整体的把握。她认为，传统时代的中国地方社区离行政控制中心较远，具有较大的自主性，然而，随着 20 世纪以来国家行政力量的不断向

---

① Kung-chuan Hsiao. *Rural China：Imperial Control in the Nineteenth Century*. Seattle：University of Washington Press, 1960, pp. 261-264.
② 参见吴晗《论士大夫》，载费孝通、吴晗等著《皇权与绅权》，岳麓书社 2011 年版，第 60~66 页。
③ 参见刘志伟《在国家与社会之间——明清广东里甲赋役制度研究》，中山大学出版社 1997 年版。
④ 参见郑振满《明清福建家族组织与社会变迁》，中国人民大学出版社 2009 年版。
⑤ 参见［英］莫里斯·弗里德曼著《中国东南的宗族组织》，刘晓春译，上海人民出版社 2000 年版。
⑥ Siu. Helen F. *Agents and Victims in South China：Accomplices in Rural Revolution*. New Haven：Yale University Press, 1989.

下延伸，乡村的权力体系已经完成了从相对独立向行政"细胞化"的社会控制单位的转变，而新的政治精英也成为这些"行政细胞"的"管家"，造成社区国家化的倾向。这种趋势的出现，毫无疑问与国家权力通过各种渠道深入乡村是密不可分的。徐勇及其弟子在他们的"下乡"系列文章和有关学位论文中，就对国家如何通过政权、行政、政党、财政、金融、法律、服务及现代民主制度等渠道深入乡村，国家意志如何贯彻以及在此过程中又如何与基层社会力量进行互动等方面进行了探讨。①

论及乡村场域下的权力互动与秩序维持，杜赞奇的《文化、权力与国家——1900—1942年的华北农村》② 是不能不提及的。作者从大众文化的角度，提出了"权力的文化网络"的概念，即不断交错影响的等级组织（如市场、宗教和宗族等）和非正式相互关联网（如庇护人与被庇护者、亲戚朋友等），共同构成了施展权力和权威的基础。"权力的文化网络"的提出，纠正了以前的乡村社会研究只关注政治、经济等方面，而忽视宗教、文化和价值观念等文化因素对乡村社会运作影响的缺陷，同时也让我们认识到乡村社会控制体系的复杂性和多元性。

二、具体至藏族聚居区秩序的考察

如若将考察范围聚焦至与本书密切相关的西南藏族聚居区，用人类学的整体性视角去审视，地方秩序的成果寥寥无几，要么略有提及，要么只是借助历史材料在单一面向上下功夫。这或许与当地恶劣的自然条件和严格的人

---

① 参见徐勇《政权下乡：现代国家对乡土社会的整合》（《贵州社会科学》2007年第11期）、《"政党下乡"：现代国家对乡土的整合》（《学术月刊》2007年第8期）、《"行政下乡"：动员、任务与命令——现代国家向乡土社会渗透的行政机制》[《华中师范大学学报》（人文社会科学版）2007年第5期]、《"政策下乡"及对乡土社会的政策整合》（《当代世界与社会主义》2008年第1期）、《"法律下乡"：乡土社会的双重法律制度整合》（《东南学术》2008年第3期）、《"服务下乡"：国家对乡村社会的服务性渗透——兼论乡镇体制改革的走向》（《东南学术》2009年第1期）；黄辉祥《"民主下乡"：国家对乡村社会的再整合——村民自治生成的历史与制度背景考察》[《华中师范大学学报》（人文社会科学版）2007年第5期]；吴素雄《政党下乡的行为逻辑：D村的表达》（华中师范大学2009年博士学位论文）；姚锐敏《"行政下乡"与依法行政研究》（华中师范大学2008年博士学位论文）；任宝玉《"财政下乡"：农村基层政府财政合法性问题研究——对我国乡镇财政设立以来刘乡的调查与思考》（华中师范大学2007年博士学位论文）；戴礼荣《"金融下乡"：构建构架与农民间的信用》（华中师范大学2008年博士学位论文）等。

② 参见［美］杜赞奇著《文化、权力与国家——1900—1942年的华北农村》，王福明译，江苏人民出版社2008年版。

为管控不无关系。但即便如此，长期以来还是有部分研究涉及本主题。

民主改革前，作为地方性政治力量的典型代表，土司在维持辖区内秩序中的作用一直备受关注。杨华双就曾对土司制度下的法律调控做过深入的分析。在他看来，土司法律对宗教的利用和吸收是稳定辖区社会秩序的重要手段。① 无独有偶，在对清代云南藏族聚居区社会控制力量的系统分析中，赵文红也持同样的观点。在她看来，清代的云南藏族聚居区虽然有官方社会控制力量、基层社会控制力量、宗教社会控制力量和土司社会控制力量四支社会控制力量共存，但四种力量的功能各有不同，而土司在中间则起着黏合剂的作用，共同维持着云南藏族聚居区的社会秩序。② 清朝末年，国际、国内形势风云变幻，中央王朝逐渐意识到对民族地方社会的控制能力对于国家安全具有重要的意义，因此摒弃了以"羁縻怀柔"为基本原则的传统治边政策，代之以寻求边疆与内地政治体制一体化。康区的改土归流，是中国近代社会国家对民族地方事务从有限干预到全面干预的转变过程。中国政治传统中的多元权力中心和自治因素，在清末的现代化运动中逐渐弱化和消失。③ 新中国成立后，由于民族宗教的特殊性问题，维稳成了国家政权治理西南藏族聚居区工作的重中之重。为此，学术界也诞生了一大批相关的研究成果。比如，王德强在《云南藏区维护社会稳定经验述要》中，就通过实地调研的方法对迪庆藏族自治州的维稳举措进行了述评。在他看来，边疆民族地区的维稳工作是一项综合的系统工程，其中各级党委的正确领导是保障，区域经济发展和人民生活改善是物质条件，全面贯彻落实民族区域自治制度和党的民族政策是根本，大力培养政治坚定、作风优良的少数民族干部是关键，不断加强基层组织建设和深入开展群众工作是基础，积极引导当地宗教与社会主义相适应是有效途径，最大限度地巩固和强化爱国统一战线是法宝，不懈地开展马克思主义民族观教育是力量之源，而坚持综合治理则是最基本的手段。④ 此外，王克文和吴

---

① 参见杨华双《土司制度下藏族传统社会秩序的法律调控分析——以川、甘、青、滇地区为例》，载《西南民族大学学报》（人文社科版）2013年第8期，第26～31页。

② 参见赵文红《试论清代云南藏区的社会控制力量》，载《思茅师范高等专科学校学报》2007年第1期，第49～53页。

③ 参见卢梅《国家权力扩张下的民族地方政治秩序建构——晚清康区改流中的制度性选择》，载《民族研究》2008年第5期，第96～105页。

④ 参见王德强《云南藏区维护社会稳定经验述要》，载《云南民族大学学报》（哲学社会科学版）2009年第6期，第5～11页。

永刚在《探寻维护藏区社会稳定的新思路》① 中,不但对影响藏族聚居区社会稳定的若干因素进行了重新审视,而且还献计献策,提出了具有针对性的反思建议。

宗教研究在整个藏学研究中一直占据着桥头堡的角色,去掉意识形态的外衣,越来越多的学者意识到宗教信仰给地方社会带来的积极效应。在《藏区寺院的社会功能及其改造》一文中,丹珠昂奔首先对寺庙如何成长为藏族聚居区社会中心的历史进程做了一番梳理,并在此基础上指出了寺庙所具备的五项功能,即政治功能、经济功能、宗教功能、文化功能和教育研究功能。在分别论述寺庙的这五项功能时,虽然作者点出了其自带的负面影响,但他也不得不承认,"每一座寺院基本上都是这一地区的宗教中心,它担负着教民完成信仰过程所需要的繁复的全部仪式过程,从而和教民建立起相依为命的深厚关系,起着很重要的社会调控作用"②。人们对信仰的虔诚,也使得宗教权威成为纠纷调解的一支重要力量。这一点在藏族史书中就多有记载。朱丽霞就曾以历史的视角,对15世纪以前藏传佛教各派系僧人的社会调解活动进行详尽的考述。通过考辨史料,朱丽霞认为,15世纪以前的社会矛盾多发生在前藏和西康,时间主要集中在西藏地方政权瓦解和中央政权交替的时期,藏族高僧参与这些纠纷的解决,一方面促进了其自身派别的发展,另一方面也对维护社会稳定起到了重要的作用。③ 此外,切排和王兰④、潘志成⑤、安静⑥、扎洛、王玉琴等⑦以及

---

① 参见王克文、吴永刚《探寻维护藏区社会稳定的新思路》,载《西藏发展论坛》2014年第4期,第37~40页。

② 参见丹珠昂奔《藏区寺院的社会功能及其改造》,载《中央民族学院学报》(哲学社会科学版)1992年第6期,第39~43页。

③ 参见朱丽霞《藏族僧人的社会调解活动考辨——以15世纪之前的藏传佛教为例》,载《西藏研究》2011年第1期,第32~40页。

④ 参见切排、王兰《藏传佛教高僧在和谐藏区构建中的地位和作用研究》,载《青海社会科学》2013年第1期,第127~132页。

⑤ 参见潘志成《藏族社会传统纠纷调解制度初探》,载《贵州民族学院学报》(哲学社会科学版)2009年第1期,第15~18页。

⑥ 参见安静《论我国藏区民间纠纷私力救济》,载《法学杂志》2012年第12期,第78~83页。

⑦ 参见王玉琴、德吉卓嘎、袁野《藏族民间调解的脉动》,载《西藏大学学报》(社会科学版)2011年第4期,第135~140页。

赵书文①等学者也在各自的论述中对这一问题进行了探讨。其中，扎洛以川西、藏东的两起草场纠纷为案例，对藏族聚居区的草场纠纷调解机制进行了描述和分析。他认为，藏族聚居区的草场纠纷调解机制正处于从传统向现代转型的时期，在理论和实践上面临诸多两难困境：传统机制具有充分协商的优点，但由于政府强制力不足而在保障协议执行方面存在缺陷；现行机制突出了政府权威和国家法原则，却影响了民意的充分表达，因此经常出现毁约行为和纠纷反复。在扎洛看来，现阶段川西、藏东地区民众的法律观念和国家的法治意愿之间尚存在某种程度的疏离，借鉴传统机制中充分协商及宗教伦理约束等手段，有助于完替现行机制。②相似地，赵书文以同样的视角对甘青藏族聚居区群体纠纷调解进行了剖析，探讨了宗教权威和国家权威在处理这类群体性事件上各自的运行机制及其成效。在研究结果中，赵书文认为，单独的国家权威或宗教权威都不足以有效地解决这些纠纷，最佳模式应该是以国家权威为主导，活佛等宗教权威人士参与其中，即他所谓的"国家权威阴影之下的宗教权威"。

藏传佛教对藏族社会的影响可以说无所不及，很多仪式禁忌、传统文化、风俗习惯即是由其慢慢演化而来的。除体认到宗教权威对社会秩序的影响外，亦有学者将眼光投置于此。如钟玉英③对宗教仪式的研究、陈光国④和卫霞⑤对习惯法的研究、完麻加⑥对神山崇拜的研究以及坚赞才旦和岳小国⑦对丧葬仪式的研究等都属此列。其中，尤以坚赞才旦和岳小国的《论三岩藏族的壁葬及其社会控制》一文最具代表性。该文运用心理学分析的方法对三岩壁葬（四世同堂的老人无疾而终，在当地被看作俗人之死

---

① 参见赵书文《国家权威阴影之下的宗教权威——以甘青藏区纠纷调解为例》，载《湖北民族学院学报》（哲学社会科学版）2012年第5期，第116～121页。

② 参见扎洛《社会转型期藏区草场纠纷调解机制研究——对川西、藏东两起草场纠纷的案例分析》，载《民族研究》2007年第3期，第31～41页。

③ 参见钟玉英《论藏族社会中的藏传佛教仪式及其社会功能》，载《四川大学学报》（哲学社会科学版）2006年第6期，第138～142页。

④ 参见陈光国《藏族习惯法在判处刑事案件中的作用探讨》，载中国民族学会编《民族学研究（第10辑）》，民族出版社1991年版，第215～229页。

⑤ 参见卫霞《习惯法与民族社会法律控制——以甘南藏族地区为例》，载《甘肃理论学刊》2013年第1期，第128～132页。

⑥ 参见完麻加《森普神山崇拜及其社会整合功能》，载《青海民族研究》2013年第3期，第82～85页。

⑦ 参见坚赞才旦、岳小国《论三岩藏族的壁葬及其社会控制》，载《任乃强与康藏研究学术研讨会论文摘要》2009年8月23日，第61～72页。

的"上品",子女会将其葬于家中)做了一番细致的考究。作者认为,生人与死人共居一室,祖先的魂灵被想象成神秘的张力,家人心存敬畏,竭力顺其意志而行事,唯恐招致不测,这在一定程度上起到了维护家庭和睦、杜绝不良习气的效果,而这种人灵之间的互动也鲜明地反映了丧葬文化的社会控制功能。

作为云南藏族聚居区的传统社会组织,属卡在历史发展中一直处于基层社会的中心地位。为此,胡兴东曾专门撰文对属卡制度的构成和功能进行分析,揭示了属卡制度在迪庆等藏族聚居区传统社会秩序形成中的作用和功能。① 与云南藏族聚居区的属卡制度相似,川藏边境的若干地带存在着另一种基层民间组织——帕措。在《试析"帕措"与社会秩序的关系——以西藏自治区贡觉县三岩地区为例》一文中,廖建新对帕措的起源和成因进行了系统探究,认为帕措对社会秩序具有一定的正功能,具体表现在内部秩序的维持和抵御外部势力入侵两个面向上。② 20世纪80年代,国家权力开始从地方全面后撤,给民间组织发挥力量留足了空间,而这无疑也刺激了学术界对这一问题的关注。宗喀·漾正冈布与何乃柱发挥了美国人类学家格尔兹的"地方性知识"的理论,提出了"地方性资源"的概念,并认为藏族聚居区民间组织是藏族聚居区发展中不容忽视的一种地方性资源。他们认为,作为地方性知识的本土力量,民间组织在建构和谐藏族聚居区中发挥了不可替代的作用。③ 贡保扎西和琼措则通过对舟曲藏族村落中"比瓜把"和"杂安部"两个民间社会组织的考察得出了同样的答案:作为舟曲藏族民间社会组织的重要组成部分,这两个民间社会组织在村民的社会经济生活中发挥着巨大的作用,在维护当地社会秩序、规范人们的社会道德、增强民族凝聚力、促进社会经济的发展、辅佐基层政府管理社会等方面都有着积极的意义。④

通过以上的文献梳理,不难发现几个特点。第一,对内地社会的秩序

---

① 参见胡兴东《云南藏区属卡制度研究》,载《中国藏学》2008年第2期,第18~21、58页。

② 参见廖建新《试析"帕措"与社会秩序的关系——以西藏自治区贡觉县三岩地区为例》,载《康定民族师范高等专科学校学报》2007年第5期,第15~18页。

③ 参见宗喀·漾正冈布、何乃柱《地方性知识与藏区和谐社会的构建——以民间或非政府组织为视角》,载《藏学学刊》2008年第4辑,第6~12、193~194页。

④ 参见贡保扎西、琼措《论藏族村落中的民间组织及其社会功能——以舟曲县武坪乡那下村为例》,载《西藏大学学报》(社会科学版)2010年第4期,第101~107页。

探讨由于起步早、发展快，因此产生了较为丰硕的成果积累；而交通条件的不便，再加上过去很长一段时间的行政隔离，则延缓了对西南藏族地区的研究，尤其是涉及民族宗教的敏感性问题，对社会秩序的考察多避之不及。第二，涉及当地社会秩序的研究成果也多是站在国家权力角度上的维稳探讨，而对地方性文化所具有的社会整合功能认识不够。第三，即使有学者注意到地方性文化的重要意义，但也多是从宗教入手展开论述，难免挂一漏万，有失偏颇，况且在宗教研究上，相关学者又多以学理探讨为主、实证研究为辅，缺乏以田野调查为基础的民族志作品。第四，在可见的民族志作品中，我们又很少能够看到把田野调查和历史叙事融为一体的佳作。纵然有某些人类学者能够深入历史背景之中，但他们也不是就具体的历史问题来展开论述，而只是将历史作为探讨文化演变的有效结构。故此，实有进一步研究之必要。

第四节　材料、概念与分析框架

一、材料的搜集与使用

在研究与写作过程中，笔者所参考的材料大致可分为三大类。

（一）历史文献

埃文思－普里查德曾经说过，人类学如果缺少历史纬度，将什么也不是。① 为此，本书在关注地方社会秩序的建构与维持机制时，不只是进行单一、平面的结构化考察，同时还积极地进行纵向的历史分析。所以，在资料搜集阶段，笔者始终把文献查阅放到同田野调查同等乃至更高的位置上。截至动笔之前，笔者搜集到的文献资料计有四类。

1. 游记见闻类

缘于该区瑰奇壮丽的自然风光和独特的社会文化，很早便吸引了国外的传教士、探险家和国内的一批文人雅士前来游历、考察，并留下大量直

---

① E. E. Evanc‐Pritchard. Anthropology and history. *Social Anthropology and Other Essays*. New York: Free Press, 1964, pp. 172-191.

接相关的原生素材。比较重要的有美国动植物学家约瑟夫·洛克（Joseph F. Rock）的《中国西南古纳西王国》、法国探险家弗朗索瓦·巴达让和亚历山德莉娅·大卫－妮尔的《永不磨灭的风景：香格里拉——百年前一个法国探险家的回忆》和《一个巴黎女子的拉萨历险记》、法国王子亨利·奥尔良的《云南游记——从东京湾到印度》及英国学者 H. R. 戴维斯的《云南：联结印度和扬子江的锁链——19 世纪一个英国人眼中的云南社会状况及民族风情》。此外，清朝时期余庆远的《维西见闻录》和杜昌丁的《藏行纪程》等也都与此直接相关。

2. 地方史志类

重要的地方志计有《迪庆藏族自治州志》《迪庆州宗教志》《中甸县志》《德钦县志》《维西傈僳族自治县志》《怒江傈僳族自治州志》《贡山独龙族怒族自治县志》及《怒江旧志整理》等。此外，《迪庆州文史资料选辑》《怒江文史资料选辑》《德钦县文史资料》《维西文史资料》和《贡山文史资料》等也为本书提供了大量鲜活的资料。

3. 民国报刊类

国民政府统治时期，迫于战火的蔓延，主要的学术阵地均向西南部偏移。正是在此情况下，掀起了一股西南研究的热潮，并相应产生了一批极具学术价值的调查报告。这类调查报告多发表在《新亚细亚》《中国建设》《东方杂志》《边政公论》《康导月刊》《边疆通讯》《申报月刊》《边事研究》《边疆服务》《开发西北》《师大月刊》《新西康》及《中学生杂志》上。由于书中所涉及的这一类文献较多，在此不一一列举，详情可参见本书参考文献"中文论文"部分。虽然其中有些文献并没有被本书直接引用，但它们为笔者思路展开和行文铺陈提供了极具价值的参考。

4. 少数民族调查资料

20 世纪 50 年代，为了进行民族识别及实现各民族跨越式发展，由中央民族事务委员会牵头，在全国范围内开展了规模空前的少数民族社会文化大调查。正是在此基础上出版了一批颇具学术价值的参考资料，涉及该区的有《藏族社会历史调查》《怒族社会历史调查》《纳西族社会历史调查》《独龙族社会历史调查》及《怒族简史》《傈僳族简史》《独龙族简史》，等等。除此之外，由于区位上的优势，云南大学和西南民族学院（今西南民族大学）也曾独自组织人力、物力进行调研，《云南民族村寨调查之怒族——贡山丙中洛乡查腊社》和《云南傈僳族及贡山社会调查报告》即是其中的代表性成果。诸如此类的报告资料是经过缜密的计划，在人力、物力相对充足的条件下通过实地调研得来的结果，有较高的可信度，为本书进行纵向的历史变迁研究奠定了坚实的文献基础。

（二）口述史

记得在笔者开展田野调查前，恩师何国强教授曾叮嘱过：找到一位懂地方性文化的老人要比随机访谈十位村民更为奏效。所以，在田野调查过程中，笔者有意识地找那些上了年纪的老人进行深度访谈，让他们尽可能地回忆自己所经历的种种过往，并讲述某些特定事件的发生原因、经过及结果。这些口述史料最大的作用便是弥补了文献资料的缺失，并能够让我们对某一阶段的社会特征或者某一事件的前后经过有一个最直观的把握。以本书的核心报道人之一肖杰一为例。肖杰一出生于1929年，现在已是接近90岁高龄的老人。肖杰一的一生颇富传奇色彩：他生于教堂、长于教堂，从小便在教会学校学习藏文、汉文和拉丁文，曾是西方神父的得意门生；后来，由于与西方教会关系过于亲密，他被抓到丽江大研农场劳改了33年，直到1984年宗教信仰自由政策落实后才返回茨中；回到茨中后，他发现信教群众对是否恢复宗教信仰仍持观望态度，又是他第一个做出表率，带领几个老人冲进天主教堂；今天，甚至连教友们所使用的藏文圣经也出自肖杰一之手，由他从西方传教士留下来的拉丁文原本翻译过来。王铭铭曾经指出，地方上头面人物的"生命史"，往往就是当地社会历史的一种折射。① 以世俗的眼光来看，肖杰一无权无势，但他的宗教身份和传奇经历使他在当地村民中成了响当当的人物。与肖杰一老人的深度访谈不仅让笔者对天主教在该区的传播历史有了更清晰且生动的认识，而且触类旁通，也使笔者对当地社会的历史变迁有了整体的把握。

（三）传说与歌谣

传说与歌谣属地方性的民间叙事，从某种程度上说，它们既是对历史的记录，又是对历史的阐释。在对《诗经》进行分析时，法国学者葛兰言曾经指出诗歌具有三个方面的价值：一是诗歌中可能蕴含着季节规则的某些痕迹，二是一些古老的民歌原本就具有仪式上的价值，三是诗歌背后表

---

① 参见王铭铭《人类学——历史的另一种构思》，载王铭铭主编《中国人类学评论》（第9辑），世界图书出版公司2009年版，第1～116页。

现了隐蔽的古代习俗。① 本书所考察的区域是一个物质相对稀缺而精神文化（宗教信仰是其内核）高度发达的地方。所以，在日常生活当中，人们据此而提炼出了形形色色的民间传说、歌谣和谚语。不难看出，这些地方性的民间叙事源于生活又高于生活。在一定程度上，它们为我们站在主位的立场理解地方文化提供了一条行之有效的路径。

二、关键概念与本书框架

在转入正文之前，有必要先对本书所涉及的若干关键概念及基本框架略做界定和阐述。

从孔德创立社会学起，社会秩序就是社会学研究的中心问题。在汉语语境当中，"社会"与"秩序"是两个常用的概念，分别对应英文中的"society"和"order"。在古代汉语中，"社会"是分开使用的，分别具有不同的含义。"社"最初是指用来祭祀的地方，"会"是集合、聚集的意思。据考证，合成词"社会"最早可见于《旧唐书·玄宗本纪》："辛卯，礼部奏请千秋节休假三日，及村闾社会，并就千秋节先赛白帝，报田祖，然后坐饮，从之。"不难看出，这里的"社会"是村民集会的意思。此后，这一概念逐步引申为一些人为了共同的目的而聚集在一个地方进行某种活动，即人们生活的共同体。② 与"社会"一样，"秩序"在古汉语中也是一个合成词。具体而言，"秩"是常规、次第的意思，而"序"通常是指顺序、次序。"秩"与"序"合成一个词使用最早见于西晋陆机《文赋》的"谬玄黄之秩序，故淟涊而不鲜"，主要是描述事物组合的协调性和有序性。由于人类社会所涉及的领域十分宽泛，因而在经验研究中，人们常常根据不同的面向将社会秩序划分为不同的类型，如政治秩序、经济秩序、法律秩序、伦理秩序等。本书舍弃了这种分门别类的划分标准，使用的是一个综合性、抽象性的概念，主要表现为人们生活的稳定和有序。

"社会整合"与"社会控制"是本书采取的另外一组主要概念，由于它们之间既存在联系又相互区别，所以不妨放在一起对比说明。

从词性上来说，"整合"既可以作为名词，也可以作为动词，分别对应英文中的"integration"和"integrate"。《牛津实用英语词典》对两者都

---

① 参见［法］葛兰言著《古代中国的节庆与歌谣》，赵丙祥、张宏明译，广西师范大学出版社2005年版，第6页。

② 参见李芹主编《社会学概论》，山东人民出版社2012年版，第56页。

做了解释，其中名词"integration"的释义为：第一，"the action of integrating"，意思是一种融合状态；第二，"the mixing of people or groups previously kept apart"，指的是彼此独立的人或组织的结合。而动词"integrate"的解释是：第一，"combine or be combined to form a whole"，意思是结合或者被结合起来形成一个整体；第二，"make someone accepted as part of a group"，意思是让人接受成为整体中的一分子。① 从中可见，"整合"在英语语境中多表示融合、结合、一体化，尤其强调使彼此分离或相对分散的个体重新黏合，组成一个统一体。而"社会整合"则是西方社会人类学家在研究社会如何可能的问题时借用"整合"一词形成的一个学术概念，前文理论梳理时已略有提及。斯宾塞是这一概念的最早使用者，他以生物有机体类比社会，不但关注社会系统各部分之间的相互依赖，而且强调对社会系统中各个部分的协调和控制。涂尔干用社会团结来称谓社会整合，并一生致力于这方面的研究。依据涂尔干的观点，社会整合（社会团结）是指"人与人、人与群体以及群体与群体之间的联结关系，这种联结关系既可以建立在共有的情感体验、共有道德情操和共同理想信念之上，也可以建立在因为生活需求、功能依赖而形成的相互依存关系之上"②。不难看出，斯宾塞和涂尔干对社会整合的关注代表了两种不同的研究倾向：一种侧重于宏观叙事，喜好在抽象的层面上建立理论体系；另一种则惯于从具体的情境出发，在经验研究上下功夫。本书在使用社会整合概念时多采用第二种研究倾向，主要是指社会中个体或族群之间的固有张力通过相关因素的调整、协调从而达成有机整体的过程或结果。

社会控制，也称"社会约制""社会制约"，几乎与"社会整合"的概念相伴而生。由于社会控制对于理解社会生活具有极大的作用，所以它才会变得异常重要并受到社会人类学家的特别关注，从而也使得这一概念变得模糊不清，以致很难界定它的确切含义。③ 要正确理解这一概念，就必须先理解它的核心词汇"控制"。在英语语境当中，不管是名词还是动词，"控制"都对应"control"一词。《牛津实用英语词典》对动词"con-

---

① Soanes. *The Paperback Oxford English Dictionary*. Beijing: Foreign Language and Research Press, 2003, p. 431.
② 刘少杰主编：《国外社会学理论》，高等教育出版社2006年版，第47页。
③ 参见［英］马丁·因尼斯著《解读社会控制——越轨行为、犯罪与社会秩序》，陈天本译，中国人民公安大学出版社2009年版，第2页。

trol"做了言简意赅的解释：第一，"have power over"，意思是施加权力；第二，"limit or regulate"，指的是限制或规范。①不难看出，"控制"在英文环境当中多表示纠正、限制和治理。所以，学术界在使用"社会控制"时多是指社会或社会群体为维持正常的社会秩序而采取各种手段，对社会成员的社会行为及价值观进行指导和约束，对各类社会关系进行调节和制约的过程。②

可以看出，社会整合与社会控制有互相共融的地方，但两者有较为显著的区别。其主要表现在：社会整合的核心是关系协调，并不强调外在的强制和约束；而社会控制则更多地体现为社会规范制约，较为突出强制性和约束性。所以，一个良性运作的社会秩序不但要有社会整合作为基础，更要靠控制机制进行规范，两者缺一不可，共同建构和维持着社会共同体的有序性。

本书将依据田野调查时获得的口述史料及官方档案文献，以三江并流核心区社会作为考察范围，探讨政治体系、宗教信仰和互惠链条对建构和维持社会秩序所施加的影响，同时也特别留意它们之间的相互关系及各自的变迁。本书的分析框架主要遵循以下思路。导论主要介绍选题的缘起及问题意识，并对过往成果、研究方法和关键概念的应用略做解释，秉承社会人类学的写作传统。第一章主要对考察区域做一界定，同时对其地域和民族做一全景式的扫描，并扼要介绍田野调查点的基本情况，作为铺垫。第二章基于互动论的视角，重点分析互惠与交换对当地的血缘家庭、地缘村落乃至整个区域的编织连带作用。第三章通过层层扩展的信仰圈和仪式活动，着重分析地方宗教是如何经由自身的神圣性来实现家庭、村落和区域整合的。神圣与世俗是宗教的一体两面，接下来的第四章便从世俗权力建构的角度出发，探讨当地宗教在政治、经济、文化和纠纷解决中的权力运作哲学。第五章以纵向的历史脉络为基础，重点考察当地政治体系的权力运作、相互关系及其历史变迁。结论部分则对宗教信仰、村民互惠和政治权力三者之间的关系进行深层说明，并提炼观点，做出模型。

---

① Soanes. *The Paperback Oxford English Dictionary*. Beijing: Foreign Language and Research Press, 2003, p. 178.

② 参见郑杭生主编《社会学概论新修》，中国人民大学出版社1994年版，第436页。

第一章　研究区域背景扫描

遵照人类学的写作传统，同时也为了给后文的展开打下基础、做好铺垫，本章内容主要对三江并流核心区的范围做一界定，同时对其地域和民族做一全景式的扫描，并扼要介绍田野调查点的基本情况。

第一节　区域的界定

三江并流，指的是发源于青藏高原的怒江、澜沧江和金沙江深切大小雪山、怒山和云岭而过，所形成的"两山之间夹一川，两川之间夹一山"山川并肩行的自然景观。按地形构造来说，其位于我国西南部横断山脉的腹地，属地质学中的"三江褶皱带"①。关于它的具体范围，有广义和狭义之分。广义上的三江并流大致位于98°～100°30′E，25°30′～29°N之间，在行政区划上属川、滇、藏三省（区）交界带（见图1-1中的阴影部分）；而狭义上的三江并流则专指该区域内的滇西北段，也即成功申请世界自然遗产的部分，包括怒江傈僳族自治州、迪庆藏族自治州和丽江市部分地区。

俯瞰三江并流峡谷的全貌，我们不难发现，三条江在这个区域内并非绝对意义上的并行，而是呈现出束状的特征，即两端相对分散，而越往中间就越紧凑。据此，我们也可以把整个三江并流峡谷区粗略地划分为两大类型，即核心区和外围区。核心区指的是三条江被地壳运动挤压得最紧凑的区域，其范围大致上起藏边盐井，下至维西保和镇，西跨碧罗雪山抵贡

---

① 1.9亿年前，坚硬的印度洋板块向东北漂移，猛烈且持续地撞击并插入亚欧板块。而广义上的三江并流峡谷区正处于撞击地带的东北边缘，从1.3亿年前开始，这里就一直在东西方向的挤压应力作用下断断续续地产生褶皱和隆起，从而形成地质学中的"三江褶皱带"。

图1-1 三江并流在中国的位置

山丙中洛，东越云岭至中甸境（见图1-2椭圆中的区域），如此便构成了一个近似以澜沧江为中轴的椭圆形区域。本书即以此为基础展开讨论。之所以将它界定为本书的实际考察范围，主要是基于以下两点考虑。

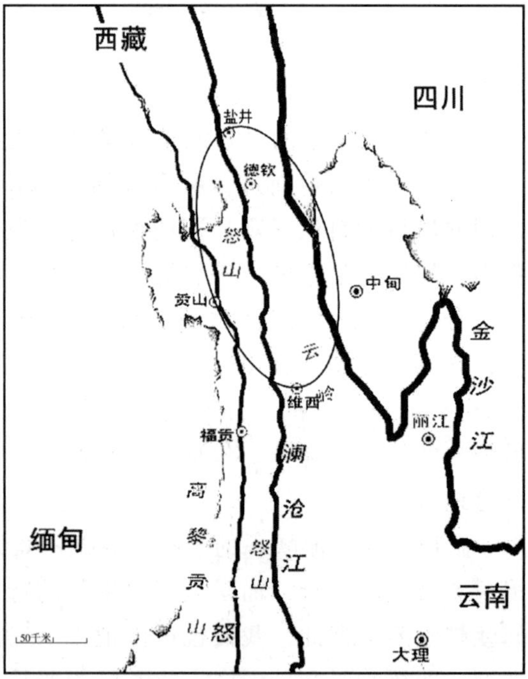

首先，三江并流核心区整体位于滇西北民族走廊，自古便是藏缅语各族往来迁徙的重要通道，其"流动性"特征决定了我们对这一地带的考察不能"只见树木不见森林"，而必须开展中观的区域研究。

图1-2 三江并流核心区

其次，由于该区是受山体挤压最紧密的区域，所以东西方向之间的距离较短。其中，澜沧江与金沙江的最短距离约66千米，而怒江与澜沧江的最短距离甚至还不足19千米。如此一来，不但在学理上避免了考察范围过大所产生的弊端，而且也为实地调查提供了便利,因为笔者的精力、经费、时间均有限,必须缩紧对象,才能有效地展开研究。

第二节 地域与民族

就地理地貌来说,"两山之间必有川,两川之间必有山"是对三江并流峡谷区的准确概述。其中,山是这里的地貌骨架。在西藏境内的伯舒拉岭、他念他翁山和宁静山(芒康山)三大山脉在进入该区后也改了名,分别叫作高黎贡山、怒山(碧罗雪山)和云岭。其地势北高南低,北部平均海拔5200米左右,南部则在4000米左右。在这些峻峭重叠的峰峦之间,怒江、澜沧江和金沙江并流奔腾,深切高山而过。如果从高空俯瞰,三条江与横断山脉的座座高山组成了两个凹凸相间的巨大"川"字。凸写的"川"字莽莽苍苍、气势磅礴,西边的一撇为高黎贡山,中间的一竖是怒山,东边的一竖则为云岭;而凹写的"川"字飘逸娟秀,在高黎贡山和怒山之间是怒江,云岭西侧为澜沧江,以东则是金沙江。①

这里的河川是典型的"V"形峡谷,分水岭狭窄,河床深切,山高谷幽,危岸耸立,谷地河流奔腾咆哮,河岸垂直壁立,水中怒石激荡,大有"水无不怒石,山有欲飞峰"②之势。在三江大峡谷的一些地方,由于山峰太高、峡谷太深,站在江边看蓝天,不过是一条狭长的缝隙,一天之中除了正午时分见得到太阳光线外,其他时候都昏暗不明,故有"望天一条线,望地一条沟,山鹰飞不过,猴子也发愁"之说。其中,怒江峡谷在贡山县丙中洛一带海拔高差达3500米,有"一滩接一滩,一滩高十丈"的说法,相对于北美洲的科罗拉大峡谷而言,有过之而无不及,素有"东方大峡谷"之美誉。

峡谷之间向南奔流的三条大江相当于豁开了三条暖湿气流北上的通道。大江南流,暖湿气流北进,加上"高山屏列,北方之寒风无由侵入之故",使得该区成为青藏高原"多雨极温和之区域"③。10 ℃左右的年平

---

① 参见杨桦《穿行在神奇的"三江并流"区》,载《中国西部》2004年第5期,第102页。
② 黄光成:《澜沧江怒江传》,河北大学出版社2004年版,第65页。
③ 涂长望著:《中国气候区域》,卢鋆译,载《地理学报》1936年第3卷第3期,第16页。

均气温，与藏北高原年平均 -2 ℃ 的气温形成了鲜明的对比。"夏季，南方的温湿海（风）①吹来，热而多雨，高山产巨大的亚热带密林，出种种的贵重木材和珍奇的植物，乃我国重要的木材、药材、香料、染料产地。谷中因与夏季候风平行之故，亦降多量的雨，在热季，谷中且有疟疾流行，其气候之温湿可知。此等谷中，因夏季热而多雨之故，有平地的地方，为丰饶的农业地，可产稻、麦，及其他的谷类，并可种植棉、桑……山腹并可牧畜。"②然而，受山势的屏障作用，该区的降水分布并不均匀。西南季风在怒山、云岭以西作用旺盛，保证了丰富的降水，尤其在高黎贡山西坡，由于受山体阻挡，"风雨西来，一天俱漫"，年降水量超过1300毫米，而越往东、北方向推进，降水量也随之递减。20世纪前半叶，美国植物学家约瑟夫·洛克曾多次到该区探险。他描述道："羊咱③迤南有大片的森林，地上长着苔藓，但迤北却是一片干燥、多岩的原野……由此看，似乎一切水分都集中到西部的山脉里去了。"④

该区地表起伏之悬殊为我国其他地方所罕见，引起显著的垂直气候变化。每当阳春三月，山巅皑皑白雪尚未消融，江边河谷却是一片郁郁葱葱、花香鸟语。当此之时，从山巅直下深谷，一日之内，一地之间，四时之景色尽收眼底，自然造化，千姿万态，蔚为壮观。另眼看风景，自然别具风味。但"大江大河纵横交错，悬岩陡壁险峻崎岖"⑤的地貌特征对该区交通产生的阻碍却是实在存在的问题。（见图1-3）对此，约瑟夫·洛克曾发出这样的感慨：

> 要走到这个地区是一件很艰难的事，因为它是亚洲最孤立的地区。新疆肯定是遥远的地方，但汽车和飞机使它接近文明。而这里也许从来听不见汽车的喇叭声，因为要在这样的高山深谷地区修建一条公路几乎是不可能的。至于飞机，要找一个搭帐篷的平地都很困难，

---

① 根据相关地理学研究，该区主要是受到海洋性季风，尤其是来自印度洋的西南季风的强烈影响而形成降雨。
② 王谟：《由地形气候物产说明康、卫、唐之重要性》，载《禹贡半月刊》1937年第6卷第12期，第22页。
③ 位于德钦县云岭乡。
④ ［美］约瑟夫·洛克：《中国西南古纳西王国》，刘宗岳等译，云南美术出版社1999年版，第190页。
⑤ 云南民族出版社编：《云南少数民族自治地方简介》，云南民族出版社1985年版，第25页。

怎么能有降落飞机的地方?①

图1-3 澜沧江大峡谷之茨中村段

为了克服大山大河的阻隔，人们开凿驿道，并搭起条条溜索。洛克在该区探险时，曾经在自菇村亲身体验过一次溜索过江。可能源于新奇感，他认为"这种滑入空中的感觉是令人愉快的"②。然而，他并不知道有多少人因索断梆损而葬身鱼腹，有多少货物也因此而坠落江底。康熙五十九年（1720年），云贵总督蒋陈锡因贻误饷运，奉清廷诏命进藏效力赎罪。当他渡澜沧江时，却被溜索惊吓成病，最终命丧雪域。1935年8月29日，陶云逵路过本书的田野调查点之一茨中村。他曾写下滑溜过江时的心情感受：

  关于篱索（即溜索——笔者注），已经听到很多了，在沿江走时，也曾看到过，但到这里要亲身去溜，眼见江水滔滔，篱索如线，心上

---

① ［美］约瑟夫·洛克:《中国西南古纳西王国》，刘宗岳等译，云南美术出版社1999年版，第190页。
② ［美］约瑟夫·洛克:《中国西南古纳西王国》，刘宗岳等译，云南美术出版社1999年版，第213页。

不免有点忐忑不宁。……我们到（茨中）的时候，恰好篾官督策着土人正在更换新索。……虽然是簇新的篾索，我仍有点胆寒。而赵君及同行工人们（都是未曾溜过的），都忧形于色。篾官看了这光景，于是建议一个办法，是"带篾"。当请了一位善篾的古宗，我猿攀在他身上，并以带系之。彼则自系于篾板之上。溜去，速度至快，篾在半空中，但闻耳旁风声，刹那时，已达彼岸。……最可怜的是马匹，也是过篾，动物怕死的，眼睛表情，真跟人一样。大体凡活的东西都怕死。直到天黑，人、马、行李都过来，平安无事，皆大欢喜。①

时至今日，这里的交通状况已大有好转，三条大江上出现了一座座桥梁。但遗憾的是，这些桥梁一般都建在县乡驻地人口密集区的附近，其他边远村寨依然还得靠溜索过渡。

特殊的地理条件营造出人们独特的交往格局。由于横断山脉呈现南北方向的走势，江流顺山势而南下奔腾，在缓流之处，泥沙沉积，形成一个个台地，南北方向交通相对便利；反之，倘若东西方向行进，则要翻越重重雪山，盘旋上下，上山下坡，海拔高度及气温变化大，跨越困难。② 由此，从西到东，高山与大川成了天然的屏障；自北而南，山脉与河谷则成了天然的便捷通道。对此，陶云逵在《碧落雪山之傈僳族》一文中曾做过精辟的阐述：

> 怒江、澜沧江，对于东往西，或西往东的交通上是一种阻碍，但是自北往南，或自南往北未尝不是一条天成的大道，因为虽然不能行舟，但是沿河而行的便利是很诱人的，设如我们很笼统地叙述夹着这两条河的山脉形式和方向，则高黎贡山、碧落雪山以及云岭雪山三者山脉，也多是自北而南的。这种形式，在交通方向上的便利于阻碍，和前述的河流是一样，就是便于南北，而碍于东西。③

---

① 陶云逵：《俅江纪程》，见《陶云逵民族研究文集》，民族出版社2012年版，第60页。
② 参见秦和平、张晓红《近代天主教在川滇藏交界地区的传播——以"藏彝走廊"为视角》，载《西南民族大学学报》（人文社科版）2009年第2期，第242～243页。
③ 陶云逵：《碧落雪山之傈僳族》，载《陶云逵民族研究文集》，民族出版社2012年版，第89页。

这些便于南北而碍于东西的天然地理通道，即费孝通所说的"藏彝走廊"。关于"藏彝走廊"的具体范围，学术界虽然没有统一的说法，但都认可其大致位于今川、滇、藏三省（区）交界处，由一系列南北走向的山系与河流所构成，也指地理学上的横断山区。所以，有的学者便直接采用"横断走廊"的概念对这一问题进行解读。① 在李星星看来，藏彝走廊由北而南可分为北、中、南三段：北段大体从阿尼玛卿山至岷山一线起，到大相岭南侧及峨边、马边一线；中段北以大雪山及大渡河为界，南以川滇交界的金沙江一线为界；南段属金沙江以南及以西至高黎贡山南段、保山一线，主要为怒江、澜沧江和金沙江流域高山峡谷区。② 若依此划分标准，本书的考察区域——三江并流核心区当属藏彝走廊的南段。历史上，源于南、北方向的藏缅语和濮越各族，正是利用了这三条天然的纵向通道，进行南来北往的迁徙、碰撞与交流，才使该区最终形成了各相关民族之间"你中有我，我中有你"的分布格局。

整体而言，除汉族外，该区主要聚居着三个少数民族，即藏族、纳西族和怒族。就地域分布而言，怒族主要集中于怒江流域。民族学者张旭曾经指出："怒江，怒语称'阿怒恩梅'，即怒人江之意。说明怒族不是因怒江得名，而是怒江因怒族得名。"③ 这也从侧面说明了历史上怒族是最先到达怒江流域并世居于此的土著民族。与怒族相比，藏族和纳西族在该区的分布范围更广，遍及怒山以东的整个澜沧江和金沙江流域。由于在实际的操作过程当中澜沧江流域被视为考察主干，所以藏族和纳西族自然而然地成为本书的主要关注对象。

作为该区的主体民族，藏族的分布状态是与唐朝时期吐蕃东进的军事行动密不可分的。公元7世纪，崛起于青藏高原的吐蕃王朝凭借武力，沿澜沧江、金沙江南下，不断向滇西北扩张。唐凤仪年间（676—678年），吐蕃势力达洱海地区，并在今香格里拉县五境和维西县塔城之间的金沙江上架设铁桥，并设置铁桥十六城和神川都督府。占领滇西北以后，吐蕃军民即开始大量迁居于此。尤其是在天宝战争结束后，因吐蕃与南诏结盟，

---

① 参见徐建新《横断走廊：高原山地的生态与族群》，云南教育出版社2008年版。
② 李星星：《论"藏彝走廊"》，载《李星星论藏彝走廊》，民族出版社2008年版，第66页。
③ 张旭搜集整理：《怒江蜂、虎、荞、木、金鸡五大氏族世系》，载中国人民政治协商会议怒江傈僳族自治州委员会文史资料研究组编《怒江文史资料选辑》（第4辑），1985年，第124页。

更是出现了藏族人口南迁的高潮。天启《滇志》卷三十说:"古宗(即藏族——笔者注),西番之别种。滇之西北与吐蕃接壤,流入境内,丽江、鹤庆皆间有之。"① 正是这一时期吐蕃人口的南迁,并融入当地居民中,才形成了今天该区藏族的主体。

纳西族是历史上从我国西北高原向南迁徙的古羌人部落中的一个支系。关于其迁徙路线,不同的学者持有不同的看法,而且分歧颇大。方国瑜、和志武在《纳西族的渊源、迁徙和分布》一文中,提出了纳西族先民是从河湟地区南下至岷江,再至大渡河,后又顺流南下,来到雅砻江和金沙江流域的观点。② 这一迁徙路线提出后,一度占据了主导地位。后来,张增祺以考古资料为依据,提出了与此完全相异的观点。在他看来,纳西先民的迁徙路线并非由大渡河以北地区转向东南,而是沿着澜沧江河谷从北至南进行的。③ 以上三位学者的观点都各有论据,可成一家之言。若撇开有争议的迁徙路线问题不谈,至迟在先秦或汉晋时期,中甸白地和维西其宗、巴珠、柯那、海泥等村就已有纳西族先民居住。唐开元年间,越析诏被南诏所灭,"么些族乃不能容。后移部落渡泸(泸水,即金沙江——笔者注)而北"④,其中一部分就迁移至此。明万历年间,木氏土司北扩,每得一地便"屠其民而徙么些成焉"⑤。至此,基本奠定了纳西族人在该区的分布格局。

若以纵向的历史眼光来看,不管是藏族、纳西族还是怒族,都有一个共同的发展趋势——汉化,"即其民族文化中汉文化的成分越来越多,或者说与汉文化的相互学习越来越经常和普遍"⑥。追溯历史的话,汉族进驻该区的时间可推至唐代乃至更早以前。《蛮书·名类》载:"裳人,本汉人也。部落在铁桥北,不知迁徙年月。初袭汉服,后稍参诸戎风俗。迄

---

① [明]刘文征:《滇志》,古永继校点,云南教育出版社1991年版,第1000页。
② 参见方国瑜、和志武《纳西族的渊源、迁徙和分布》,载《民族研究》1979年第1期,第33~41页。
③ 参见张增祺《"摩沙"源流考略》,载《中国西南民族考古》,云南人民出版社1990年版,第80~95页。
④ 方国瑜:《么些民族考》,载《方国瑜文集》(第4辑),云南教育出版社2001年版,第71页。
⑤ [清]余庆远:《维西见闻录》,见于希贤、沙露茵选注《云南古代游记》,云南人民出版社1988年版,第117页。
⑥ 高志英:《藏彝走廊西部边缘民族关系与民族文化变迁研究》,民族出版社2010年版,第354页。

今但朝霞缠头，其余无异。贞元十年（794年），南诏异牟寻领兵攻破吐蕃铁桥节度城，获裳人数千户，悉移于云南东北诸川。"不难得知，至迟在唐贞元十年以前，中甸与维西之间的金沙江上下已有汉人居住，且在铁桥之役中，南诏一次性就能俘获"裳人"数千户，说明当时居住在铁桥一带的汉人已为数不少。① 后来，随着中央政权的步步下移，尤其是清设治以降，汉人更是大规模迁移至此。当然，民族之间的涵化不可能是单向性的，迁移至此的汉人在影响当地其他民族的同时，也受到其他民族的影响。或许当地村民自己的话最能说明这种双向的互动，笔者田野调查的重要报道人肖杰一老人曾经告诉笔者："我们这里藏不藏、汉不汉、纳西不纳西，杂得很。"肖杰一老人说这句话时，隐约流露对本民族文化衰落的无奈。但殊不知，"杂"不仅是该区各民族之间相互关系发展的归宿，而且也是后续发展的基础。

第三节　田野点概况

在该区域内，由于澜沧江占据着近于中轴线的位置，所以笔者在选择田野调查点时，便沿澜沧江河谷在上、中、下分别选取了三个考察点，即上盐井村、茨中村和小维西（见图1-4中的三个三角形标识）。在实地考察中，三者各有侧重。其中，茨中村是主点，上盐井村和小维西是副点。如此展开调查，纵向上可收上下贯通、彼此兼顾之效，横向上也可起到左右比较、相互参照的作用。

以下扼要介绍田野调查点的基本情况。

茨中村隶属于云南省迪庆藏族自治州德钦县燕门乡。由于它在该区域内居于中心位置，因此一开始便成为本书最核心的田野调查点。据村民口传，茨中古聚落起源于木氏土司时代，发展初期仅有12户纳西族人家，有名有姓的有11户，为诺达（当时的伙头家）、格恰（"恰"，纳西语意为家、家族）、米恰、李恰、卡就、格波（纳西语，意为上面一点的）、吉拖、吉树六、吉布（纳西语，意为水渠下方）、通吉达（"通吉"意为坝子

---

① 高志英：《藏彝走廊西部边缘民族关系与民族文化变迁研究》，民族出版社2010年版，第37页。

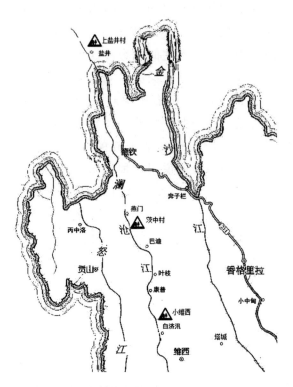

图1-4 田野调查点在考察区域的位置

顶端,"达"意为那一家)和买麻。后来,由于其在马帮贸易交通线上的特殊地位,茨中古聚落才逐年壮大并形成规模。"茨"在藏语中是村庄之意,"中"为数字六。关于茨中村村名的由来,一直存在着两种不同的说法:一说旧时茨中村伙头管辖六村,因此得名;一说原来茨中地面上有六个湖,故名。新中国成立后,经过一番合村并社及基层行政调整,茨中村共辖九个村民小组,分别为西马拉咱、上一社、上二社、中社、龙巴西卡、日米、南路卡一社、南路卡二社和南路卡三社。九个村民小组分别位于澜沧江东西两侧,中间由茨中大桥相连。① 由于地处澜沧江峡谷,平均海拔尚不足2000米,且周边山体阻挡住了北方南下的冷空气,保证了茨中一带相对温暖的小气候,因此农作物可一年三熟,故有"高原鱼米之乡"的称谓。从人文特征来看,该村是典型的多民族杂居、多宗教共处的

---

① 茨中大桥建于20世纪80年代,它的落成为两岸村民的交往提供了巨大的便利。在此之前,来往行人只能靠溜索过渡,极其危险。

融合型村寨。截至2014年，全村共276户，1234人。其中，位于澜沧江东岸的日米和南路卡（一社、二社、三社）居民主要为藏族，只信仰藏传佛教；而位于澜沧江西岸的西马拉咱、上一社、上二社、中社和龙巴西卡居民主要为藏族和纳西族，在宗教信仰上，随着20世纪50年代东巴教的失传，以藏传佛教和天主教为主，其中信仰佛教的有51户，256人，约占澜沧江西岸五社总人口的36.8%，信仰天主教的有93户，439人，约占63.2%。

对茨中村来说，在燕门乡所辖的其他六个村寨中，巴东村与它的交往最为频繁、密切。这不仅因为它们同处澜沧江西岸且距离较近，更是因为巴东也处于茨中天主教会的辐射范围之内。其实在历史上，茨中天主教堂的原址并不在茨中，而是在巴东的自菇村，在1905年维西教难中被毁后才迁至茨中。现在巴东村所辖的天主教堂点全为茨中天主教堂的分堂，姚飞神父会定期进行巡视。也正是因为这层关系，两个村子之间的联系一直以来都比较紧密。最突出的表现是，在实际生活当中，只要村民有事，对方村子的村民都会积极伸出援手，天主教徒更是如此。在一定程度上可以说，两村虽在行政区划上不属同一个村，但它们之间的联系甚至比同属茨中的澜沧江东西两岸村民小组更为密切。所以，在这里需要强调一点的是，鉴于与茨中村的亲密关系，巴东也是笔者田野调查时的重点关注对象。

由茨中村坐大巴车沿德维公路一路向南行驶约三个小时便可来到隶属维西县白济汛乡的小维西自然村，小维西是统维村村民委员会所在地，整个村庄坐落于澜沧江右岸的缓坡平地上，南北两向分别与共厂村和干坝子村相连，平均海拔1700米，年平均气温14.7℃，适宜种植小麦、玉米和水稻等农作物。截至2012年，该村共有农户41户，187人。其中，男性100人，女性87人。上盐井村位于西藏昌都芒康县纳西盐井民族乡的最北端，北与曲孜卡乡的拉久西村接壤，东靠本乡的角龙村，南临本乡的下盐井村，西与本乡的加达村隔澜沧江相望，平均海拔2600米，适宜种植青稞、玉米和小麦。截至2014年，该村共有农户137户，771人。其中，男性366人，女性405人。与茨中村一样，小维西和上盐井村也都是多民族聚居、多宗教共处的村寨。其中，民族构成皆以藏族为主体，宗教信仰同样是佛教、基督教共处。

至于选点依据，上文略有提及，下面再从三个方面加以陈述。

其一，从图1-4中，我们不难观察到澜沧江处在近于中轴线的位置，而茨中村又大体位于这条中轴线的中心。选取它作为核心田野调查点，无异于在一场战争中占据了一个制高点，能够起到事半功倍的效果。但茨中村并非也不可能是孤立的存在，它势必要与其周边社会发生联系，而河谷文化的特征即决定了沿江上下将是它的主要交往模式。为此，笔者又特意在澜沧江的一头一尾选取了上盐井和小维西作为副点。从行政区划上看，这三个村落虽然分属不同的县、乡，但它们都位于澜沧江河谷沿线，生活中一直保持着较为紧密的联系。尤其是在天主教传入该区后，由于宗教信徒之间交往的需求，三者之间的互动就更为频繁和密切了。故此，选取这三个村寨作为田野调查点，有利于从整体上理解峡谷的社会与文化。

其二，关照研究主题的结果。前文已经提到，这三个村寨有一个共同的特点，即都是多民族杂居、多宗教共处之地。依据族群的边界理论可知，排斥性是族群关系的一大特征。然而，在实际生活中，当地村民身份特征的悬殊并没有给他们之间的交往互动带来任何不便；相反，他们能够彼此尊重、互惠互融，很自然地融为一体。选取这样的村寨作为考察点，弄清实现人群整合和村庄秩序的发生机制，无疑在理论上和材料上对本书的主旨有莫大的支撑作用。

其三，现实的考量。首先，这三个村寨都位于澜沧江河谷，滇藏公路贯穿其间，交通较为便利。正如上文略有提及的，从茨中村坐车，只需两个小时便可北上盐井，而南下小维西也仅需三个小时的车程。如此便利的交通条件，无疑为田野调查的顺利展开奠定了先天性基础。其次，这三个村寨都不同程度地被笔者的同门师兄师姐所关注，譬如魏乐平之于茨中，高微茗、李何春之于盐井。虽然我们的研究对象各不相同，但透过他们的论述，笔者可对当地有更深入和不同视角的再认识。此外，他们长期调查所积累下来的人脉为笔者顺利步入田野调查并迅速入境提供了极大的帮助。最后，这三个田野调查点虽都属边疆少数民族村寨，但由于近些年来旅游产业蓬勃发展，村庄愈加开放，村民也多主动接纳内地汉文化，一来二往，汉语几乎成了他们必备的交流工具，所以在此调查中语言不是障碍。

至于没有在怒江和金沙江沿线各选一个田野调查，主要有以下几个方面的原因。首先是为了在学理上避免类型的重复。就研究目的而言，选择多点是为了类型比较的需要，但具体到三江并流核心区，其社会文化现象本质上是一致的，无论选取哪一个地方作为田野点，都能关照好文章的主旨。况且，即使想要获得类型上的比较，也不必局限于横断面上的多点，依据历史线索所进行的纵向的切面划分同样也是类型比较的基础。其次是受到交通条件的限制。该区由于地处横断山脉腹地，沿河谷上下虽然较为便利，但实现东西跨越却困难重重。虽然有公路可行，但要么需翻越海拔超过5000米的雪山至金沙江流域，要么需南下绕道六库再北上至怒江流域，费时费力。最后要强调说明的是，笔者虽未在怒江和金沙江选点，但也曾利用零碎的时间走访了怒江流域的丙中洛和金沙江流域的奔子栏。虽说没有长期蹲点，但也搜集到若干直接相关的口述资料和档案文献。如此，不仅为本书的择材留有余地，而且还可进行相互的补充印证。

第二章　互惠交换与动态整合

在社会秩序如何可能的问题上，涂尔干尤其强调"集体欢腾"的重要意义。然而，"集体欢腾"说在社会如何可能的解释中存在着明显的张力：如果说人与人之间的相互联系及群体价值观的维持都要靠集体聚会来实现，那么人们的日常生活又何以维持？对"集体欢腾"理论的局限，马塞尔·莫斯从互动论的角度切入，勾画了贯通个体与社会存在的一般可能性：如果社会纽带在集体意识之后的日常生活中没有松懈下来，那么它所依赖的就是虽缺乏规定性却连续有效的给予、接受和回报机制。① 由于本书所考察的区域地处边陲，物质稀缺，因此当地人在日常生活中一直保持着互惠互助的传统。互惠互助行为是对集体力的积极运用。通过互惠互助，人们不但能够渡过生活中的道道关卡，而且还能在频繁的互助合作中强化彼此的关系，实现群体整合。鉴于此，本章在互动论的基础上，重点分析互惠互助行为对当地的家庭、村落乃至整个区域的编织连带作用。

第一节　亲属网络与家庭关系

搞清楚自己所在田野调查点的人物关系，应该是每个人类学学者步入田野后的第一要务。在茨中村进行田野调查期间，笔者通过对人物关系的观察发现，"亲戚"占了村民人际关系的绝大部分。这是一个值得关注的现象。笔者曾经试图把村子里的家庭关系用作图的方式勾画出来，最后却发现它变成了密密麻麻、关系错综复杂的一张网。茨中村的情况远非孤立

---

① 参见［法］马塞尔·莫斯《礼物：古式社会中交换的形式与理由》，汲喆译，上海人民出版社2005年版。

的个案，笔者所调查过的其他几个村寨也都存在着同样的现象。之所以会出现这种状况，一方面囿于狭小的通婚范围，另一方面，受宗教、习俗影响而广泛存在的认亲行为也起到了关键性的作用。而在日常生活中，也正是这张网构成了当地村民之间交往互动与共同生活的基础。

一、婚姻与姻亲

有学者曾经指出，"婚姻是乡村生活的支点"①。这明白无误地告诉我们，婚姻是瞭望地方社会，从而实现整体把握的关键。鉴于本节内容的研究指向，"通婚圈"又成了笔者关注的重中之重，因为通过这方面的考察，可以比较清楚地了解到被研究群体的核心关系网络。

所谓"通婚圈"，是指某一婚姻个体在择偶时可能选择的地域或群体范围，前者是通婚的"地理圈"，后者也被称为通婚的"社会圈"。② 通婚的"地理圈"，即通婚距离，是测量人们通婚范围的重要指标之一。总的来说，该区人们的通婚范围都较狭小，其中阻隔难行的交通状况无疑是最主要的限制性条件。关于这一点，我们不妨先看一则当地的传说故事。

> 在很古的时候，傈僳族人民迁徙到怒江两岸居住下来，但苦于大河的阻隔，人们很少来往。年轻人只得靠对歌来交流情感。一个居住在怒江东岸的年轻小伙子，看中了怒江西岸的一个姑娘，开始时他们只能隔江相望，互相对歌，时间一长了，情感越来越深，但滔滔的江水使他们无法相会。他们苦苦寻思，求索渡江的办法。一天傍晚，怒江上空出现了一道彩虹，年轻的恋人受到了启发，他们决心制服咆哮的江水。小伙子砍来山竹编出了一条又粗又长又结实的篾绳，他把绳的一端牢牢地拴在一棵大青树上，然后再找来一根很长的麻绳，把麻绳的一端紧紧地拴在篾绳上，另一端则绑在箭头上。小伙子用尽全力把箭射到了对岸，姑娘拾起绑麻绳的竹箭，拉住麻绳一节节地往岸上拉，最后终于把篾绳绑在了木桩上。从此怒江上就出现了第一根溜索，两个年轻人也终于相会了。③

---

① ［英］爱德华·埃文思-普里查德著：《论社会人类学》，冷凤彩译，世界图书出版公司北京公司 2009 年版，第 74 页。
② 参见郑杭生主编《社会学概论新修》，中国人民大学出版社 2003 年版，第 231 页。
③ 赵鉴新、张秀鹏、盖兴之编著：《峡谷风情录》，民族出版社 1990 年版，第 19～20 页。

从这则故事所述说的内容，我们很容易体会到交通条件对当地人们婚姻选择的限制。所以，该区通婚圈的狭小也就不难理解了。然而，交通的不便也只是基础性因素，传统观念才是造成通婚圈狭小的关键，因为交通的阻隔可以靠科技手段在短时间内解决，而观念的改变却不是一蹴而就的。无论是父母还是儿女，他们骨子里并不想分离得太远，因为如此一来，不但老人失去了一个依靠，儿女也会失去来自家庭的支援。在田野访谈中，笔者偶尔会看到个别老人因子女远嫁他处而追悔莫及，"一嫁嫁那么老远，三年两载也不能见上一面。生了病、受了灾什么的都指望不上"。对二女儿远嫁福建泉州，肖杰一老人一直耿耿于怀。每说及此事，他都会长叹一声："估计我这辈子再也难见到她了！"这说明，长辈对漫无目标、无法预测的自由恋爱行为，有着太多的无助及不信任感。

朱文惠通过在维西县塔城镇其宗村做田野考察指出："90%以上的婚配集中在以其宗为中心点，一天以内步行路程20公里平面范围内。"① 应该说，朱文惠实地调查得来的数据在该区具有普适的意义。在小维西做田野调查期间，笔者曾对该村的通婚距离问题做过专门的考察。结果显示，通婚距离在1里之内的有13人，约占总户数的13.7%；1～10里的有57人，约占60.0%；超过10里的有22人，约占23.2%；与外省通婚的有3人，仅占3.2%。（见表2-1）

表2-1 小维西配偶家庭通婚距离与年龄结构（2014年）

距离	18～35岁	36～55岁	56岁以上	合计 人数	合计 百分比
0～1里	2人	5人	6人	13人	13.7%
1～5里	12人	11人	17人	40人	42.1%
5～10里	9人	8人	—	17人	17.9%
超过10里	12人	6人	4人	22人	23.2%
外省	2人	1人	—	3人	3.2%
合计	37人	31人	27人	95人	100%

说明：资料来源于入户调查。

---

① 朱文惠：《佛教寺院与农牧村落共生关系：中国西南藏族社区研究》，唐山出版社2002年版，第80页。

过于狭小的通婚范围势必会造成近亲结婚的现象，而这也恰好与当地各少数民族以往长期流行的包办平、交表婚现象吻合。美国学者孟彻理曾对纳西族的亲属关系做过一番透彻的探究。根据他的观察，纳西族一般倾向于交表婚制，因为在当地人看来这样的结合能使婚姻更加幸福美满，特别是在必要的时候，双方父母可施加压力来维系儿女的婚姻。① 不独是纳西族，处于该区内的藏族、怒族、独龙族和白族等也都有这一偏好。1957年，宋恩常等人对贡山一区（今丙中洛乡）的怒族进行考察，曾记载言："在六十八对婚姻中，十四对是姑表婚，十二对是舅表婚，三对是姨表婚，十对是三代以上的氏族内婚。"② 藏族有一句谚语："贴心的甥侄儿女回门，爷孙翁婿一家乐悠悠，家门从此无不孝子孙。"在当地人看来，这样的结合能使婚姻更加幸福美满，特别是在夫妻拌嘴怄气时，婆家、娘家两边均可施加压力来维系儿女的婚姻。为了使两个家庭结合得更紧密，除了亲属婚配外，还存在若干变种形式。其中，附加婚和交换婚可算是典型。

附加婚是布迪厄提出的概念，是指兄弟二人娶姐妹二人，即娶一个加一个；或者儿子娶父亲的第二任妻子的妹妹甚至女儿。③ 当然，以兄弟娶姐妹的模式较为常见。在茨中与德钦县城之间跑短途客运的张洪生和他的哥哥张洪宏，迎娶的就是来自邻村自菇的一对姐妹。按照他们的说法，兄弟娶姐妹为妻，可以使各个家庭和睦相处，亲戚关系更加牢固，而且财产和劳动力也不会外流。有的为了"亲上加亲"，还对换姐妹为妻，形成所谓的"交换婚"。这种婚配模式在西藏盐井一带颇为常见。为使其更为直观地呈现，下面举两个个案为例。

【个案一】

加达村拉贡组的格松达吉（60多岁）和妻子次仁曲珍（58岁）育有三男两女。十年前，达吉和曲珍夫妇用长女（33岁）给长子江安次仁（35岁）和次子顿珠旺加（29岁）在附近的曲孜卡乡达许村的一户人家换来了妻子次仁旺姆。换亲之前两家约定，次仁旺姆先嫁

---

① 参见［美］孟彻理《纳西——摩梭的亲属制度及其文化》，徐志英、张伟译，载拉他咪·达石主编《摩梭社会文化研究论文集（1960—2005）》（上），云南大学出版社2006年版，第511页。

② 《民族问题五种丛书》云南省编辑委员会编：《怒族社会历史调查》，云南人民出版社1981年版，第84页。

③ 参见［法］皮埃尔·布迪厄著《实践感》，蒋梓骅译，译林出版社2012年版，第256页。

过来，一年之后大妹（长女）再嫁给次仁旺姆的哥哥。现在，次仁旺姆夫妇三人生育有两个孩子，一个已经10岁，另一个7岁。

【个案二】

上盐井村旺姆家共有八口人，分别是母亲旺姆，儿子次登（43岁）、华生（41岁）和他们共同的妻子斯郎拥宗（36岁），以及他们的四个孩子（两男两女，长女9岁、次女7岁、长子4岁、幼子1岁）。斯郎拥宗的娘家在下盐井村格让组。她有四姊妹，斯郎拥宗排行第二，上有一个姐姐，下有两个妹妹。次登和华生用自己的妹妹玉珍与斯郎拥宗的兄弟交换，两家定亲已经六年，等到玉珍成年后才过门，两家同时办婚嫁。

一般而言，一切择偶制度都倾向于"同类联姻"①，但该区的民族散杂居特征决定了族际通婚的必然性和普遍性。而这也恰好验证了布劳（Blau）等人"小群体内的成员更有可能与群体外的人通婚"② 的观点。在国内外学术界，族际通婚往往被看作测度不同民族相互关系和深层次融合程度的一个极为重要的内容。譬如，美国社会学家米尔顿·M. 戈登曾经提出衡量和测度族群关系的七个变量，即文化、社会交往、通婚、意识、偏见、歧视和权力分配，其中族际通婚便被视为最重要的变量。③ 有学者曾对香格里拉县的族际通婚进行过实地调查，在他们的有效样本中，族际通婚的比例竟然达到了惊人的67.4%。④ 在贡山丙中洛乡的重丁自然村，笔者见过重丁天主教堂的管事丁大妈⑤。这个家庭可谓民族通婚案例中的典型，它是由六个民族组成的大家庭：丁大妈是藏族，丁大叔是怒族，而其儿媳和女婿则分别是纳西族、傈僳族、汉族和壮族。当笔者问及各不相同的民族共处在一个屋檐下是否会对生活造成困扰时，丁大妈大笑不止。她说这个问题很多游客和来此调查的学者都会问，连她自己都不知

---

① ［美］威廉·J. 古德：《家庭》，魏章玲译，社会科学文献出版社1986年版，第75页。
② 转引自［美］G. 辛普森、J. 英格尔《族际通婚》，载马戎编《西方民族社会学经典读本：种族与族群关系研究》，北京大学出版社2010年版，第315页。
③ Milton Gordon. Assimilation in American Life: The Role of Race, Religion, and National Origin. *Population*, 1996, 21 (2).
④ 参见徐敏、谢灿坤、杨春禄《云南藏区民族交往情况研究——以香格里拉县为例》，载蒲跃主编《新世纪统一战线理论与实践探索》，云南人民出版社2012年版，第267页。
⑤ 真名丁秀英，与茨中天主教堂的肖杰一老人是舅甥女关系。

道已经回答过多少遍了。"这个完全没问题。"丁大妈对笔者说,"民族只是个称呼,都是表面现象,其实我们都一样。"

总体而言,该区民众对族际通婚持包容、开放的态度。笔者于茨中村调研期间所在的房东家有一男一女两个孩子。女孩是妹妹,22 岁,在香格里拉县的一所小学当校医。刚开始的一段时间,每次跟村民在一起聊天,他们都会调侃笔者,说:"你房主人家的女儿不错,人长得也漂亮,你就入赘到他们家吧。"甚至当着房东夫妇的面,他们也照说不误。尤其是肖杰一老人,他对笔者很好,一直把笔者当儿子看待,有一段时间他甚至真要做中间人代笔者向房东讨媳妇,最终还是被笔者拦下来了。由于笔者在茨中村待的时间较长(近五个月),到田野调查末期的时候,还真有村民以为笔者就是入赘的。

一件小事即可表明一种态度、一个立场。这说明该区人们在结婚对象的选择上对于族属的不同并不十分关注。其实,汉族来此入赘的现象很早就有。民国时期,由于社会动乱,大量内地男子逃至康藏,遂开启了汉藏通婚的一个高潮。

> 此处出家之风甚盛,男子十之七八,入寺剃度,只此少数俗男,对此左右逢源的妇女,真有招待不周之苦,十方皆家的内地亡命徒,亡之此处,发现有事少人作,有女无人妻,即大显神通,入赘为婿,妻其女而作其事。怨女得此活宝,贱夫得此乐园,具有无上快乐。入赘之后,白天在青山绿水间牧牛饮茶,夜坐燎旁,饮酒戏妻,雅度酒与色的诗人生活……①

内地男子来此上门讨媳妇的现象至今仍十分常见。肖杰一老人说,20 世纪 80 年代的时候,来这里讨老婆的内地男子接踵而至,一批接一批。他的二女儿也正是在那个时候被一个湖南的汉子带走的。

《亲属关系的基本结构》是列维-斯特劳斯的得意之作。在这本书里他把婚姻中的妇女比作"编织屋顶的针",它们"织进织出","来回穿梭","把稻草编织在一起"。② 不难看出,列维-斯特劳斯的理论蕴含着

---

① 李鉴铭:《康属见闻》,载《文史杂志》1945 年第 5 卷第 9~10 期,第 76 页。
② 转引自杨文炯《族群认同的建构与社会整合——大分散的回族社会互动网络结构的人类学分析》,载杨建新主编《中国民族学集刊》(第 1 辑),甘肃民族出版社 2008 年版,第 125 页。

一个重要的脉络,那就是群体之间的联盟比人们之间共同的血缘关系更为根本,姻亲是实现社会整合的一个通用要点。① 由于入赘婚在该区广泛盛行,如针般来往穿梭的不单是女性,男性也有同样的功能。既然是交换,就必然会强调双方的往续不断。一个家庭给出了一个女人或者男人,那么另一个家庭必然会对其进行补偿。其中,彩礼被看作最重要的初次补偿手段。彩礼的多少不一,有条件的能拿出上万元,家境不好的也就随便意思意思。肖杰一老人在讨大姑爷的时候,由于家里太穷,用两瓶酒就换来了一位上门女婿。由此可以看出,彩礼在这里更多的是一种象征,算是对其生育家庭的报答。交换机制一旦启动,便永不停歇,作为对彩礼的回馈,嫁妆成了"娘家人"表达心意的最好途径。彩礼和嫁妆可以看作姻亲关系建构开始的按钮,它们的启动带来了日后双方长久的互惠交往。

虽然姻亲的结成使双方成了打断骨头还连着筋的"一家人",但关系的维持仍要以交换作为铺垫。所以,平日里双方彼此照顾,往来不断。"有福共享,有难同担"成了"自家人"的相处哲学。平时的生活中,如果一家做了什么好吃的,一定会叫上周遭的亲属一同分享。笔者在茨中村的女房东是远近闻名的巧媳妇,不但饭做得快,而且味道还很好。笔者因为是北方人,顿顿吃米饭多少有点不适应,一连好几天都是随便吃两口就说饱了。房东阿姨可能看笔者不太能吃米饭,每隔三五天便给笔者做一次"苞谷稀饭"。这其实是一种咸粥,用腌肉掺杂五谷熬制而成。大家都知道,谷类是很不容易煮熟煮烂的,做这满满一大锅粥一般要从早上一直炖到中午。平时房东家人都忙于各种活路,很少做这种花时间的食物。可能是物以稀为贵,每次房东家做这种好吃的,都会叫上同村的所有亲戚,有时邻居也会受到邀请。在安德森看来,许多妇女之所以对做各种美食孜孜不倦,主要是因为她们渴望通过显示烹调技巧来获得社会的认可与尊敬。②不可否认的是,妇女的这份心理诉求在无意识中润滑了人际关系。

亲属之间的这种分享和互惠的观念在春节前的"年猪宴"上表现得更为明显。在李星星看来,"猪膘文化"是藏彝走廊的七大历史文化特征之一;但他把这条文化带的范围界定在上至岷江流域,中至大渡河流域,下

---

① 参见[挪威]托马斯·许兰德·埃里克森著《小地方,大论题——社会文化人类学导论》,董薇译,商务印书馆2008年版,第152页。
② 参见阎云翔著《礼物的流动:一个中国村庄中的互惠原则与社会网络》,李放春、刘瑜译,上海人民出版社2000年版,第61页。

至雅砻江、金沙江流域，并断定在这条文化带西侧的藏族没有使用猪肉和制作猪膘的习惯。① 然而，根据笔者的实地调查，情况并不全然是李氏所说的那样。不仅位于澜沧江流域的藏族有这样的习惯，甚至怒江流域的怒族、傈僳族和独龙族也都有这方面的传统。傈僳族的《祭天》经文即可作为证据：

寒冬腊月到，大猪养胖了。拣个好日子，选日来杀猪。家有六七人，属相四五种。逢相你莫杀，亥日杀不得，杀了不服养。杀前莫喂糠，稀饭喂两天，猪来世上走，常吃筛上面，筛上面养大，养大要杀猪。临杀前两天，给猪喂米饭。

自从十月召，开始喂净面。胖猪总看见，猪食盆上面，总摆一把刀。不吃白不吃，吃着淌眼泪。吃二口三口，转二圈三圈。你是不肯吃，还是坐板油。不吃白不吃，吃了就昏睡。睡醒再来吃，反正就该杀，吃饱杀才好。

日子选好了，邀约亲戚来。家门族人来，先要祭祖先。祖先祭过了，来人要喝酒，就把猪按倒。阿奶打醋汤，阿妈撒白米。嘴里念祭词，养猪大如山，酿酒罐罐香。养猪大如山，酿酒罐罐香。

年长来杀猪，我要杀猪了。一杀莫走膀，阿舅来瞧膀。二杀莫破肺，破肺喷鼻血，鼻血不吉利。一刀杀着心，你也不受罪，我也不难想。刀子转两下，前仓开得好。猪血出得旺，今年诸事顺。刀子抽出来，刀刃要封血，我家财就旺。红心包谷核，塞进堵瘀血。猪死把猪翻，明年按大猪，养猪大如山。全身泼透水，松毛烧猪毛。猪皮要烧黄，麻秆烧猪蹄。猪蹄烧扭掉，抬来八仙桌。放在院中心，全部洗干净。猪毛全打掉，猪嘴涮清水。四脚都洗净，刮洗白生生。阿颇峨粟颇，那维颇严给。远古那时候，阿考开天地。哪个来管天？阿颇峨粟颇。只要地上有，天上都齐全。唯缺肥猪肉，院中供猪肉。供过峨粟颇，家中事顺畅。我们要开剖，猪头要留好。耳后留三指，猪头破两半，媳妇要拜年。脖颈割下来，栽秧吃脖颈。肝子做生肝，再伴鲜仓血。猪胆要饱满，五谷粮仓满。后仓心血满，明年好收成。心肺要脆

---

① 参见李星星《藏彝走廊的历史文化特征》，载《中华文化论坛》2003年第1期，第44～48页。

好,撒秧煮心肺,秧苗长得快。脊肉要理好,脊肉连尾巴,年年连着吃。猪膀要理好,膀底不能损,舅舅来时煮,舅舅瞧右膀。肚子和小肠,煮熟做肝生。大肠煮挂好,明日腌酸饭。尿脬不要损,孙子揉尿脬。揉透吹胀大,吹大挂大堂,祖先也喜欢。火腿腌两个,贵客吃火腿。大砍大跺肉,脍锅墩子肉。猪肉煮一半,门里祭祖神,门口祭外神。

饭菜煮熟了,先要喂狗饭。家门族人来,三亲六戚来。远亲近邻来,喝酒眼底红,吃肉腮帮酸。剩肉也不多,腌肉装篮子。火塘烧得旺,老人唱阿德。远古那时候,很古那时节,眉定眉呆咱。①

所谓"年猪",就是为了过新年要宰杀的猪。一般情况下,在宰杀第一头年猪后,这个家庭会于当天举行一场宴会,被邀请参加宴会的都是自家亲属,基本上不请外人参加。从这层意义上可以说,"年猪宴"是一场家庭内部的聚餐。被邀请的家庭,无论男女老幼,至少要有一个人来赴宴,否则会被认为是看不起主人家。实在不能来的,事后要亲自解释为什么不能来。经解释原因后,双方达成谅解,感情也将一如既往;否则,两家之间会就此埋下芥蒂,关系也会越来越疏远,作为一个家族的缘分也就此了结。据肖杰一老人说,年猪不但要来吃,而且走的时候主人家还会把早已准备好的分割均匀的年猪的五脏六腑分给前来赴宴的各家亲戚,一家一份,不多不少,凑在一块便是完整的五脏六腑,以此来表示各家庭是一个整体。其实,对前来赴宴的各家庭而言,能分到的五脏六腑并不会很多,尤其是那些亲属关系比较稠密的家族,只能用少得可怜来形容。但这一象征性的、意味十足的行为在当地人的心目中却具有无与伦比的作用:如果主人家事先没有计算好人头数,或者给某一家的肉食中缺少了五脏六腑中的任何一样,那么没分到或者少分到肉的家庭会当面或事后向主人家抱怨,以求补偿。如果事情不能很好地得到解决,两家随即会产生间隙。在怒江流域的怒族、傈僳族和独龙族社会中,这种分享的观念则更为普遍且深入人心。以独龙族为例,不管在平时还是节庆,一家杀猪,均请全村寨分享。当然,亲属关系仍然是重中之重。若是某一家庭捕杀到猎物或杀

---

① 张自强搜集整理:《傈僳族祭祀经》,张自强、杨宗译,云南人民出版社2006年版,第46~49页。

猪时没有与人分享且被别人发现,则是一件非常丢脸的事情。

这种分食年猪的传统与彼德·巴克所描写的萨摩亚人的分肉习俗颇为相似:对萨摩亚人来说,一只猪一般要分成十份,而每一份都有一定的名称,分给相应的具有某种社会地位的人。萨摩亚人如此看重分猪仪式,以至于肉煮得好坏反倒成了次要的事。甚至为了分配匀称,招待客人的肉总是煮得半熟。因为如果猪肉煮得太熟,分的时候就可能会被撕烂,就不能按照仪式规定的方法进行分配。若是发生这种情况,主人会感到惭愧,接受肉的人也会不满意。这并不是说萨摩亚人喜欢吃半生不熟的肉,只不过对他们来说,重要的不在于吃猪肉,而在于分给他的肉。① 分餐是典型的再分配交换,在卡尔·波拉尼看来,适度而关键的再分配机制是传统社会中村民最低限度生活的保障。② 如今,人们的生活虽然不再需要这样的平均主义,但它仍以象征性的维度继续存在,而且通过年复一年的重复性方式再生产着这一传统价值观。

作为人类学的奠基者之一,罗伯森·史密斯(Robertson Smith)对献祭宴中的"共食"饶有兴趣,并将其作为一种独特的社会行为来加以研究。他曾经指出:"那些坐在一起大快朵颐的人们,就社会作用而言他们团结在了一起,而那些没有在一起共同进食的人们则彼此相互隔阂,既没有宗教上的伙伴关系,也没有互惠性的社会义务。"③ 由此不难看出,史密斯把分享食物的行为看作可以创造人与人之间亲密关系的纽带。在这一点上,亚当·库伯也有同样的体认。他曾强调,在感恩节和圣诞节这两个重要的日子里,人们设宴庆祝的也并不是个人的成就,而是社会的团结。④ 无法否认,像"年猪宴"这种周期性的家族聚会也在一定程度上起着家庭团结的功效。

1984 年,日本 NHK 社会调查部针对"如果万一您家的收入由于某种原因突然完全没有了,有没有人能够为您提供接下来一到两个月的生活费用"这一问题进行过广泛的调查访问,要求受访者从"父母""兄弟姐

---

① 参见[英]雷蒙德·弗思著《人文类型》,费孝通译,华夏出版社 2002 年版,第 67 页。
② 参见[美]詹姆斯·C. 斯科特著《农民的道义经济学:东南亚的反叛与生存》,程立显、刘建等译,译林出版社 2013 年版,第 7 页。
③ 转引自[美]西敏司著《甜与权力:糖在近代历史上的地位》,王超、朱健刚译,商务印书馆 2010 年版,第 16 页。
④ 参见[美]弗朗西斯·福山著《大分裂:人类本性与社会秩序的重建》,刘榜离、王胜利译,中国社会科学出版社 2002 年版,第 222 页。

妹""亲戚""当地的朋友或熟人""学生时代的朋友或熟人""工作上的朋友或熟人""其他朋友或熟人""没有这样的人"和"不知道"这几个答案中做出选择。结果，选择"兄弟姐妹"的受访者最多，达到48%，接下来是"父母"和"亲戚"，很少人选择朋友或熟人。① 这说明，对于个人或者家庭来说，亲属关系仍然是一个非常宝贵的后援体系。早已步入现代社会的日本尚且如此，更不用说至今还在传统社会徘徊的中国西南少数民族地区了。美国经济学家贝克尔甚至将传统社会中的亲属集团看成一个"保险公司"。在"保险公司"里，人们礼尚往来，相互赠送礼物，而那些处于危难之中的人们，也能够依赖"保险公司"的帮助渡过难关。②囿于恶劣的自然地理环境，三江并流核心区是一个物质极度稀缺的社会。尤其是在民主改革前，若再遇上什么天灾人祸，人们多半只能听天由命。这时候，亲属关系的援助功能便凸显出来。刘小弟是笔者在茨中村调研期间的重点报道人，调查时他38岁，曾因为贩毒被关进监狱长达十年。据刘小弟自己回忆，他刚出狱时照样无所事事，东游西逛。正是在母亲和老婆娘家共同出资给他开办了客栈并买了一辆面包车接送客人后，他才逐渐安定下来。说至此处，刘小弟连连感慨："这年头，也就家人真心对你好。"现阶段，随着社会的发展和经济的好转，人们的交际范围也逐渐扩大，这可能会使我们以为亲属制度不再重要了。但是，在其社会组织的潜力之外，它还具有重要的象征维度，那就是，亲属制度是对于主观归属、安全感和个人身份的一个主要关注点。③

二、认寄与结拜

除了血缘、姻亲能够建立起亲密的关系外，该区还大量存在着能把个体、家庭串联在一起的拟亲属关系。其中，认寄和结拜是最为普遍的两种模式。

恩格斯曾经指出："历史中的决定性因素，归根结蒂是直接生活的生

---

① 参见［日］望月嵩著《家庭社会学入门》，牛黎涛译，中国大百科全书出版社2002年版，第119页。
② 参见［美］加里·S.贝克尔著《家庭经济分析》，彭松建译，华夏出版社1987年版，第277页。
③ 参见［挪威］托马斯·许兰德·埃里克森著《小地方，大论题——社会文化人类学导论》，董薇译，商务印书馆2008年版，第159页。

产和再生产。但是，生产本身又有两种。一方面是生活资料即食物、衣服、住房以及为此所必需的工具的生产；另一方面是人类自身的生产，即种的蕃衍。"① 不难理解，对世界上所有的民族而言，种的繁衍都是其生存和发展的决定性条件。这一点在汉族中表现得尤其明显。在与汉族家族观念的比对过程中，学者们一直倾向于认为以藏族为代表的西南少数民族家族观念甚为弱化，乃至于无。但笔者要强调说明的是，家族观念与传宗接代是两码事，家族观念淡化并不代表他们对传宗接代的事情漠不关心。民主改革前，由于自然条件②和宗教观念③的影响，婴儿存活难度极大，有些家庭一连几个孩子都中途夭折。这些家庭为了能够顺利地把孩子抚养长大，往往求助于超自然的力量。找一户子孙满堂的人家认干亲便成了消除父母担忧的有效途径。在藏族村民看来，通过这样的认寄方式，孩子就能沾到干爹干妈家的运气，在往后的生活中便能顺顺利利、平平安安。这无疑就是弗雷泽所谓的"交感巫术"④的典型。上文提到过，笔者在茨中村的房东家生育有一男一女，男孩子是哥哥，名叫金安此里。金安也有干爹干妈，即本村阿若利夫妇。对于金安认亲这件事，房东阿姨告诉笔者说："金安也是有干爹干妈的，他的干妈就是咱们村中社的医生阿若利。生金安的时候，都过去20多年了，那时候哪像现在还可以去医院里接生，交通不便，再说也根本没有什么医院，大家都是直接在家里生。条件好的还能找一个懂医术的人接生，有些就是邻居要好的几个姐妹帮一下忙。金安是老大，第一胎嘛，所以生的时候并不是很顺利。还好有他干妈在场。她是医生，懂医术，也算顺利平安。也算是感谢吧，在金安两岁的时候，我跟你叔叔提议，让阿若利夫妇做了金安的干爹干妈。"⑤

---

① 参见［德］恩格斯《家庭、私有制和国家的起源》，载中共中央马克思恩格斯列宁斯大林著作编译局编《马克思恩格斯选集》（第4卷），人民出版社1972年版，第2页。

② 海拔高度对人口死亡率，特别是婴儿死亡率有着明显的影响。据专家研究发现，海拔从2000米左右上升到3000米左右，婴儿死亡率可增高16.34个千分点；由3000米左右升高至4000米以上，婴儿死亡率激增至68.89个千分点。［参见翟松天主编《中国人口（青海分册）》，中国财政经济出版社1989年版，第142页。］

③ 由于宗教观念的影响，藏族群众多视生育为不洁。在牧区，妇女多在帐篷外产子，即使狂风大雪也依然如此；而农区妇女产子则在牛棚马圈中，连最基本的卫生条件都不能满足。而且，藏族群众多迷信鬼神，孩子有病首选打卦念经，因而常耽误了最佳治疗时机。

④ 参见［英］詹姆斯·乔治·弗雷泽著《金枝——巫术与宗教之研究（上）》，徐育新、汪培基、张泽石译，中国民间文艺出版社1987年版，第19～21页。

⑤ 访谈对象：次里永宗。地点：次里永宗家中厨房。时间：2014年4月29日。

如果说认干爹干妈在三江并流核心区还算是个别现象的话，那么缘于宗教的原因认代父代母则十分普遍。上文说过，藏传佛教在这里并非一家独大，天主教和基督教也占据着重要地位，甚至在某些社区，它们的影响力远在藏传佛教之上。不管是天主教还是基督教，按教义规定，父母有让其婴儿在诞生后数星期内领洗的义务，同时要给孩子请代父代母，目的是帮助这个孩子从小坚定自己的信仰，使其在往后的人生路中更趋完善。针对代父代母的问题，神父应该最有发言权。茨中教堂的姚飞神父说："这是教会的传统，男的请代父，女的请代母。说得实在一点，他们就如同父母一样，主要是陪伴他们（受洗者）的信仰，能够去引导他们，这样信仰才会比较好。如同一个小孩子刚刚出生需要父母照顾一样，父母不照顾他是不行的，所以刚领洗的小孩子也需要一个信仰比较好的人去引导他，去坚定他的信仰。在我看来，没有代父代母是不行的，代父代母负有一定的责任，既有责任又有义务，就是要去引导他，起到这个作用。孩子领洗一般是在满月时，当然这个也没有什么严格的限制，有的是满月后，有的是满月前，有的甚至七八天就抱过来了。神父、修女不能做代父代母，人选一般都是找跟自己关系比较好的教友。教会一般提倡找那些年龄稍微大一点的教友，比如中老年人。当然，中年的最好了，因为中年人年富力强，容易对孩子产生影响。洗礼是很重要的，作为教会的入门，没有洗礼，一切都不能做。"①

认完代父代母，两家便算是亲戚了。逢年过节，做孩子的都要带些礼物去看望自己的代父代母；而他们的代父代母也会趁这个机会问问他们的学习、生活、工作情况，更重要的是给他们宣讲福音，教他们如何做人。当然，受洗入教不只限于孩子，那些因婚嫁而改宗过来的成年人也要认代父代母。肖杰一老人是三个教友的代父，他们在受洗入教时都已成年，现在甚至都是做爷爷的人了，但每逢过节，他们仍不忘提着礼物去看望肖杰一老人。有时候由于腿脚不便，他们会让家人代劳，总之礼节不能少。

按照制度理性假说的观点，农民并不是保守、非理性的，农民也是理性人。② 这种理性甚至在认代父代母如此神圣的宗教问题上也能显现出来。依姚飞神父的说法，代父代母的最佳人选是公信力极好且年富力强者。然

---

① 访谈对象：姚飞。地点：茨中天主教堂。时间：2014年5月12日。
② 参见郑风田编著《制度变迁与中国农民经济行为》，中国农业科技出版社2000年版，第7～18页。

而在实际生活中,人们则多倾向于那些所谓的有权有势者。以吴公底为例(见图2-1),他在宗教意义上的儿子多得连他自己都记不清楚到底有多少个,"不知道是24个还是27个,反正就是20多个吧"。看得出来,说这句话的时候,吴公底是满脸的自豪。这么多家庭找他做代父,其实理由很简单,就是因为吴公底的家境还可以,并且他还担任着教会会长的职务。干儿子太多也给吴公底的生活带来了一些"烦恼",尤其是春节拜年的时候,20多个孩子差不多每天都有人来,"忙得要死,这个刚走,那个又来了"。"今年春节我有一个新的想法,"吴公底对笔者说,"就是让这些孩子们先紧着其他亲戚走,最后汇齐了再一块到我家来,我打算给他们每人定制一件衣服,也不需要太好,权当是纪念。然后大家坐在一起,聊聊天,吃顿饭就好了。"

图2-1　吴公底与其干儿子若安在家门前

除上述认寄方式外,该区还存在着另一种拟亲属关系——结拜。结拜又称"结义""拜把子"等,是不同宗族的人结为名义上的兄弟姐妹的行为。① 历史上,汉族有广泛且浓厚的结拜之风。梁启超在《论小说与群治

---

① 李祥文:《结拜风俗研究》,载《山西师大学报》(社会科学版)2009年第6期,第100页。

之关系》中曾说:"今我国民绿林豪杰,遍地皆是。日日有桃园之拜,处处为梁山之盟。"① 殊不知,相比汉族而言,藏族的结拜之风有过之而无不及。在安多藏族聚居区,差不多每个人都有名义上的兄弟或姐妹。如果一个女孩没有结拜姐妹,会被认为是一个很孤僻的人,被人看不起,甚至还会遭到父母的责骂。② 本书所考察的区域可能是受到民族杂居的影响,正式意义上的结拜行为并不如安多藏族聚居区那么普遍,但弱化版的结拜——"交朋友"则十分常见。在此,我们不妨以《德钦县志》中对朋友会的描述作为引子:

> 建国前,德钦盛行朋友会,15岁左右的男女青年,邀约自己年龄相近的,意气相投而友好的人,分别(成立)男朋友会或女朋友会,朋友会多则20人,少则10人左右,一到喜庆节日或吉日良辰,聚集在一起吃"东道",或在某家聚餐,或外出风景地野炊,组织跳弦子舞、打戒指卦、射箭、对山歌等活动。朋友间有红白喜事,大家都去帮忙,并凑送礼。办喜事时,一般由主办家给朋友会送一笔喜钱,给朋友会吃喝玩乐时所用。建国后,德钦的朋友会仍然存在,哪家有困难或修盖房屋,朋友会的人都要去帮忙。在一家庭里,各有各的朋友会。另外,随着人口及居民户的增加,出现以村或以社为基础的村友会。③

这里所谓的"交朋友"与我们平时所说的"结交朋友"完全是两个不同的概念。"交朋友"一般是在同性别、同年龄层中的人们之间进行。也就是说,男孩和男孩交朋友,女孩跟女孩交朋友,形成各不相同的圈子。朋友关系一旦形成,就要保证一辈子不会改变。在茨中村调研期间,给笔者以莫大帮助的刘海清、刘金海、金安此里等几人就是所谓的朋友关系。他们年龄相仿,从小一块长大,虽然中间有的上学,有的当兵,各奔东西,但现在又都回到了本村。平时如果没事,他们几个就会聚在一起,打打台球或篮球,偶尔还会在村头公共煨桑祭祀场吃烧烤,喝啤酒。在田野调查期间,笔者曾跟他们几个内转过一次梅里雪山。用他们的话说,

---

① 梁启超:《梁启超自述》,人民日报出版社2011年版,第212页。
② 参见杨恩洪《藏族妇女口述史》,中国藏学出版社2006年版,第286～287页。
③ 云南省德钦县志编纂委员会编:《德钦县志》,云南民族出版社1997年版,第320～321页。

"能一起朝拜就是一种缘分,咱们也算是朋友啦"。

美国学者巴伯若·尼姆里·阿吉兹在其专著《藏边人家——关于三代定日人的真实记述》中对定日地区的朋友关系有过比较细致的描述。在她看来,这种朋友关系首先体现了同性成员之间对于集体友谊与集体信任的普遍需求。生活中无处不在的竞争与敌意使个人必须处于某个社会单元中,加入一个可以提供支持的集团,以此作为相对于家庭的选择物,以便在更为广阔的区域社会内进行踏勘。① 这就预示着,一个人的朋友越多,社会关系网就越大,潜在的社会支持也越强劲。

在怒江流域,朋友关系甚至是实现物品交换,互通有无的关键。当地人把这种专司交换的朋友关系称为"本南"。一般而言,本南是跨村落的。由于山高路远,当一个人携带想要交换的物品到达另一个村后,他便可以安稳地住进自己的本南家中,直到交换结束。同样地,如果远方的本南来到自己的地盘,他也有责任提供食宿,精心照料。②

不管是认寄还是结拜,既然作为拟亲属关系,那么它们就具有跟亲属关系一样的特点和功能,譬如在生活中的照顾、经济上的援助,以及提供安全感和归属感等。而所有这些都指向同一个去处,那就是人际关系顺利维持,社会网络成功建构,从而社会秩序也得以保障。

第二节 村民互助与聚落秩序

埃文思·普里查德说过:"分享或类似的习惯,在一个常患不足的社会,是非常容易理解的,贫困与匮乏使人变得慷慨,只有这样才能保证每个成员抵御饥馑。今天我从他那获得了帮助,而或许明天他也需要帮助。"③ 前文已有交代,历史上三江并流核心区长期处于物质稀缺的状态,因此对该区的民众而言,要想在这样的社会里生存,互助合作当属最佳途

---

① 参见[美]巴伯若·尼姆里·阿吉兹著《藏边人家——关于三代定日人的真实记述》,翟胜德译,西藏人民出版社1987年版,第220页。

② 有关本南的论述可参见张劲夫、罗波《独龙江文化史纲:俅人及其邻族的社会变迁研究》,中山大学出版社2013年版,第139~143页。

③ 转引自[美]马歇尔·萨林斯《石器时代经济学》,张经纬、郑少雄、张帆译,生活·读书·新知三联书店2009年版,第244页。

径。现阶段，随着社会的发展，在国家政策的扶持下，人们的经济生活大有好转，但这并未对当地的互助合作传统造成影响，因为伴随着经济的发展、生活的改善，人们的需要已由生存层面转向情感层面，而互助合作恰好为此提供了平台。由于村民互助涉及面极广，基本上关照了生活的方方面面，为论述方便，我们不妨把互助行为划分为两种，即"日常性互助"和"仪式性互助"。所谓"日常性互助"，指的是人们在日常生活、生产和交往中的相互支持与合作；而"仪式性互助"则专指在红白喜事之类的大型仪式活动中所展现的村民往来与互惠。

一、日常性互助

在日常生活中，换工应该是最为普遍和最具生命力的村民互助形式。由于该区以农业种植为主，因此换工互助最明显地体现在与农事活动相关的各项事务上。

表2-2为茨中村一年的家务与农活。

表2-2 茨中村一年的家务与农活

月　份	家务、农活
一月	杀年猪、备年货、集体修路，无农活
二月	年节休闲，无农活
三月	培植小春作物、开荒、捡菌子
四月	收割小麦、拉肥料
五月	插秧、播玉米、赶牛上草场①
六月	草场放牧、务工，基本无农活
七月	同六月
八月	采摘葡萄、酿酒
九月	打核桃并晾晒风干、收割稻谷
十月	收玉米、犁地种小麦、赶牛下山
十一月	圈养猪牛羊、务工，无农活
十二月	同十一月

说明：资料来源于田野访谈。

---

① 这里的赶牛很有讲究。由于此时正值收获、播种的繁忙季节，需要公牛下地劳作，所以一般先赶母牛上山，等农活完毕后再将公牛赶至草场。

铲肥料是一年一次的比较重要的农事工作，主要是清理负一层的牲口棚，将之前铺在地面上的松树毛草，连带牲口粪便和主人家的日常生活垃圾全部铲出，然后再拉到主人家的田地边，分堆码放。笔者于茨中村调研期间，曾跟随房东女主人全程参与过一次铲肥料的农事工作。看似简单的一件事情，工作量其实大得惊人。这里的地理条件和房屋建造模式决定了拖拉机等现代机械不能像在内地平原区那样靠近牲口棚，直接用铁锹即可把粪便甩到车上，而不得不采取人工背粪的模式。当天，前来换工背粪的人加上笔者共八人，原以为很快就能结束的工作，最后还是结结实实地干了一整天。撇开整体工作量太大不谈，光是把粪筐从地上拎起来这一看似简单的动作就注定了它非集体劳动不可。经上身感知，一筐肥料足有30斤之重。一个人要想把它拎起来可能并非难事，但是想要经由转体把它背在身后，则非个人之力可以完成的，尤其在这里像背粪这样的工作都是只有女人参加，所以相互协作更是十分必要。一般的工序是，一个人拎起粪筐先让另一个人背起来，等对方协调好身体后，再转过身来帮前一个人把粪筐背在身上。（见图2-2）房东阿姨告诉笔者，每一年铲肥料都是她们几个完成的，可能久而久之有了默契，从扒粪到背起粪筐基本上是一气呵成。

图2-2 换工背粪的姐妹们

这里每家每户的耕地虽然不多,但他们都把农活看成是一年当中最重要的事情。由于地处横断山脉腹部,不单在这里,放眼整个川滇藏边区,也都是道路崎岖,处处高低不平。正是囿于这个原因,大型机械化在此完全施展不开拳脚。所以,这里的农业尚处于传统阶段,顶多使用若干小型机械。虽然人均耕地面积不大,但由于基本靠人力劳作,一家几口人仍难以胜任。有些家庭,儿子或者女儿都已经参加工作,无法兼顾农活,繁重的劳动任务是二老不可能完成的。所以除铲肥料外,在春耕、下种、收割和脱粒这四个关键的、劳动密集的工作阶段中,彼此帮助更是格外重要的。在这几个关键点上,几个家庭的劳力会集合起来相互帮忙,今天到这家地里干活,明天到那家地里干活,一家接一家。互助组在谁家地里干活,这家的当家人就指挥协调工作。① 在茨中田野调查期间,笔者也参与了房东家的插秧农活,现将当天记述摘录如下。

  这段时间正值栽秧的农忙时节,为了在自家栽秧的时候能有人前来帮忙,阿姨已经一连一个星期早出晚归去帮别人栽秧。昨天吃晚饭的时候,阿姨扶着腰一直喊累。当得知明天就轮到他们家栽秧时,我自告奋勇,决定第二天跟他们一起下田。
  为避免睡过头,我还特意用手机定了个闹钟。早上7点,我洗漱完毕走进厨房才发现,就叔叔一人在收拾碗筷,阿姨已经下地了。我赶紧划拉了一碗米饭,手拿一块粑粑,边吃边走往田里赶。阿姨家的水田离家很近,顶多十分钟我就来到了地头。阿姨和另外六位换工过来的妇女正蹲在水田里在拔秧苗,用浸泡过的水稻秸秆一扎一扎地绑好,方便往需要栽秧的水田里运输。我蹲下去有模有样地干起活来,可用秸秆捆绑秧苗却难住了我。阿姨教了我两遍,我还是笨手笨脚的。她们捆绑三扎,我最多也就能倒腾一把。技术活干不了,阿姨便吩咐我和金安用箩筐往水田运送秧苗。她们家的水田是分开的两块,面积都不算大,加起来大约有1.2亩。我和金安各负责一块。我们一筐一筐地把秧苗背到地头,并一扎一扎地把它们分布均匀地扔到水田里,方便一会儿阿姨栽秧时顺手使用。不得不说,确实累坏我了。一

---

① 参见[美]科尼利尔斯·奥斯古德著《高峣(上册) 旧中国的农村生活:对云南高峣的社区研究》,何国强译,国际炎黄文化出版社2007年版,第167页。

筐秧苗因为沾满了水,足足有60斤重,一个人根本无法完成拎起来再背上的全过程。

她们拔完秧苗,我俩也基本运完了。阿姨们起身来到水田开始栽秧。我没什么事,就坐在地头看她们劳作,跟她们聊天。她们配合默契又娴熟。为了一排一排栽得整齐划一,两边的阿姨还要负责拉线。干过农活的人都知道,长期弯腰是一件很难受的事情,但我完全看不到她们的痛苦和不耐烦。她们有说有笑,东拉西扯,时不时还拿我开玩笑。

一块地栽完已经是中午。这里有个传统,农忙时候的午饭一般都在田间地头就地解决。(见图2-3)虽然阿姨家离水田不远,完全可以回家吃饭,但她还是选择在田间地头补充能量。当阿姨们洗完手坐定,叔叔早已把饭菜、碗筷摆放整齐。劳作了一上午,大家都累坏了,围成一圈席地而坐。午饭一般,粑粑、凉菜和米酒。听阿姨讲述,这是标准的田间地头饭,基本上每家每户都是这个样子。吃饭不仅仅是补充能量,更是一种休息。这个时候大家说说笑笑,插科打诨更是厉害。

图2-3 插秧换工的地头午餐

下午4点左右,劳作完毕。相比午饭,招待换工人员的晚饭颇受重视,不但酒水、饮料齐全,而且菜色多样,足足摆了一大桌子。席间，叔叔阿姨代表主人家一一挨个敬酒，表示感谢。饭后大家又小聊一会，便悉数散去。

根据文献记载和老人回忆，该区在历史上还广泛存在着农事换工的一种极端形式——伙耕。伙耕又称"伙种"，就是两户或两户以上的农户共同占有一块土地，共同劳动，共同出种子和劳动力，平均分配产品。"婚姻联亲一世，土地联亲百年。"正如一位怒族老人所讲述的：

> 过去，我们怒族几家人共同耕种一块土地是常事，有的村子大部分的土地是共同耕种的土地，所有的人家都参加共同耕种。大家高高兴兴地一起翻地、下种，等收割的时候，平均分粮。这是老辈子兴下的规矩，世世代代都这样做，这不是比婚姻联亲更长久么？①

伙耕关系的形成主要有以下几种情况。

其一是分家所致。在兄弟分家中，有时因为土地较少且优劣不等，难以平均分配，因此，有一部分土地只好共耕。也有一种情况是分到最后一块土地无法平均分配，因而形成共耕关系。其二是共同购买。由于生产力水平低下，购买力低，一个人无法单独购买一整块土地，而出卖土地的人家又往往不拆分出卖，因而需要与其他人共同购买这块土地，但因为土地的优劣、坡度不一致，难以平均分开，而当地人的绝对平均思想又特别浓，只好进行共耕。其三是一同垦荒。垦荒，尤其是开挖水田需要较多的劳动力，所以几个家庭伙开、伙有、伙耕的情况也很普遍。它是共耕最初形成的也是最基本的形式，其他各种共耕形式都是在这个基础上发展出来的。其四是联姻共耕。联亲过程中，那些拿不出聘礼的贫困家庭，只能将部分土地作为抵押，双方共同耕种，平分粮食。也有个别将土地作为陪嫁，或女方地多人少而与女婿共耕部分土地。

段伶在怒江流域曾访问过一位怒族老人，他们家除种自家的地外，还参加了七块地的伙耕，其伙耕关系的形成基本包含了上述所有类型。

> 第一块，在村上头，是我们氏族祖传的地。后来我们氏族发展成

---

① 段伶：《怒族》，民族出版社1991年版，第21页。

两个家族，由两个家族伙种。因为我家是家族最小的一支，我又是兄弟中最小的一个，按我们的习惯，由幼子继承家业，就跟另外一支中同等的家庭伙种。

第二块，在村下面，是我们家族祖传的地。我们家族有五户，五户一起伙种。

第三块，在山上较远的地方，原来是荒地。记得阿爸说，家里吃饭的人多，土地少，就约了三家亲戚去开垦伙种。……

第四块，在江边，是我们家的祖传地。我哥哥结了婚，另起家室，分给他一些地，自己谋生。但那块地路较远，庄稼常被猴子糟蹋，一家人种不方便，于是阿爸就让我们兄弟伙种。

第五块，在半山上，是我家的。因为那年我的大儿子得了病……要用牛祭。家里没有牛，就把那块地抵了一半……所以我们就跟牛主人家一起伙种。

第六块，在村前面的小平坝里。原来也是阿爸手里留下的，为了我大儿子的婚事，打了一场官司，不得不卖掉一半……从此，这块地我和买主伙种。

第七块，在村子的左边。……过去娶媳妇，需要牛做彩礼金，少则两三条，多则六七条。那时我的妻子，论人才，论能干，远近数一数二，礼金的牛当然也就要得多。这样，不得不把我们家最好的那块地的三分之二顶上去，后来就成了她舅舅一份，她阿爸一份，我们一份，三家的伙种地。①

形成伙耕关系的原因虽是多方面的，但其根源仍在于生产力水平低下，个体农户在生产上有困难，需要相互帮助。在历史上，伙耕缓解了个体农户的生产困难，在一定程度上促进了生产力的发展。但随着时间的推移，伙耕家庭的劳动力和生产资料出现了不平衡，在土地使用上也会存在分歧，私有自种逐渐代替伙有、伙耕而成为普遍的模式。

20世纪50年代开始，在国家权力的引导下，人们走上了追求绝对公平的农业合作化的道路。除留有少许自留地外，全部土地收归公有。大家以生产队为单位集体劳动，以工分的形式计算劳动力和劳动量，最后再按

---

① 段伶：《怒族》，民族出版社1991年版，第22～23页。

照工分对收获物进行分配。由于该区民众本身就具有诸如伙耕的传统协作观念，所以农业合作化的推行在当时颇为顺利。在这样的条件下，农事换工便销声匿迹，完全被集体劳作代替了。茨中村的鲍金汉老人是当时的生产队队长，正如他所说的："大家一起下田，一块干活，哪里还用换工嘛？"在罗兴佐看来，合作是一种群体行为，根据不同的基础，可以把它分为两种类型，即外生型和内生型。外生型合作指主要通过外部压力将分散的个体纳入一定的组织体系中而强制人们合作的一种组织形式。而内生型合作又可分为两种亚型：其一是以市场为基础的自愿合作，它以市场为依托，以利益为纽带，通过内部规则而实现合作；其二是以地域为基础的自治型合作，它以一定的区域为边界，以对社区利益和共同规范的认同为基础而实现社区事务的自组织治理。① 依照罗兴佐的划分，农业合作社是典型的外生型合作类型，而传统的换工则是内生型亚型（其二）式的合作。外生型合作在短时期内虽有能够产生高效率的优点，但它对传统社会结构和既有价值观的破坏也是难以想象的——原本隐藏在亲属和邻里关系纽带下的社会公平被完全表面化了。它在保证有一是一、绝对公平的时候，反而破坏了人们之间的默契和亲情。党的十一届三中全会后，家庭联产承包责任制度落实，该区又重新回到以户为单位的自然经济状态，传统的血缘、地缘互助关系再次得到强化。

  换工的作用不只是解决了个体家庭的生产困难，更重要的是通过换工行为，人们在互来互往中建立起了亲密无间的关系。正如罗红光所说的："互惠在实践活动中不仅体现在礼尚往来，如'帮工'和'还工'，它也和其他几种劳动交换方式一样，除了能获得物质利益以外，还具有表现文化色彩的感情上的积累和负债。……'帮工'与'还工'这种互惠的意义特征是一种以道德约束为基础的劳动交换，同样它也是塑造德行的劳动过程。"② 根据肖杰一老人的说法，村子上换工互助小组的组成一般都是固定的。日子久了，几个家庭之间不管有无亲属关系，也都像一家人一样。情分首先是在实践中得到强化的：农忙时节的相互帮忙具有很大的自由度，并不像企业员工或者工厂里工人那样，有严格的工作纪律，他们可以在累了的时候就地蹲下，一起抽几支烟，聊聊天，从家长里短到天下大

---

  ① 参见罗兴佐《农民合作的类型与基础》，载《华中师范大学学报》（人文社会科学版）2004年第1期，第11～12页。
  ② 罗红光：《不等价交换：围绕财富的劳动与消费》，浙江人民出版社2000年版，第104页。

事，无所不谈，"和大家一起干活时的歌声和谈笑减轻了他们的辛苦，带来欢娱的气氛"①，这实际上等同于搭建了一个临时的公共空间。弗朗索瓦·巴达让在巴东村曾观摩过妇女换工背粪的场景。透过他的描写，我们不难体会到其间满溢的欢快气氛：

> 藏族女人有一种表示尊敬的风俗习惯，就是在你看她的时候，假装出非常胆怯，或者非常羞涩。在这个季节，巴东的姑娘们用大竹背篓把厩肥背到田地里。她们在路上往来如梭，并且每次返回时，都要背着空背篓停在我总是充满人的院子里说会儿话。
>
> 一次，正在此时，我刚好从楼上下来。她们立刻非常恐慌，朝大门跑去。由于她们柔韧的背篓挤在一块儿，弹来跳去，相互碰撞着，最后卡在大门口，不能动弹。男人们特别高兴，肆意嘲笑。大嫂们也十分高兴，竟忘却避开。真实一场闹剧，乐得很开心。②

其实，从经济观点而言，劳力换工对主人家绝对不是无偿的，东道主必须为换工者提供好饭好菜、好酒好烟，实际上他的花费并不比雇用劳力少。在谈到换工招待时，肖杰一告诉笔者："过去比较穷，换工也不需要怎么招待，甚至也可单换工不招待。但现在不一样了，尤其是做完工之后的晚饭，那是相当重视。一般情况下，鸡是必杀的，猪肉也自然少不了，反正要搞上一大桌子。"但在关系紧密的农村社区里，私人网络在许多情况下比物质和金钱更珍贵。斯科特认为，安全第一是农民的生存之道，他们趋向于避免失败而不是冒险，很少有人会把古典经济学中的追求利益最大化原则作为行动的目的。③ 所以，一个人"最重要的自我保护手段是培育一个比较大的个人关系网络"④，且处于互惠链条上的每一位村民都要小心翼翼地编织和维持这张网。

与农事活动相比，建房子更是需要换工协作的一项日常事务。传统

---

① [英] 雷蒙德·弗思著：《人文类型》，费孝通译，华夏出版社2002年版，第60页。
② [法] 弗朗索瓦·巴达让著：《永不磨灭的风景：香格里拉——百年前一个法国探险家的回忆》，郭素芹著译，云南人民出版社2001年版，第25～26页。
③ 参见 [美] 詹姆斯·C. 斯科特著《农民的道义经济学：东南亚的反叛与生存》，程立显、刘建等译，译林出版社2013年版，第16～43页。
④ 参见阎云翔著《礼物的流动：一个中国村庄中的互惠原则与社会网络》，李放春、刘瑜译，上海人民出版社2000年版，第93页。

上，木楞房是该区最为普遍的房屋建造模式。木楞房具有以下几个特点：其一，壁体围合的空间具有良好的保暖性；其二，简单的构造适用于不同坡度地段的建盖；其三，木楞壁体坚固，可以防兽；其四，结构整体性能好，可以防震。① 不难看出，木楞房与当地的自然地理环境完美契合。经粗略估计，每建一户木楞房住屋，至少要砍伐100多株中、幼龄树木。仅是这一项工作，就非个体家庭之力可以完成的。之后，打地基、夯墙、立中柱等就需要更多的人合作。

  按照怒族的习惯，每年冬春之交是修建房屋的季节。在这期间，新分居的小家庭要新建住房，一些老户也要修缮旧屋。无论是新建住房，还是修缮老房，都采取换工的方式共同协作修建。如需新建住房，盖房前主人家必先选好地基、备好料，约定时间请本村寨男子帮助，选择吉日建房，房屋必须在一天之内建好。凡被请来帮助修建房屋者，都要自己携带一捆茅草或木料赠送给房主。房屋修建完毕，由主人招待一顿水酒、苞谷稀饭或肉拌饭，以示酬谢，再无其他报酬。新房落成后，男女老少，部分宾主，围着簸箕喝酒吃饭，绕着火堆唱歌跳舞，一家人的喜事变成全村人的欢乐。② 与怒族一样，傈僳族人修建房屋也必须在一日之内完成，否则会被认为不吉利。为了保证一日之内建成房屋，就必须依靠家族亲友及村邻通力合作，即傈僳语称为"瓦爪"的形式。盖房子的前几天，由房主人通知亲友，并事前凑够各种建筑材料，然后请巫师择定吉日，届时所有被邀请的亲友和邻居一起动手，一日之内即完成。房主人视经济条件款待相帮的亲友。③ 民主改革后，随着社会的发展和与内地的频繁接触，钢筋混凝土的房屋建造模式逐渐有取代传统的木楞房而成为主流的趋势。由于钢筋混凝土的建房模式较为烦琐且需具备一定的技术和大型机械，所以现在村民都倾向于把主体工程交予专业的施工队，而自己则找人做一些基础性的工作，比如打地基、舂墙和房顶浇灌等。在这期间，所需的劳动力除了自家较近的亲戚外，周遭邻里是最重要的组成部分。原则上，在连续打地基、舂墙或房顶浇灌的一周里，村民小组的每家每户至少要有三天前来帮忙，其他时间则自愿。主人家也会用一个本子清楚地记下每家每户上工的

---

  ① 参见段炳昌、赵云芳、董秀团编著《多彩凝重的交响乐章：云南民族建筑》，云南教育出版社2000年版，第87页。
  ② 参见《怒族简史》编写组《怒族简史》，云南人民出版社1987年版，第70页。
  ③ 参见《傈僳族简史》编写组《傈僳族简史》，云南人民出版社1983年版，第123页。

工时，以便日后等数或超数奉还。在田野调查期间，适逢刘金海家盖楼房，笔者主动参与其中，并详细记录下了前来参与的人员。

  2014年1月13日　第一层板面浇灌
  旺堆、国中、阿秋、阿那里、永康、张大哥、永强、阿生、阿罗、小宝、谢生、取永、常生、冬梅、阿香、常艳、扎拉（带红包100元）、此顶、追玛、桥撒、此理农布（带啤酒一件）、此宝、和玉香（带红牛两件）
  2014年3月8日　第二层板面浇灌
  阿娜、阿安、扎西吾姆、张永正、阿弟、春妹、阿旺娜、小次玛、张永强、追嘎、谢生、小宝、阿乾玛、层松、张大哥、阿瑟、阿尼、小四、曹武三、此理永宗、旺堆、阿伍、阿撒、桂花
  2014年6月12日　第三层板面浇灌
  次玛、墨米、双梅、金华、玛丽亚、廖从志、双金、阿卓、红英、阿南、冬梅、和德玉、长严、边军、阿伍、伯母、桂花、小东、曹五三、张大哥、路叶、李国忠、张永正、永康、阿南

  近年来，由于社会分工和市场经济的影响，换工也逐渐呈现萎缩的态势。刘文高就曾直白地告诉笔者："有时候换工还不如花钱请工来得方便。"刘文高在茨中村可算是民间精英式的人物，他早年当过老师，又是党员，后来又看准商机开办了全村第一家旅游客栈。他的两个儿子也颇有出息，都在德钦县政府上班，用村里人的话说，"都是有面子的人"。在尝到商业带来的甜头后，刘文高夫妇甚至把一半的土地都租种了出去，一心扑在客栈经营上。茨中村之所以有名，全拜茨中天主教堂所赐。而刘文高家即紧挨着教堂，甚至可以说是通往教堂的必经之地。所以，即使是平时，他们家的游客也不曾间断。而等到五一、暑期和国庆长假期间，来他们家投宿的外地人更是爆棚。每当在这几个节骨眼上，刘文高都会从周围邻居中找几个麻利能干的妇女前来帮忙。据刘文高讲述，忙不是白帮的，不但要管一天三顿饭，而且一天有100块钱的薪酬。笔者的房东女主人能烧一手好菜，所以也经常被刘文高叫去帮工。虽然他们之间有很近的亲属关系（刘文高的老婆是房东男主人的亲姐姐），但依然靠付工钱的形式进行结算。当笔者问及为何不算她们帮忙，日后再奉还时，刘文高给出了自

己的答案。第一，儿女们都已成家立业，不在身边，家里缺乏劳动力，根本无法做到与别人换工。第二，客栈生意还不错，每天都有事情要做，也挤不出时间来还别人的工。第三，村民的商品观念逐步上升，在非农忙的时候，他们都希望能找点活路，打工挣钱。请邻里妇女前来做工，不但满足了她们就近找点活路、挣点小钱的愿望，而且为刘文高做了极为正面的宣传。

除以劳力换工外，经济互助在日常生活中也占据着十分重要的地位。尤其是在民主改革前，由于社会生产力水平低下，经济互助几乎涉及人们生活的方方面面。譬如，缺地或少地的农户在无法取得足够的耕地时，可以向有地户请求借给少量牛犁地或轮歇地耕种。借入的耕地面积如在一亩以上，借地户须向借出户酌送两只簸箕或一只小猪为礼；如面积在一亩以下又是近亲，则可以不送任何酬礼，只需在收获后分给土地所有者少许粮食即可。借期一般为一年，如需再借，只要取得原主同意即可。再如，每逢青黄不接或缺乏籽种时，村民可以向本家族成员"要粮"。要粮者随身携带一只小鸡或一碗水酒送给对方，即可得到一定数量的粮食，对所给粮食通常不少于一个人十天吃的口粮，要粮者无须归还。① 不难看出，村民之间的借贷行为并无利息，完全以互助救济为目的。对于那些无力单独饲养家畜的农户，甚至也可以采取互助的形式进行共养。饲料由共养户平均分摊，摊定由某户负责饲养，在宰杀牲畜时除饲养户多分得一个头之外，其余部分按份平均分配。如果是出卖共养的牲畜，所得价款除饲养户可多分一笔钱外，其余同样按份平均分配。如果畜产仔，则饲养户可多分到一只幼畜。②

俗话说，一个好汉三个帮。为了能够借众人之力渡过生活中的道道关卡，人们往往会组成中小型的经济互助组，在该区表现得最为明显的就是赛会。赛会，又写作"丛会""赊会"，在其他地方又叫作"合会""钱会"等。它是典型的民间互助行为，即当某一家庭急需一笔资金而又一时难以筹措时，便邀约亲友邻里组织赛会。被邀约者每人拿出一定的资金先供发起者使用，帮助这家人解决眼前的燃眉之急，以后便定期筹措，轮流合作。

---

① 参见《怒族简史》编写组《怒族简史》，云南人民出版社1987年版，第68～70页。
② 参见《怒族简史》编写组《怒族简史》，云南人民出版社1987年版，第68～70页。

在物资贫乏的年岁，赉会广泛存在于该区的各少数民族中。其实，赉的内容并不仅仅局限于资金的合作，人们还可根据各自不同的情况组织各种形式的赉会，比如粮赉、米赉、布赉、鸡蛋赉等。吴公底告诉笔者，在20世纪80年代前赉会在当地十分流行，形式主要有两种：一种是钱赉，藏语称"赉额"（"额"是钱的意思）；另一种是粮赉，藏语称"赉土"（"土"是粮食之意）。一般来说，赉会成员不会低于十人（或者十户），因为如果人（户）数太少，凑起来的东西不足以解决任何实质问题。据吴公底回忆，他家的主体房屋建于1983年，由于当时家里经济状况不怎么好，于是便召集村里的20户人家组建了赉额和赉土。凑来的钱用来支付建房师傅的工资，而凑来的粮食则用来管前来换工村民的一日三餐。如果投入赉会的是实物，一般不计利息，其质量和数量自始至终不再变动；若是现金，有的不计利息，有的则计利息，但利息的计算也是相当民主和公平。① "这种形式的借贷所依据的原则是互利互惠，而不是当代资本和货币市场中所遵循的成本与收益的投资逻辑。"② 在高矞英看来，"立丛（赈）之义有三：助人之急一也；助贫之婚嫁二也；凡有好事，丛之朋长约同朋之人，相商而行之，三也"③。不难看出，赉在一定程度上承担起相应的社会救助功能，它既能使某人的生活在短时间内得到改善，而又不至于产生损害他人利益的结果。

新中国成立初期，赉会的活动受到了由国家所倡导的互助会和各种金融部门的影响，曾一度停止了。近些年来，它则以各种形式出现。茨中村的猫头鹰车队就是一个现代意义上的赉会，它是由全村所有跑长途货运的车主组成的一个半松散式的互助组织。金安此里就是车队中的一员，他告诉笔者，如果购买了新车，想要加入车队，每年须交纳500元的入队费。交了这个会费，大家从此就是一家人，不但在生意上信息共享，而且队员若是在生活中遇到困难，大家也会集体想办法解决。至于入队费的去向，据金安讲述，并非用于队员的经济援助，而是完全作为他们逢年过节时联谊聚会的本金。"像我们跑货运的，如果出点什么事，一般都是大事，会

---

① 参见习煜华《流行于纳西社会里的"赈"》，载《云南民族学院学报》（哲学社会科学版）1994年第4期，第53页。
② ［美］黄宗智：《长江三角洲小农家庭与乡村发展》，中华书局2000年版，第111页。
③ 转引自杨成彪主编《楚雄彝族自治州旧方志全书·姚安卷》，云南人民出版社2005年版，第1721页。

需要很大一笔钱，入队费根本不够用，有时候检修一下车辆就不止那个钱，所以入队费自一开始就只作为聚会之用。就算队员家里有事，我们也不会动那笔钱，都是再想办法。再说了，现在跑货运生意还可以，如果哪个队员需要帮忙，也根本不需要动用入队费就能够帮他解决。"不难看出，与经济发展相适应，赍的社会功能也从过去的以经济相帮为目的，转向重视人际网络的建构。帕特南曾经说过，轮流信用组织不仅是一个经济制度，还是加强全村团结的一种机制。①作为一种典型的轮流信用组织，赍会正是在互帮互助中完成了社会的黏合。

二、仪式性互助

塞利格曼与魏乐博指出，在现代社会，人们的生活经验与身份认同往往具有模糊性，而仪式则可以消除人们之间的边界，使不同的人群产生情感上的共鸣。②体现在日常生活中的仪式性互助，无疑为村民的身份和情感认同提供了交流的平台或沟通的渠道。

生育是自然赋予人类繁衍后代的一种使命，任何民族的发展壮大都离不开生育。即使是对家族观念淡漠的藏族人们来说，添丁进口依然是一件值得庆贺的事情。在小孩生下的第三天（女孩子是第四天），亲朋好友要前来祝贺。这种活动叫作"旁色"。"旁"是污浊之意，"色"是清除之意。所谓"旁色"，就是清除晦气的活动。在藏族人的观念里，小孩出娘胎，会带来诸多污浊和晦气，如不消除，将会对孩子的成长十分不利。"旁色"之日，亲朋好友会带着礼物来参加活动。城里人带的礼物一般是青稞酒、酥油茶和给小孩子的衣服、帽子等，也有越来越多的城里人直接送红包，根据各自关系的亲疏远近决定礼金数额。在农村，亲友除带上酒、茶以外，还要带上满满一"唐古"（羊皮口袋）糌粑及一块新鲜的酥油，这是进门的贺礼。客人一进屋，先给生母和襁褓中的婴儿献哈达，给生母敬酒、倒茶，用大拇指和食指捏一点糌粑，放在初生儿的额头上，表示祝福孩子吉利向上，然后端详初生婴儿，并说一些吉祥、祝福的话。当

---

① 参见［美］罗伯特 D. 帕特南著《使民主运转起来——现代意大利的公民传统》，王列、赖海榕译，江西人民出版社 2001 年版，第 198 页。

② Seligman Adam B, Weller Robert P. *Rethinking Pluralism: Ritual, Experience, and Ambiguity.* New York: Oxford University Press, 2012.

天，主家要置酒备饭款待前来贺喜的亲朋近邻。① 孩子在满月之前一般不出门，满月之后要请喇嘛帮助挑选吉祥的日子，举行名为"国敦"的出门仪式。当天，母亲和孩子在亲人的陪伴下出门，首先要去寺庙朝佛，祈求佛祖菩萨保佑孩子无病无灾、健康成长；然后再到那些儿孙满堂、家境富裕的朋友家串门，期盼孩子能沾到运气，将来也会建立好的家庭。②

与藏族不同，怒族妇女自怀孕伊始就受到各方面的照顾。孕期一过七个月，男子就四处奔走，买鸡、买油漆，上山捕蜂采蜜，为孕妇准备足够的食品；孕妇则在家里酿酒，以备分娩期间待客之用。分娩时间一到，男子便很快走出家门，去叫母亲和岳母。于是，不一会儿工夫，左邻右舍的妇女便被邀请来，嘻嘻哈哈地走进男子的家里，替产妇接生。此时，母亲以儿子的名义用酒或蜜糖水招待前来帮助接生的妇女，以表谢意。前来帮助接生的妇女，两人去拉产妇的手，一人抱产妇的肚子催生，其余的妇女围坐在火塘的四周，边饮酒边聊天，期待新生儿快快降临。新生儿一降生，在场的所有妇女便涌向屋角。一阵欢声笑语之后，有的给小孩洗澡，有的擦地板上的污血，有的收拾胎盘，有的给小孩包扎衣物，有的护送产妇上床，有的杀鸡煮饭……小孩降生后的第二天一早，男女双方的五亲六戚、三朋四友，以及左邻右舍带着各种礼物（多为鸡、米、漆腊、小猪、酒）前来产妇家祝贺、喝喜酒。在喝喜酒的过程中，有的谈天说地，有的吟唱古歌，以各种形式祝贺小生命的降生。最后，由寨里一名德高望重的长老用预先备好的水给婴儿洗脸擦头，以示对婴儿的祝福。③

在孩子长到13岁以后，家长就要择时为其举行成丁礼。成丁礼又叫"成年礼""入社式"等，是一项极为重要的人生礼仪。通过这种仪式，表明他（她）已从少年时代进入成年人的行列，获得了一个社会成员所具有的一切权力，同时也要相应承担起一个社会成员应该承担的所有责任和义务。按照藏族的习惯，女孩子长到十六七岁时，要变换头发的梳法，称为"上头"。这是个隆重的成人礼，举行的日期是在每年农历正月初三。这一天，女孩子梳了藏族成年女子的发式，穿上簇新漂亮的衣服，戴上华

---

① 参见丁世良、赵放主编《中国地方志民俗资料汇编：西南卷》，书目文献出版社1991年版，第931页。
② 参见陈立明、曹晓燕编《西藏民俗文化》，中国藏学出版社2003年版，第219页。
③ 参见杨智勇、秦家华、李子贤编《云南少数民族生葬志》，云南民族出版社1988年版，第292～293页。

美的首饰,光彩夺目,环佩叮当,像做新娘似的,由一个十一二岁的小姑娘陪伴着往亲戚邻舍家去拜客,人家送她各式礼物致贺。从这一天起,她就不再是小孩而是大人了。① 在傈僳族和纳西族村寨,在满 13 岁之前,不论男女,一般不穿裤子或裙子,仅穿麻布长衫,腰系一条布花带。到他们年满 13 岁时,要举行一次"男孩穿裤子,女孩穿裙子"的仪式,过后即视为成年。"穿裤礼"与"穿裙礼"的时间一般固定在正月初一早上。按传统习惯,除夕晚上,要将本村所有年满 13 岁的男孩和女孩依性别安排到某一男孩或某一女孩家中团聚,孩子们在那里通宵达旦地唱歌跳舞。到鸡叫后,各家又领回自己的孩子举行仪式。举行成人礼仪邀请本村本家老人、长辈、拜年者甚至全村人吃饭,需提前通知,男客来时要带粮食,女客来时要带鸡蛋,有的地方则带其他礼物赠送。②

然而,随着社会的发展,各民族传统上的成丁礼渐趋没落。笔者在茨中村调研期间,曾访谈过几位老人,当问及"是否为儿孙们举行过成人仪式"时,他们一致表示不曾有过。当再被追问"什么情况才标志着一个孩子真正成年"时,有的说参加工作就算,有的说是 18 岁,但最多的是以结婚为标志,在他们的眼里,没结婚之前都只能算是孩子。

如果以 20 年为一代的话,则对每个家庭来说,20 年内大约会有婚嫁之事发生。从社会学的角度而言,婚礼是两性结合得以公认,进而实现种族繁衍的基本前提,所以受到各民族的重视。婚姻不是个人私事,甚至也不由两个联姻家庭随意而行。广义上的婚礼至少包括提亲、订婚和结婚三个环节,而从每个环节来看,其波及的范围则远远超出了个体家庭的层面。

提亲一般是由男方家庭主动,但该区盛行讨姑爷(入赘婚),女方家庭派人到男方家提亲的情况也颇为常见。届时,主动提亲的一方会请一位在本家族或本村德高望重且能说会道的男长者为媒,受了重托的媒人则带上茶叶、酒和哈达等到对方家里商量孩子们婚事的可能性。在提亲过程中,媒人与对方家庭反复交谈,如果对方父母打开提亲酒或收下礼物,则表示答应了婚事。一般而言,提亲一次就成功的情况少之又少,需经多次说和方能应婚。当然,随着社会的发展,青年男女的婚恋观念也越来越开

---

① 参见萧瑛《藏族妇女的生活》,载《妇女月刊》1948 年第 1 期,第 18~19 页。
② 参见赵心愚《纳西族的成人礼》,载《中国民族》2011 年第 11 期,第 54 页。

放和自由。在很多情况下，早在提亲之前，男女双方家长就默许他们的行为，所以提亲交涉只是走过场。

许亲之后，就要挑选订婚的日子。当天，讨媳妇（或姑爷）的家庭还在媒人的代表下到对方家庭商量相关事宜。对双方家庭来说，订婚应该是整个婚事最重要的阶段，因为所有的讨价还价和对后续婚事的安排都集中在这一环节。为集思广益和显示自己家族力量的强大，双方家庭基本上会邀请全部的亲戚参加，并在这一场合宣布家族联姻的信息。

如果提亲和订婚还基本算是两个家庭（或家族）之间的"私事"，那么正式婚礼的举行无疑就是一次家庭内外所有参与者的集体狂欢。操办一次婚礼要花费一大笔钱财，消耗极大的精力，只靠当事人所在的一个小家庭是难以承担的。所以，在这个时候，村落群体的凝聚作用也就充分显示了出来。在婚期还未至的几天前，办喜事的人家就要请自家亲戚和所在的村民小组，每户出一个劳动力上山去砍喜柴。按照传统，砍来的喜柴要够主人家用上三年才算是尽到心意。随着婚期的临近，需要帮忙的地方就越来越多，成立筹备小组显然是必要的。筹备小组的管事自然是村社中最有头有脸而又能说会道的权威人物。他一般要具有如下几个条件："一是辈分比较高，子孙满堂，在民众看来是有福气的人；二是家产殷实，在民众看来是有财有势，而且又是持家有方的人，以为这种人靠得住；三是本人的品德比较好，在民众看来是信得过的人；四是知书识礼，有一定的组织才干，能够在关键时刻挺身而出，为民众说话的人。"① 就今天来说，这种管事一般都由村主任或社长担任。按照习俗惯例，一家操办婚事，全村人都必须服从管事的安排。凡是被叫到的，即使再忙，也要放下活儿去参加。没有被叫到的，也会主动去问一声，有什么事情需要他做。这种帮忙虽是义务性的，但也有人情在内，这次你帮了别人，下次别人才会帮你。如果你拒绝别人，就可能会被孤立。② 在田野调查时，笔者曾全程参加了张大伟的婚礼。婚礼期间，村民会主动来到张家，询问是否需要帮助。（见图2-4）且看管事在这次婚礼中人员的分工情况：

总理：佘加春、能布、嘎真、农布

---

① 顾希佳：《社会民俗学》，黑龙江人民出版社2003年版，第95页。
② 参见顾希佳《社会民俗学》，黑龙江人民出版社2003年版，第107页。

司礼：张伦云、龙文亮、陆柴、张红武、黄英、张阿追
酒司：阿姆、阿印达、玛丽、别姆、红妹、张冬梅
果司：徐泽芝、八妹、双妹、扎西吾姆
茶司：印真、达能、吴公底、红军
厨师：张永正、阿根、玉梅、阿姆、江初、佘七、六八、徐专、张德明、阿冬、阿着、拉哈义、哈里农布
饭师：阿永、阿花妹、阿来、斯南永泉、妹妹、小李、阿追、扎西卓玛、阿宗、阿米克、红英、麻里、冬梅、色里拉、此里取追、阿姆、此里初木、阿专玛、吾常妹、阿如妹、翠妹
成员：阿色、阿弟、斯南此里、红军、阿伟、阿旺、春海、达巴追玛、德里敬、尼玛拉姆、耶老、阿宝、玉兰、盖玛江初、阿生牙、阿尼、扎西追玛、阿里此、秋生、曹阿伟、边单、和海、振华、此里都吉、阿丁吴、取晶、斯南吾登、三斤、燕丽、取扎、张永强、阿色、春雷
主婚人：哈生、徐寸英

图2-4 婚礼上前来帮厨的村民

除劳力相助外，物质支持也很重要。在物资匮乏的年代，举办如此大规模聚餐所需要的食物，单靠一家是很难承担的，因此村民们送的贺礼主要是食物。近些年来，随着社会经济的发展，金钱逐渐代替食物而成为贺礼的主要模式。张大伟婚礼当天，前来贺喜的有 213 户，共收到现金 62195 元、酒 267 斤、苞谷 1327 斤，此外还有 6 只鸡、20 件饮料。

就整个场面来说，婚礼无疑是一个大型的公共空间。婚礼期间，人们互帮互助、谈笑风生、嘘寒问暖，情谊得到充分的释放。（见图 2-5）即使是平时有矛盾的两个人，也可能会借此喜庆之机一洗前怨。在这一点上，费孝通早有认识，在他看来，婚礼的举行不但为亲属提供了相聚的机会，除了巩固原有亲属关系和承认新建立的亲属纽带以外，还可以调节社会关系。①

图 2-5 婚礼现场之一角

在人生的航道上，每个人都可以用不同的方式驾驶自己的生命之舟，然而，所有的航船都只能去向一个神秘的终点——死亡。生与死是生命的

---

① 参见费孝通《江村经济：中国农民的生活》，商务印书馆 2001 年版，第 121 页。

两个极端。如果说诞生礼仪是接纳一个新的生命来到人间的话，丧葬仪式则表示一个生命的结束、一段旅途的终结。费尔巴哈曾经说过，中国人是最为死人操心的民族。① 所以，葬礼的受重视程度和规模要远远超出诞生礼、成年礼甚至婚礼。

葬礼中的村民互助主要体现在以下三大方面。

其一，念经。这种"属灵"方面的帮助在死者生病期间就已经开始。民主改革前，受宗教观念的极大影响，人们生病很少求医问药，大都延请喇嘛、巫师等念经驱鬼了事。现阶段，这种情况大有好转，去医院看病成了人们生病后的第一选择，但用宗教手段禳解、驱鬼、保平安的行为也仍被人们保留。后者虽然不是必需的，但几乎已经成了一种习惯。如果出现久病不治或者病因不明的情况，那么，念经的重要性就会更加高于吃药看病。

阿洛就曾告诉笔者："给病人念经是咱们教会一个很好的传统。比如说谁家有了病人，就会在周日礼拜或者一、三、五做晚间弥撒的时候向神父求弥撒。在聚会结束的时候，神父会告诉在场的教友，谁家有人生病了，如果有时间，就去人家家里为生病的人念经祈福。这个意思传达以后，教友们就会私底下商量出一个具体的时间。到时候，要去参加念经祈福的教友会带上礼物，一般都是两把挂面、一篮子鸡蛋什么的，反正不能空手，一起到需要念经的人家。小孩子生病和大人生病念的经文是不同的。对小孩子来说，主要是祈求天主让他的病快快好起来；对大人来说，则是希望天主能宽恕他的灵魂。到别人家替病人念经是一件非常积德的善功。如果没什么重要的事情，教友一般都是要去的。念经祈福的时候，主人家要热心周到地招待前来念经的教友，茶水、饮料都是不能少的。一般念经就是一天，所以中饭、晚饭也都在主人家解决。念经完毕后，主人家还会适当地给一些辛苦费，一般都是五块、十块，只是表达一点心意。如果没有，那也没什么，教友不看重这个。"②

在茨中调研期间，笔者曾参与过一次教友帮助病人念经祈福的活动。生病的是一个还在上幼稚园的 7 岁小男孩。一天，当老师带领小朋友们做课间操的时候，他捂着肚子满地打滚。老师赶紧通知家长把他送进乡镇医

---

① 转引自何显明《中国人的死亡心态》，上海文化出版社 1993 年版，第 188 页。
② 访谈对象：阿洛。地点：村委会大院。时间：2014 年 8 月 29 日。

院检查。经检查，才知道是急性阑尾炎。半个月后孩子出院回家，为了感谢天主的垂怜与恩赐，孩子的母亲在周日礼拜上求了平安弥撒，并希望教友能再去给孩子念经祈福。第二天，教会即组织了十人的代表团到小孩家里念经祈祷。由于小孩子的病情早已好转，在念经的间歇时段，大家也都是嘻嘻哈哈、聊天喝茶。可以看出，对村民而言，求医与念经是并行不悖的两条路，即使病情痊愈，念经祈福也是少不了的内容。

病人断气之后直至葬礼结束，教友集体前来念经更是必不可少的内容。这时候念经的规模比给病人祈福的时候要大得多，而且更具组织性。在此，不妨以笔者在茨中村亲身参加的一次葬礼为例进行说明。

2014年7月6日晚，当笔者正与房东一家人看电视闲聊的时候，隔壁邻居气喘吁吁地跑进来，说和玉龙死了，需要帮忙。一开始笔者根本不信，和玉龙笔者认识，而且还很熟，关键是他很年轻，还不到30岁。和玉龙是德钦县公安局佛山派出所的一名禁毒辅警，偶尔会回村看望一下父母。我们是在教堂旁边的篮球场上认识的。在田野调查的时候，笔者几乎每天傍晚都会到那里打球，而和玉龙家就紧挨着教堂，恰好他也喜欢打篮球，所以一来二去，彼此便很熟悉。到了和玉龙家才知道事情是真的。当天在214国道执行巡查任务的时候，突发泥石流，巡逻车被落石砸中，和玉龙当场便不省人事。[①] 和玉龙家信仰天主教，我们走进院子里的时候，发现已经聚集了很多教友，他们都是来为和玉龙念经超度的。念经是一个很耗体力的力气活，所以要一拨接一拨地进行。按茨中村的习惯，教友是以村社为单位自然分开的，上午是这个社，下午即换成另外一个村。出殡的时候，姚神父带领众教友走在前面，一边唱圣歌，一边引领送殡队伍朝墓地缓缓而行。到了下葬环节，念经仍要继续，直至葬礼结束众人散去为止。（见图2-6）教友的念经互助贯穿于死者从生病到下葬的所有环节。其实这还远未结束，每逢死者祭日，教友们仍要聚到死者家中，为其念经超度并祈求家庭平安吉祥。

---

① 有关和玉龙其人其事，详见《用生命铸就忠诚——记德钦县公安局佛山派出所因公殉职辅警和玉龙》，http：//www.xgll.com.cn/xwzx/2014-07/17/content_142203.htm。

图 2-6 和玉龙的葬礼现场

  2014 年 7 月 20 日，是茨中上一社村民此里初姆的一周年祭日。当天，姚神父和全社几乎所有的天主教徒早早来到初姆家中。等教友坐定，主人家奉上酥油茶、糕点和果盘。用完早茶后，姚神父走进正屋前堂，为主人家点亮莲花灯，开始进行祭日家庭弥撒。（见图 2-7）在此过程中，笔者观察到还有藏传佛教徒前来。由于宗教身份不同，他们多端茶送水或者坐在一旁闲聊。整台弥撒做完已是午后，主人家招呼教友坐下，并端上早已准备好的午餐。吃过午餐，祭日弥撒算是正式结束。此时主人家站在自家大门口，对前来念经的教友一一道谢。一般而言，在死者逝世后的前三年中，所有的天主教家庭都要为死者举行这样的家庭弥撒，之后则视家庭情况和家人意愿而定，可做可不做。

图2-7 此里初姆的祭日家庭弥撒

其二,劳力相助。作为人生的告别仪式,葬礼的参加人数最多,场面也最为宏大。从采购一应物品、通知有关客人、布置祭祀现场,到接待来客、主持全部仪式程序,以及操办上述仪礼所需要的大小劳务杂活,犹如一场战役。① 若是在婚礼上,由于是喜庆之事,家里人还可以精神焕发地接待来客,协调指挥;而若是在葬礼中,自家人早已被悲痛所击垮,不但不能招待来客,反而更加需要别人的照顾和关心。在为和玉龙守灵的三天三夜里,他的母亲都不知道哭晕了多少次。为了以防万一,还专门请了医生留守。在这种情况下,亲邻互助对葬礼的顺利进行就显得格外重要。与念经一样,劳力互助也贯穿于葬礼的整个过程。一般来说,妇女分担用麻布缝葬衣和炊事工作,以解决前来参加葬礼的客人的膳食问题;男人则承担上山砍栗木寿板、做棺材、挖坟坑、抬送死者、掩埋等重体力劳动。给笔者留下最深刻印象的,是送殡过程中的抬棺。在当地人看来,抬棺是积德行善的事情,所以村民尤其是青年小伙子都争先恐后地去做这件事。其

---

① 参见顾希佳《社会民俗学》,黑龙江人民出版社2003年版,第106页。

实，棺木加上人体的重量，对八个抬棺人来说并不算是一件轻松的工作，况且该区地势不平、道路难行，更加大了抬棺的难度。在和玉龙的送殡路上，笔者紧跟在抬棺队伍的后面，令人异常感动的是，差不多每隔两三分钟就会有人主动上前将正在抬棺的人替换下来，劳力互助在这一刻得到了充分的体现。

其三，吊丧。"婚礼是要去请的，但葬礼不用，只要听到这个消息就得主动上门吊丧。"这是当地人对婚礼和葬礼差异的认识。有人去世的消息一旦传开，全村寨的人便自动停工，即使是已经下田劳作的人也要返回村子。然后，各家各户带上一份礼物到死者家中进行慰问和吊唁。为了在物质上给予死者家庭实际的帮助，挂礼是前往死者家中要做的第一件事。

肖杰一老人对笔者说："葬礼是所有人的事，不用去通知，人们就会自动过来。这除了对死者表达哀悼外，也是为了维持人际关系。因为葬礼是大事，每个家庭都会把葬礼搞得风风光光的，人来得越多，这家人就越有面子。如果你不到死者家中帮忙和慰问，等自家有这样的事时，就没人愿意过来帮忙，那多没面子。到死者家里慰问都要带上礼物。如果距离比较近，一捆柴是必须要带的。此外，还可以捎带一些酥油、香油、米和粑粑等其他的东西。如果路程较远，只带钱也可以。原来到死者家中挂礼一般都是实物较多，给钱也都是三五块，现在家里面都有钱了，挂20块钱的都很少，一般都是50元甚至100元。为了不铺张浪费，村委会规定办白事时主家菜色不能超过五样，别人挂礼不能超过20元钱。现在看来，菜色一般都能遵守，但挂礼的金额很少有照20元这个标准的。因为挂礼就是在表达心意，有时候两家的关系很好，你硬性规定20元肯定是不可行的。"①

一般情况下，死者家庭会在院子里安排两个记账员，收下礼物并详细地记录每一位前来吊唁者的姓名及所带礼金的数目。之后，还会递上已经用塑料袋包装好的两包方便面或者油炸粑粑等，以表谢意。

挂完礼后，前来吊唁者都要礼节性地上前去跟死者家人寒暄几句，并说一些宽慰人的话。这时候，他们会主动询问是否有需要帮忙的地方。如果实在无事可做，他们便三五成群地坐在一起喝茶聊天。在给和玉龙守灵的三天三夜里，我甚至看到人们聚在一起打牌或打麻将的情况。问及村

---

① 访谈对象：肖杰一。地点：肖杰一家中卧室。时间：2014年8月27日。

民，他们说主人家一般都不会反对这种事情，如果葬礼期间主人家里冷冷清清，没几个人来，会被认为没面子。人类学家艾兰·克里玛在其有关泰国死亡与交换仪式的研究中，也留意到了葬礼中的赌博现象。尽管赌博在泰国是非法行为，但葬礼现场是赌博活动的合法空间。大批被吸引过来参加葬礼的赌徒，不仅向亡者家庭表达了同情之意，而且也给亡者孤独的灵魂送去了温暖。克里玛指出，要在这些场合分辨出谁是赠予者、谁是接受者并非总是那么容易。亡者的家庭接受了社会的馈赠，或者说是大批人帮忙抵销了死亡带来的寂寞感。但与此同时，他们也必须施以回报，确保彻夜在葬礼现场的赌徒们有吃有喝。① 葬礼虽然不是供人欢乐的场合，但是在是否必须热闹这一点上，却与婚礼等其他更为吉祥的庆祝场面并无二致。② 笔者的田野调查经历也证明了这一点。和玉龙去世的第二天晚上，笔者在房东家的院子里乘凉，刘小弟经过时跟笔者打招呼，请笔者一起去和玉龙家，因为这几天他们家热闹。不难看出，热闹也是葬礼举办时主人家及村民所希望达到的目标。不可否认，与婚礼等其他仪式活动一样，葬礼现场也具有公共空间的属性。通过共同参加丧葬活动，人们彼此慰藉、相互交流，不但缓解了死者家属的哀伤和惊恐心理，而且也加深了村民之间的感情，使他们团结一致。

在亚当·斯密看来，人类活动和动物活动的主要区别之一是，人类几乎随时随地需要结成一定的合作关系，这种合作的倾向为人类所共有，也为人类所特有。③ 通过上文的论述不难看出，不管是日常生活中的劳力换工和经济援助，还是婚丧嫁娶中的物质和精神支持，无疑都是对集体力的积极运用。正是通过互助与合作，人们渡过了一道道生活关卡，而且在频繁的互助合作中，人们的关系得到了进一步的强化，如此往复循环，生生不息。

---

① Alan Klima. *The Funeral Casino: Meditation, Massacre, and Exchange with the Dead in Thailand.* Princeton, N. J.: Princeton University Press, 2002, p. 276.
② 参见［美］欧爱玲著《饮水思源：一个中国乡村的道德话语》，钟晋兰、曹嘉涵译，社会科学文献出版社2013年版，第142页。
③ 转引自卜长莉《社会资本与社会和谐》，社会科学文献出版社2005年版，第166页。

第三节　经济交换与网络联结

马克思注意到，交换往往发生在相邻社会的边界线上。① 从内部结构来看，三江并流核心区自古以来便是各相关民族南来北往、东西跨越的民族走廊；从内外关系来看，该区又大致位于汉藏文明的结合部。于内于外都决定了该区虽然地处偏远，但也不能阻挡人们实现经济交换的愿望。而商品的桥梁作用也使得该区结成了一个庞大而复杂的贸易网络，正是通过它，当地社会被整合为一个有机体。

一、分工：经济交换的基础

男耕女织、自给自足曾被视为中国传统家庭的基本特征而深入人心。然而，在实际的生活中，个体家庭并非一刀切式地排斥经济交换。对它们来说，在自我生产、自我满足的常态中，仍需要以经济交换的形式进行余缺调剂，以维持生产和生活的正常运转。在这一点上，美国学者明恩溥颇有清醒的认识。他指出：

> 在生产自己所需要的物质资料方面，中国许多地方的农民可能比西方任何一个阶层的人都更具有独立性。……不过，即使是中国微小而又持续的产业，这种自给自足的理想也不可能完美地实现。……中国人在很大程度上要依赖于当地的市场，这在西方国家是不存在的。②

提及三江并流峡谷，人们多冠之以"封闭""孤立"和"与世隔绝"等字眼。在人们的印象中，当地社会就像是一潭死水，毫无生机。但现实的情况却截然不同，可以说，自有史以来至今，这里的人们就从未停止过交往与互动。作为维持生存的重要的手段，经济交换自然是其中必不可少

---

① 参见［美］托马斯·C. 帕特森《卡尔·马克思，人类学家》，何国强译，云南大学出版社 2013 年版，第 172 页。
② ［美］明恩溥著：《中国乡村生活》，午晴、唐军译，时事出版社 1998 年版，第 143～144 页。

的内容。

历史上,该区的经济交换多基于因地理环境的差异而引起的自然分工的不同。这可以从纵与横两个层面进行解读。

就纵向而言,由于该区地势高低悬殊,"立体农业"特征突出。

> 以海拔2800米为界,以下地区一年两熟,以上地区一年一熟。大春粮食作物,高寒山区以青稞、马铃薯为主,还有少量的小麦、荞麦、大麦、燕麦。山区和半山区以玉米为主,还种植燕麦、芸豆、大麦、水稻、大豆、高粱。河谷地区以玉米、水稻为主,还种植大豆、高粱、杂豆。小春粮食作物,南部、中部河谷地区以小麦为主,还种蚕豆、豌豆、大麦、青稞。北部河谷区以青稞、小麦为主,还种燕麦、大麦、蚕豆,但种植数量很少。①

这只是对该区资源纵向呈现的一般性描述,现在不妨以笔者的田野调查点之一——小维西所在的统维村为例做一具体说明。小维西各民系群众依山势分别居住在江边、半山和高山三个海拔带,呈大杂居、小聚居状分布。其中,江边有五个村民小组,半山区有五个村民小组,高寒山区有四个村民小组。在长期的历史发展中逐渐形成了以高寒山区种植芸豆、药材,半山半高山区种植泡核桃与养牛、养羊、养蜂,江边沿线种植蔬菜、葡萄等经济农作物为主的特色产业。

因横向地理差异导致分工产生,进而引起经济交换的现象最容易理解。若具体至该区,则主要体现在食盐、茶叶和药材等物品上。

不管人还是动物都离不开食盐,这是人类很早就知道的常识。所以在该区的历史上,曾流传着许多视食盐为至宝的故事。与种植农作物和饲养牲畜不同,盐并不是每家每户甚至是村寨有能力自己获取的。只此一点,即决定了食盐的商品使命。由于江边两岸的高山富含盐矿,盐井因此成为该区唯一的产盐地。在人们对食盐需求的带动下,很早便形成了复杂的以盐井为中心的贸易网络。

茶叶本不为个体生命所必需,但对该区民众而言,它与食盐一样,也

---

① 《迪庆藏族自治州概况》编写组编:《迪庆藏族自治州概况》,民族出版社2007年版,第124页。

是不可或缺的。从日常的饮食习惯来看，该区民众尤其是藏族人民食物来源比较单调，常年以糌粑、肉制品和奶制品为主食。这些食品多燥热，且蛋白质和脂肪含量高，不易消化；而茶叶则富含茶碱、咖啡因和鞣酸，可帮助消化。正如谭方之所指出的："盖以康藏地居高原，气候寒冽，至一般产生食品，多为糌粑、牛羊肉、奶子、奶渣等物，绝少菜蔬水果，因而食后，时觉干燥，辄有消化不良之感，惟有饮茶，始获解腻之效，而免生饱胀之病。"① 久而久之，饮茶便成了当地人的一种生活习惯和嗜好，甚至流传有"一日无茶则滞，三日无茶则病"的说法。对于藏族人民来说，茶是如此不可或缺，以至于这种盘状的"砖块"可以流通全藏，并且通常比银圆更受欢迎。② 但是，如此需要茶叶的青藏高原地区，却由于高海拔等因素，并不产茶，藏族及周边各族所需茶叶主要依赖于与外界交换来获得。③ 与此互补的是，中原主要为农区，盛产茶叶而马匹稀缺，但由于战事需要，对马匹的需求又很大。于是，一条以茶、马贸易为主的交通线，在汉、藏等民族商贩、背夫、马帮、驮队披荆斩棘的努力下应运而生了。

基于同样的原因，当地土特产尤其是各种名贵草药，诸如贝母、黄连、茯苓等成了运往内地销售的走俏商品。《菖蒲桶志》对该区贝母交易的现象有过记载："每年四五月间，夷人结伴前往碧罗、高黎、茶开各山采取。有挖得几两者，有挖得二三斤者。含水甚重，须二、三斤始烘晒一斤。每年六七月间，维西商人运来布、线、茶、银等，前来换买，名为赶药会。仍运往内地销售。"④ 过去，虽然当地人以挖草药为生，但他们只是将草药看成货物，不相信其能治病，甚至当他们身染重病、奄奄一息，有汉人拿着草药让他们服用时，他们仍然认为是前来交易的。⑤ 由此，我

---

① 谭方之：《滇茶藏销》，载《边政公论》1944 年第 3 卷第 11 期，第 48 页。
② 参见［英］H. R. 戴维斯《云南：联结印度和扬子江的链环——19 世纪一个英国人眼中的云南社会状况及民族风情》，李安泰、邓立木、和少英等译，云南教育出版社 2001 年版，第 298 页。
③ 有学者推断，唐代以前的藏族先民也是饮茶的，但饮用的可能是藏族地区土生土长的土茶。理由是，在藏东南海拔 2500 米以下气候湿润的森林地带是适合茶树生长的，那里极有可能分布着零星的野生茶树或类似茶树的含碱类树木。（参见张江华《茶马互市与茶马古道——兼谈康定、丽江的历史作用》，载木仕华主编《活着的茶马古道重镇丽江大研古城——茶马古道与丽江古城历史文化研讨会论文集》，民族出版社 2006 年版，第 77 页。）
④ 菖蒲桶行政委员公署编纂：《菖蒲桶志》，见政协云南省贡山独龙族怒族自治县委员会、政协云南省怒江傈僳族自治州委员会文史资料委员会编《怒江文史资料选辑》（第 18 辑），1991 年，第 41 页。
⑤ 参见陶云逵《陶云逵民族研究文集》，民族出版社 2012 年版，第 65 页。

们不得不感叹经济的无穷力量,纵使千山万水,依然阻挡不了商品观念的侵入。即使到了今天,销售各种草药仍然是当地农牧民增加收入的重要渠道。每至农闲时候,妇女们便会结伴而行,蜂拥上山,寻挖草药。

分工是实现交换的前提。纵横交叉的自然和社会分工,使该区形成了联结一体的交易网络。

二、物的流动与网络的生成

(一) 转山贸易

作为该区的最高峰,6740米的卡瓦格博名震康藏。每到冬季,善男信女来朝雪山者极多。由于卡瓦格博属羊①,所以每逢十二年一遇的羊年,康藏人来此朝山者尤数十百倍于平时。② 转山的出发点虽是宗教性的,但参与其中的人们往往在沿途换取或购买家用必需品,客观上促进了贸易的繁荣。

民国女密使刘曼卿入藏途中经过今德钦县城,曾目睹转山贸易的场面繁荣。据其记载:

> 阿敦商业之盛,每岁以秋冬两季为最。因藏俗男女老幼皆以朝本地有名之白约雪山(卡瓦格博——笔者注),或云南大理之鸡足山为莫大之因缘。苟能朝山三次以上,则罪愆全赎。阿敦为朝山必经之道,远如拉萨、察木多,近如江卡、乍丫一带人民,邀群结伴,不惮千里之劳长途跋涉。其中有黄发之幼童,有妙龄之少女,亦有强健男妇、苍颜翁姬,熙熙攘攘,络绎不绝。每至日暮,则张幕以居,汲水采薪,自起炊爨,至夜相与依卧,杂沓纷陈,阿敦人称之为"阿觉哇"。彼等一至,则敦市妇女全体动员,阿觉哇照例野居于街后地坝,是地妇女即向商店借贷货物,亟待转易。若商店稍有迟疑,则将所佩首饰临时抵钾之,立与阿觉哇多方结纳,或以布匹、铜锅,换其麝香药材,或以针线杂货,换其兽皮羊毛,均无不利市什倍……阿敦本地妇女不农不牧,专靠与阿觉哇交易为生。最可奇者,阿敦妇女每年春

---

① 传说卡瓦格博从海底升起的那一天,正好是羊年羊月羊日。
② 黄举安:《云南德钦设治局社会调查报告》,载云南省德钦县志编纂委员会编《德钦县志》,云南民族出版社1997年版,第378页。

间，观诸天象征兆，常评断本岁阿觉哇来敦之多寡，犹似农人之望秋收……阿觉哇之行路，无论贫富老幼，皆以步行，背负食用等物。至多以山羊数头驮口粮，绝无一乘马者。①

在卡瓦格博转山圈内，一直流传有三宝碟——金碟、银碟和玉碟的说法：

> 卡瓦格博圣坛前，供有三种宝贝碟：
> 金碟供奉水晶塔，本是天然自成物，
> 拜此光明天然塔，延长寿命福运增；
> 东面明珠拉卡地，供奉珍贵宝银碟，
> 觉沃朗卡居其间，拜此觉沃朗卡像，
> 如同亲拜拉萨觉；玉碟比做阿墩子，
> 印度汉地藏区宝，同聚德钦集市中，
> 犹如下界"鲁"宝库。②

其中，金碟指绒顶白转经塔，藏语全称为"区登西格让寻"，意为天然水晶塔，是内转卡瓦格博的起点；银碟指明珠拉卡和飞来寺以及寺中供奉的觉沃朗卡扎西佛像；而玉碟则指德钦集市。

受益于转山贸易，德钦获得了"雪山市场"的美誉。对此，黄举安曾有过客观的评价，他说："与其说'雪山太子'为德钦名胜，毋宁说雪山为德钦人的一座'金山'较为适宜。盖无此山，德钦商业及人民生计成问题也。"③ 相较于广阔的卡瓦格博转经圈，德钦集市只能算是其中的一个点。如此点点相连，便形成了一个近似环形的转山贸易圈。

（二）马帮古道

"茶马古道"是今人对古代通向藏族地区贸易通道的总称。它以人赶

---

① 刘曼卿：《国民政府女密使赴藏纪实——原名康藏轺征》，民族出版社 1998 年版，第 149～150 页。

② 《圣地卡瓦格博的三宝碟》，载斯那都居、扎西邓珠编著《圣地卡瓦格博秘籍》，云南民族出版社 2007 年版，第 61 页。

③ 黄举安：《云南德钦设治局社会调查报告》，载云南省德钦县志编纂委员会编《德钦县志》，云南民族出版社 1997 年版，第 378～379 页。

马驮（少量为牛、骡）运茶为主要特征，并伴随马、骡、皮毛、药材、盐、酒，甚至鸦片等商品的交换，因为茶叶是其标志性货物，故称"茶马古道"。

由于西南地区群山林立，地形复杂，山间小路网罗密布，因此，在不同时期，不同马帮的行走路线会有所不同，甚至同一商队在连续两次贩运时所走的路线也不完全相同。① 但从整体上看，它大致有三条基本路线，即青藏线、川藏线及滇藏线。青藏线即唐蕃古道。它兴起于唐代，发展较早，从四川产茶区取道德阳白马关，顺岷山东侧走金牛道，再出汉中略阳，翻越秦岭后经凤县、天水、兰州、西宁进藏。川藏道以今四川雅安一带为起点，首先进入康定，自康定起又分南北两路：北路从康定向北，经甘孜、德格进至昌都，再由昌都通往卫藏地区；南路则从康定向南，经雅江、理塘、巴塘、芒康、左贡，再抵达昌都，与北路汇合后通往卫藏地区。对于滇藏线，我们要进行重点讲述，因为它基本上覆盖了本书的全部考察范围。谭方之曾经指出："滇茶为藏人所好，以积沿成习，故每年于冬春两季，藏族古宗商人，跋涉河山，露宿旷野，为滇茶不远万里而来。"② 大体而言，滇藏线有东西两路：东路需过金沙江、走奔子栏，翻越白马雪山，经阿墩子、佛山到西藏；西路则大致循今天的滇藏公路，也即214国道，经维西、燕门、云岭，再从阿墩子出云南进入西藏。

就地理位置来说，维西是云南通往西藏的一个重要的交通孔道。过去由于受到交通条件的限制，县内靠马帮运送物资的历史较为悠久，除了在县境内短途运输外，长途多往返于云南、西藏，甚至还到缅甸、印度等国家。下面，我们不妨以维西为出发点，看看茶马古道是如何把它与别处连为一体的。

县城至西藏：途经保和镇头塘—腊普湾塘—嘎嘎塘—阿喃多塘—白济汛—小维西—岩瓦—康普—叶枝塘—洛打塘—化夫平—加壁—阿墩子—阿懂—溜筒江—古水—窖布—那古—巴咪—碧湧功—盐井再走七天至昌都。

县城至贡山：途经保和镇头塘—腊普湾塘—嘎嘎塘—阿喃多塘—

---

① 参见汤易林《茶马古道：汉藏的纽带》，载《大科技（百科探索）》2008年第6期，第8页。
② 谭方之：《滇茶藏销》，载《边政公论》1944年第11期，第56页。

白济汛—小维西—岩瓦—大坪子—艾切里—四季多美—腊咱—扑拉底—月阁—当打（贡山）。

县城至福贡：途经县城头塘—腊普湾塘—嘎嘎塘—河江桥—吉岔—谷迪碑—慈拉瓦—你咱—利沙底。

……

维西至丽江：途经县城头塘—白帕塘—栗地坪—鲁甸—太平塘—巨甸—吾龙顶—格子—三仙姑—石鼓—拉市—丽江。

维西至中甸：途经县城头塘—阿花洛箐—腊八底—耍加马—川达—海尼—柯那—塔城—其宗—拖顶—吉仁峡谷—崩嘴丫口—纳帕海—中甸（或由其宗过金沙江至五境，再到中甸）。

维西至兰坪：途经县城南门—拖枝—箐口塘—四十驮—木瓜卓—陡马坎—工江—河西庄子—热水塘—处布—白子村—四十里箐—老地盘—拉井（兰坪）。①

其实，上面罗列的路线只是该区茶马古道中的主干动脉。除此之外，在崇山峻岭中还布满了密密麻麻的隐秘路径，作为主干动脉的延伸一直存在着。在上千年的时间里，马帮商人们在这些小道上往来不绝，为平原地区的汉族人民和地处高原的藏族人民带去了各自需要的商品。

茶马古道的繁荣直接带动了作为交通枢纽的沿江各城镇，史载："（中甸立市后）商人云集，贸易畅通，进出康藏货物荟萃于此。滇商带来的货物主要有茶叶、粮食、红糖、火腿、铜器和铁器等，藏商带来的货物主要是羊毛、牛马羊、兽皮、药材和毛织品。"② 而处于滇藏边境的德钦更是"每日马队如织，蹄声铃声交作，吞吐货物不下千驮"③。20 世纪 30 年代，刘曼卿路过德钦集市时，就曾感叹过货物的丰富："各商店中货品，以及沿街摊卖者，除滇产茶糖、布匹、铜铁器、杂物外，余多洋货。如洋火、纸烟、洋蜡、洋匹头、洋瓷器、洋袜、毛巾、手电、胰皂……无一非外人生产过剩之品。且价值奇昂，劣等纸烟一小盒，售价半元，问之令人咋

---

① 普志忠：《古道留下马铃声——维西"茶马古道"和"盐马古道"探寻》，载《云南档案》2010 年第 4 期，第 38 页。
② 潘发生：《揭开滇川藏三角区历史文化之谜》，云南民族出版社 2008 年版，第 52 页。
③ 刘伟：《告诉你一个真西藏》，新华出版社 2008 年版，第 311 页。

舌。"① 由于此时的德钦集市太过繁盛，国民政府甚至还在德钦设立了海关，抽取税收。即使大山最深处的怒江、独龙江地区，马帮商人也先后运去大批腊肉、火腿、酒、盐、茶、土布、农具以及针线、锅、铁三角等日常生活用品。② 这些货物有如一种无声的语言，彰显了偏远之地连通世界的气度。③

商业的发展促使了商会组织的诞生。清末民国时期，凭借雄厚的经济实力，商会甚至成为与土司、属卡并行的"三行"之一，势力"从经商发展到参与地方民政"④，逐渐演变成影响当地社会秩序的重要社会力量。它不但在抑制喇嘛寺的高利贷盘剥⑤和打压盗匪⑥上不遗余力，而且还广做慈善，关注民生。譬如，在1948年以前，德钦澜沧江上还是无桥以渡，往来只能依靠溜索，危险万分，"过溜者无论人畜往往心悸胆裂、魂魄飞越，且以生命为赌注。每年人畜货财之遭受损害亦不知几矣"⑦。为彻底改善当地的交通状况，任和昌老东家赖耀彩倡导修建滇藏交通必经孔道——溜筒江，旋得各方善男信女的响应。⑧ 工程竣工后，两岸藏族同胞无不感激，每行至此都要顶礼膜拜。

与茶马古道同样重要却时常被人遗忘的是盐马古道。历史上，作为重要的产盐地，盐井在川、滇、藏交界地区的贸易网络中始终占据着一席之地。民国时期学者崔克信根据实地调查指出："盐井之盐，销路甚广，南

---

① 刘曼卿：《国民政府女密使赴藏纪实——原名康藏轺征》，民族出版社1998年版，第148页。
② 参见李华《民国时期贡山商品流通史况》，见中国人民政治协商会议云南省贡山独龙族怒族自治县委员会、中国人民政治协商会议怒江傈僳族自治州委员会文史资料委员会编《怒江文史资料选辑》（第17辑），1991年，第72～73页。
③ 参见刘琪《流动性与多样性——对云南德钦县的历史人类学考察》，见安晓平、徐杰舜主编《社会转型与文化转型——人类学高级论坛2012卷》，黑龙江人民出版社2013年版，第260页。
④ 王恒杰：《迪庆藏族社会史》，中国藏学出版社1995年版，第233页。
⑤ 如在光绪二十八年（1902年）所订立的三行章程中，就有直接针对松赞林寺的高利贷剥削和封建压迫的内容（具体内容可参见王恒杰《迪庆藏族社会史》，中国藏学出版社1995年版，第233～234页）。商会之所以如此坚定地反对喇嘛寺的高利贷盘剥，有打压异己的初衷，因为当时的寺庙大多经营商业，而松赞林寺更可称为一个商业帝国，但这一行为在客观上也起到了制衡喇嘛寺封建经济压迫的作用，在一定程度上缓解了人们的疾苦。
⑥ 稳定的社会环境为经商所必需，所以商会在打压盗匪，维持社会治安方面也尽心尽力。例如，光绪二十四年（1898年），四川兵痞张占标袭占中甸城，提出索要赎城银1300两。中甸商会客首积极联络，凑足了银两，用赎城的办法换来当地社会秩序的恢复。
⑦ 和庚吉：《丽江赖君耀彩修普渡桥碑记》，见云南省德钦县志编纂委员会编《德钦县志》，云南民族出版社1997年版，第380页。
⑧ 参见黄举安《云南德钦设治局社会调查报告》，见云南省德钦县志编纂委员会编《德钦县志》，云南民族出版社1997年版，第364页。

至云南德钦、维西等县,北至江卡乍雅以至昌都,西至鸡公察隅及邦大寺,东至德荣、定乡、理化、巴安、白玉。"① 不难看出,盐井盐的销售范围包括临近几个州县,"可谓穿越三江,行走三省"②。《菖蒲桶志》中就有盐井盐贩运至怒江、独龙江流域的记载:"菖属尽食砂盐,产于西康省盐井县,由察瓦隆蛮人运贩,概系以粮谷掉换,用银币购买者少。因察瓦隆产粮甚少,故运盐换粮,运回自食。民国十年前,每斤价银五仙,近来生活高昂,每斤价银一角五仙。"③ 当时,为了阻止盐井盐的大量倾销,滇省甚至还在德钦设立盐税局以征收盐税,并复设盐务稽核所以严查价漏。"因滇西中、维、阿数县均不产盐,若由本省产盐各区运至,则运输实感困难,若尽量让康盐入口,则恐康盐倾销太盛,影响滇省经济,故高其税率以征收之,微寓保护税之意。"④ 由此,足可见当时盐马古道的繁盛与极强的生命力。现阶段,盐井盐虽然受到内地加碘精盐的冲击,呈现出逐年萎缩的趋势,但它在川滇藏边区的小范围内还是有一定的市场。笔者在茨中调研期间,村民都表示盐井盐仍是他们的生活必需品,但主要用在喂牲口和做琵琶肉等方面。目前,盐户自己向外销售的盐运路线主要有三条,分别为盐井—云南佛山—德钦、盐井—查果西沟—徐中乡、盐井—松木达电厂沟。然后分为三路:比达—察隅县—察瓦隆、堆拉山—察隅县—察瓦隆、堆拉山—左贡县比多乡。德钦方向可用汽车运输,其他一些地方仍要依靠骡马。⑤

(三) 庙会与集市

约翰·希克斯认为,宗教节日和宗教文化活动能为贸易提供机会:在这样的集会中,带来的商品最初可能仅作为献给上帝的礼物,但如果参加者携带的物品不完全一样,他们就会试着用带来的货物互相交换。它开始时纯粹是一种附带的副业,但如果利益比较可观,这种新的活动便会成长

---

① 崔克信:《盐井县之地质及盐产调查》,载《西康经济季刊》1944 年第 8 期,第 184 页。
② 李何春:《明清以来西藏盐井盐运销和线路变化之分析》,载《青海民族大学学报》(社会科学版) 2014 年第 3 期,第 93 页。
③ 参见菖蒲桶行政委员公署编纂《菖蒲桶志》,见中国人民政治协商会议云南省贡山独龙族怒族自治县委员会、中国人民政治协商会议云南省怒江傈僳族自治州委员会文史资料委员会编《怒江文史资料选辑》(第 18 辑),1991 年版,第 48 页。
④ 刘曼卿:《国民政府女密使赴藏纪实——原名康藏轺征》,民族出版社 1998 年版,第 149 页。
⑤ 参见西藏自治区文物保护研究所、陕西省考古研究院、四川省考古研究院《西藏自治区昌都地区芒康县盐井盐田调查报告》,载《南方文物》2010 年第 1 期,第 96 页。

起来，变成乡村的定期集市。① 这种所谓的"乡村定期集市"，作为宗教活动的伴生物被称为"庙会"或"庙市"，是集市贸易的传统形式之一。

相比内地的庙会，该区庙市或集会的热闹程度往往有过之而无不及。这不仅因为人们对宗教更为虔诚，还因为该区交通不便，间隔举行的庙会遂成为他们互通有无、调剂余缺的主要方式。

据记载，雍正二年（1724年）后中甸的庙会、集会主要有县城内的农历一月初六城隍庙会、二月十九日观音庙会、三月初三玄天庙会、三月十五日财神殿会、三月二十日圣母庙会、四月十五日五凤山神庙会、四月二十日黑白财星庆会、五月初五山赛马会、五月单刀会、六月十六日灵官庙会、七月血盆会和老郎会等；还有松赞林（归化寺）正月十五日迎佛会、十一月二十九日降神会；此外，农历二月初八白水台祭会、农历三月二十五日金江车轴龙王庙会等，每逢庙会、集会，商贾辐辏，搭棚唱戏，摆摊设点，商品云集，交易十分活跃。②

"基层市场"是施坚雅在对中国农村传统市场进行系统研究的基础上提出的学术概念，指的是"农产品和手工业品向上流动进入市场体系中较高范围的起点，也是供农民消费的输入品向下流动的终点"③。按照施氏的观点，寺庙也是基层市场的一个组成部分，庙会常常是市场活动的交易场所，由寺庙所形成的祭祀圈往往与市场区域基本一致。在田野调查期间，笔者曾在维西塔城来远寺参加了曲扎活佛坐床的大型法会。当天，从四面八方赶来的信众可谓人山人海；趁机做生意的商人也接踵而至，他们在沿途和周围空地上搭起帐篷，摆摊设点，与来往信众或游人洽谈生意，讨价还价。他们经营的商品，有当地自产的酥油、药材、皮货、藏刀和唐卡等，也有从内地转运来的茶叶、服装和各种水果，甚至连当地的移动营业厅也上山设点，叫卖手机和手机卡。这个移动营业厅用的是促销加绑定销售的策略，手机和手机卡配套共250元。这个价位可能确实比平时便宜很多，所以前来淘货的人里三层外三层把营业厅摊位围了个水泄不通。结果证明他们的销售理念完全正确，在笔者观察的短短半小时内，竟然有五人达成了交易。法会结束后，不管是信众还是商贩，都达到了此行的目

---

① 参见［英］约翰·希克斯《经济史理论》，厉以平译，商务印书馆1987年版，第26～27页。
② 参见云南省中甸县志编纂委员会编纂《中甸县志》，云南民族出版社1997年版，第673页。
③ ［美］施坚雅著：《中国农村的市场和社会结构》，史建云、徐秀丽译，中国社会科学出版社1998年版，第6页。

的：既转了山、朝了佛，也接受了活佛的摸顶，聆听了神圣的经文，观看了精彩的舞蹈表演，了却了前来寺院朝觐的心愿——为家人消灾祈福，预祝今后人畜兴旺、庄稼丰收，同时换回或购买了所需的物品。

由于举行宗教活动的时间间隔很长，在此基础上形成的庙会难以完全满足人们的日常生活需求，所以伴随着社会的发展，庙会的经济贸易功能呈现出式微的态势，逐渐被集市所取代。

缘于特殊的地理条件，这里的集市多依山傍水，沿江设点，呈条带状分布。集市的开放和关闭具有周期性，但循环周期各有不同：有的以一个星期为循环周期，如白济汛乡统维村的街子天（赶集的日子）便固定在每周六；也有的选择旬（十天）作为循环周期，燕门的乡镇集市便是如此，每月逢十开市。笔者在小维西田野调查期间，每周五晚饭过后，都是小维西教堂刘会长家最为忙碌的时刻——他们夫妇两人要赶在睡觉前把豆腐磨出来，以便第二天一早拿到集市上去卖。翌日是统维村的街子天，村民们往往会起个大早，结伴而行。这时候，最高兴的当属孩子们，他们都被父母打扮得花枝招展、帅气十足。未到先闻声，近集市时，各种吆喝声便已充斥于耳。上午10点左右是集市的高峰期，挨挤的简易摊铺密布于江桥两边，蔬菜、瓜果、猪肉、活鸡、自酿白酒……应有尽有。就连周围其他村寨甚至是县城的商贩也赶来凑热闹，摆满了各种服饰、小玩意儿、手机、DVD等。一条宽约3米、长约300米的便道上，穿着各式少数民族服饰的男女老少往来不绝。商贩的吆喝声、过往人群的说笑声与路旁播放的乐曲声混杂在一起。依照费孝通的观点，商业大多不能在熟人之间展开，因为熟人之间的交易行为往往是馈赠的方式，而不是商业的清算方式。① 然而，现实的情况却并非如此。以统维村的街子天为例，逛集市的绝大部分是统维村村民，他们朝夕相处、彼此熟悉，完全是一个熟人社会。但这并不影响村民之间正常的商品交易，甚至很多村民还表示买东西最好去熟人那里，不但价格优惠，而且质量各方面也都有保证。其实，村民们的市场交往并不是建立在牺牲村民内部关系的基础上，当"一手交钱一手交货"的原则与熟人社会冲突时，卖主往往会塞给买主一些零头，并说"都是自己人，外人不是这个价"，以继续维持他们之间的熟人关系。也正是基于这样的认识，费正清提出了"集市社会"的概念。在他看来，集市既

---

① 参见费孝通《乡土中国》，北京大学出版社2012年版，第121页。

是一个经济单元,又是一个社交世界。在正常情况下,农民生活并不限制在一个村子里,而是展开在形成一个集市地区的一大批村子里。① 其实,对很多村民来说,他们上街赶集很大程度上并不是为了销售或购买某种商品,而更多地表现出娱乐、休闲的性质。妇女们三五成群,有说有笑,既买了所需商品,又联络了姐妹情谊;男人们也可借此机会消遣一番,约上几个朋友逛逛街,吃个饭,打一场台球,然后再到游戏室里斗个昏天暗地;尤其对于那些上了年纪又爱聊天的老人来说,赶集甚至成了他们心理上的一种满足和需要。正是通过语言的交流和肢体上的互动,人们得以释放心绪并联络感情。

马可夫斯基和劳勒曾提出群体团结的网络理论。在他们看来,身为行动者的个人或集体无疑是网格中的一系列结点,而资源的流动和交换则是联结各个结点的线,如此点线结合,便形成了一张群体团结的网络。根据他们的论述,人们之间的彼此联系、接触和物资交流是形成群体内聚力的首要结构性条件,因为持续不断的往来互动是情感产生的源泉,而情感犹如黏合剂,它将社会结构黏结在一起,建立并持久地维持着群体的认同与团结。② 物品交换带动情感流动进而达成网络联结的人类学典型当属马林诺夫斯所论述的"库拉交换"。由红色贝壳做成的长项链和由白色贝壳做成的手镯,按顺、逆时针方向进行交换,如此往复循环,构成一个完整而封闭的"库拉交易圈"。库拉圈不仅是经济、物质的交换网,而且是用来加强社会关系网络的符号交换。它既满足了个体的心理需求,也满足了社会整合与社会团结的社会性需要。具体到该区,如果我们把转山贸易看成石入水中激起的层层圆环,把茶马古道、盐马古道看成一条条线,而把沿江分布的集镇看成一个个点,如此便构成了一个点、线、面结合的贸易网络,而互补性的商品则成了带动整个贸易网络的原动力。藏族史诗《格萨尔》有言:"汉地的货物运到博(即西藏),是我们这里不产这些东西吗?不是的,不过是要把汉藏两地人民的心连在一起罢了。"由此不难看出,商品的流动增进了各民族间的相互了解,并使之逐渐建立起平等友好的关系。

---

① 参见[美]费正清《美国与中国》,张理京译,北京:世界知识出版社2002年版,第26、28页。

② 参见[美]乔纳森·特纳《社会学理论的结构》(下册),邱泽奇等译,北京:华夏出版社2001年版,第113页。

第三章　信仰调适与圈层整合

本书所考察的区域是典型意义上的"宗教支柱化"① 社会。无论在历史上，还是在当下，三江并流核心区人们的生活总是与宗教连为一体，密不可分。格尔兹说过，宗教之所以令人感兴趣，并非因为它描述了社会秩序，而是因为它塑造了社会秩序。② 基于此，本章及下一章内容即以该区的宗教为分析样本，探讨它们是如何通过神圣与世俗两种手段来塑造当地社会秩序的。同时，为了方便论述，本章内容主要从神圣的角度切入，下一章则重点探讨宗教的世俗权力建构。

第一节　物质稀缺与宗教信仰

从常识上看，"稀缺"是一个经济学术语③，其近义词包括"贫困""简单""低级"或"落后"，反面则是"富足""复杂""高级"和"满足"④。若就程度而言，"稀缺"又可大致划分为"整体稀缺"和"部分稀缺"两个层次。"整体稀缺"最早由雅各布·布莱克-弥乔德于20世纪70年代首次提出，意指在某种类型的社会中，人们能切身地感受到与其

---

① "宗教支柱化"指的是宗教在人们的日常生活中占据统治地位的一种状态。"在任何一个宗教支柱化的社会中，都会有异乎寻常的高度宗教参与。虽然支柱化的社会可能缺少多元化，但是宗教冲突的强度和核心性可以作为补充，这就维持了强大的社会规范，适应了公开表明委身和群体忠诚的需要。"（参见［美］罗德尼·斯达克、［美］罗杰尔·芬克著《信仰的法则：解释宗教之人的方面》，杨凤岗译，中国人民大学出版社2004年版，第298页。）

② 参见［美］克利福德·格尔兹著《文化的解释》，纳日碧力戈等译，上海人民出版社1999年版，第58页。

③ 参见［英］布莱恩·S.特纳、［英］克里斯·瑞杰克著《社会与文化：稀缺和团结的原则》，吴凯译，北京大学出版社2009年版，第36页。

④ 参见何国强《政治人类学通论》，云南大学出版社2011年版，第16页。

生活相关的一切东西，包括物质上的、制度上的或道德上的完全不具备，不仅数量不够，而且质量也不行。① 相比"整体稀缺"的全面匮乏，"部分稀缺"要缓和得多。它特指在一定的阶段或范围内，社会上一些迫切需要的东西供不应求，而其他方面则并未出现如此境况的一种状态。

关于部分稀缺，一个很多人都深有体会的例子是，随着改革开放和市场经济的发展，人们的生活质量越来越高，早已摆脱以往衣食无着的状况，然而所付出的代价却是利己主义横行，人情关系冷漠，伦理道德逐渐代替物质成为稀缺资源。然而，与此截然不同的是，在本书所考察的区域，由于恶劣的自然环境和地理状况，物质稀缺从古至今一直表现得特别明显和突出。

马克思说过："人们自己创造自己的历史，但是他们并不是随心所欲地创造，并不是在他们自己选定的条件下创造，而是在直接碰到的、既定的、从过去承继下来的条件下创造。"② 对该区的民众而言，他们所直接碰到的、既定的、从过去承继下来的条件无疑是高耸入云、壁立千仞的座座雪山，而这样的地理环境甚不适宜各种农作物的繁殖。虽然在崇山峻岭间仍存在一些缓坡坝子可以用于发展农业，但毕竟面积有限又分散，而且地高水低，春旱严重，水、肥问题突出，加上河谷地区坡度大、人口相对集中，土壤侵蚀往往相当严重。③ 故此，"古宗、怒子虽每年种杂粮两次，然一家之计均不能足，每届青黄不接之际，大半苦于无粮，仰屋兴嗟，饥耐以至粮熟，成为习惯，足食之家全境不过数户"④。所以，每值此时，这些人就关闭大门，全家出动，外出乞讨，直到乞讨到的粮食加上家中储存的粮食够吃一年时，才返回家中。⑤ 若是碰上灾荒之年，讨饭现象就更加普遍。由于外出讨饭的村民太多，且又常常汇聚在一起，老壮妇孺，伛偻相携，浩浩荡荡，范义田称之为"乞丐游行"。对此，他有如下描述：

---

① Black‒Michaud J. *Cohesive Force*: *Feud in the Mediterranean and the Middle East*. New York: St. Martin's Press, 1975, pp. 121‒178.
② 参见［德］马克思《路易·波拿巴的雾月十八日》，载中共中央马克思恩格斯列宁斯大林著作编译局编《马克思恩格斯选集》（第1卷），人民出版社1972年版，第603页。
③ 参见高以信、陈鸿昭、吴志东等《西藏土壤》，科学出版社1985年版，第286页；张荣祖、郑度、杨勤业等《横断山区自然地理》，科学出版社1997年版，第106页。
④ 《征集菖蒲桶沿边志》，见陈瑞金主编《怒江旧志整理》（内部刊印），1998年，第116页。
⑤ 参见［美］罗伯特B.埃克瓦尔、［美］波塞尔德·劳费尔著《藏族与周边民族文化交流研究》，苏发祥、洛赛编译，中央民族大学出版社2013年版，第93～94页。

其装束，头戴尖形皮帽，或以辫发缠头，系骨角为饰，足穿深统革靴；身着宽大毛衣，束带腰间，上收其襟，以当行囊，食具零件，皆实其中……当其游行村间，垢面浊手，杖木棍，沿门托钵，口讽梵咒，俨如僧侣化缘状。更有伟丈夫，持鼗鼓，擎长矛，挺然入门，力振其鼓，高声大唱……或有父子夫妇，跳舞市肆间，始则拉胡琴，唱蛮调，态度雍容，以左右足踵互相点地为节奏；继则摇其鼗鼓，高其声调，或屈一足作商羊舞，或转其身作天魔舞，历时虽久，曾无眩晕之苦，其旋转程度之高，实足惊人也。献技既毕，向市民乞钱，又顾而之他。①

与零星分布且肥力不足的可耕种土地相比，在大多数远离谷物生长极限的地方有肥沃的草场。但由于牧民需求的增长、草场的退化及流动性人口带来的竞争压力，草场资源也越发稀缺。而且，加之气候的影响，高原放牧呈现出季节性迁移的特征。②尤其是在寒气未消的冬春时节，可放牧范围主要集中于海拔不足1500米的地方，使得草场资源的稀缺性更趋严重。凡勃伦曾经指出，在资源稀缺的社会中，人们的活动容易表现出"侵占"的色彩。③从古至今，牧区百姓为了争夺优质草场，大打出手甚至拔刀相向的事件一直未曾间断。

现阶段，随着市场经济的发展，在国家政策的大力扶持下，该区农牧民的生活大有好转。然而，与之相伴的是，人们通过学校、广告、大众传媒和直接接触将他们的生活与内地尤其是沿海城市的生活方式进行比较。虽然从绝对意义上说，今天当地农牧民比起以前已经富裕了很多，但是从

---

① 范义田：《谈谈江边古宗》，载《云南边地问题研究》（上册），云南省立昆华民众教育馆1933年，第60页。

② 差不多在每年的10月份，高原牧场青草枯萎，村民们赶在大雪来临前将放牧在海拔4000米以上的牦牛迁往海拔1500米以下的热带牧场和村落牛圈过冬；6月，高原草场气候回升，雨水充沛，村民又将牦牛和犏牛赶到海拔2000～3500米的温带草场；8月份以后，气温逐渐升高，高原草地逐渐向雪线返青，村民们又将耐寒的牦牛迁往海拔4000米以上的寒带草场，不耐寒的犏牛仍留在原地放养。李式金在考察滇西北的实业状况时曾对该现象有所描述："夏日天气较热的时候，他们多驱牛羊到高山上去放牧，这高山上的地方无房屋，是一片大牧场，俗叫牛厂。及秋风一起，他们又移到山下低暖地方去，这种上下的移动，在地理学上有个专名叫做季节的移动（transhumance）。"参见李式金《云南阿墩子——一个汉藏贸易要地》，载《东方杂志》1944年第40卷第16号，第43页。

③ 参见［美］凡勃伦《有闲阶级论——关于制度的经济研究》，蔡受百译，商务印书馆1964年版，第28页。

相对的角度来说，他们可能更加贫困了，他们有相对的剥削感①。在田野调查时，当笔者问及物质生活的改善问题时，几乎所有的访谈对象都点头称是，并历数生活改善的种种细节，比如吃得好了，牛羊多了，房子大了，等等，但最终他们又都会在不自觉中发出一句"不过还是赶不上你们汉族"的感慨。或许是笔者的汉族身份激起了村民进行内外对比的欲望，这也从侧面反映了他们对自己所处世界的认知与定位。

按照萨林斯的理解，应对物质稀缺有两条可行的路径：一是生产多些，二是需求少些。前一条路径是从绝对的物质满足层面上来讲的，要求较高社会生产力，使稀缺物品变得不再稀缺；而后一条路径则采取了一种禅宗的方式，使人们在物质上变得寡欲无求，即使生产力维持不变，仍能满足所需。② 具体到该区的实际情况，地理环境的限制决定了第一条路径始终难以有所作为，因此，实现物质丰裕的重担自然落在了培养和维持人们清心寡欲的人生观和价值观上。自然，宗教信仰为此找到了出口。

摩尔根曾经指出，人类制度中凡能够长久维持的都与一种永恒的需要有关。③ 该区宗教之所以延续不断，其主要根源便在于物质资源的极度匮乏，需要一种萨林斯所谓的禅宗式的生活理念与之平衡。阿兰·图海纳认为，在物质稀缺的社会里，社会秩序只能依赖于后设社会的保证，尤其是宗教的保证。④ 从古至今，为适应物质稀缺的现实状况，宗教信仰在该区一直占据着支柱地位，对个人、家庭及社会都发挥着或刚或柔，或显或隐的功能。

---

① "相对剥削感"最早由美国社会学家斯托弗在《美国士兵》一书中提出，旨在说明一种矛盾心态，即将自己的命运与那些既和自己的地位相近，又不完全等同于自己的人和群体做反向的比较，并把与己对比的人或群体作为潜在的对手。"相对剥削感"的强度与经济收入以及社会贫富差距的程度基本上呈现出正相关的关系。生活境遇尤其是经济水平较差的群体，相对剥削感较强，并且贫富差距越大，这些群体的相对剥削感就愈强。（参见 S. Stouffer. *The American soldier*. Princeton：Princeton University Press，1955.）

② 参见［美］马歇尔·萨林斯著《石器时代经济学》，张经纬、郑少雄、张帆译，生活·读书·新知三联书店 2009 年版，第 2 页。

③ 参见［美］路易斯·亨利·摩尔根著《古代社会》，杨东莼、马雍、马巨译，商务印书馆 1997 年版，第 95 页。

④ 参见［法］阿兰·图海纳著《行动社会学：论工业社会》（1999 年修订版），卞晓平、狄玉明译，社会科学文献出版社 2012 年版，第 73 页。

第二节　调适：从冲突到融合

　　从功能论的角度讲，宗教是人们适应吉凶祸福的最基本机制，它的作用在于帮助人们去应付偶然性、无能无力和匮乏（以及由此而产生的挫折和短绌）这三个残酷无情的事实。① 就该区的生存环境来看，其地势险峻，山高坡陡，交通极为不便，可耕种的土地面积也十分有限，且自然灾害频发。由于恶劣的生存环境和低下的生产力，与人类生活息息相关的生命安全、食物状况和疾病生死等基本问题，遂成为当地少数民族宗教信仰的原动力。

　　原始巫教是这里"土生土长"的宗教，也是该区现存各类宗教中最为古老的宗教。受限于极端恶劣的地理条件，世居于此的各民系与外界交往甚少，对于自己碰到的许多自然和社会现象不能给予科学的解释，于是便在无形中产生了万物有灵和泛神观念。譬如，在过去的怒族社会中，"南木拉"被认为是天上最大的神，独一无二，掌管着天下万物，它的下面是各种鬼，路有路鬼、山有山鬼、树有树鬼、水有水鬼、家有家鬼，所有鬼统称"仆朗"。怒族人对鬼神没有明确的概念，只是简单地以善恶、好坏的二元标准进行区分。在他们看来，天神对人们没有危害，而对人们产生危害的是各种鬼。人一旦得了病，便认为是魂魄被鬼捉住，就要请专门制鬼的巫师——南木萨来禳解。再如，傈僳族人也普遍相信世界万物由神灵和鬼魂支配，各路鬼神统称为"尼"，共有30多种。其巫师有尼扒和尼古扒两种。过去每村都有一两位尼扒或尼古扒，前者主持祭祀和卜卦念经，后者专门杀牲驱鬼。由于原始巫术多带有祛病消灾的功利性色彩，活动多为杀牲祭鬼，造成极大的浪费，所以当更高级的宗教传入之后便逐渐式微。

　　苯教是比原始巫教稍高一层的"后原始宗教"② 形式，历史上它曾经

---

　　① 参见〔美〕托马斯·F. 奥戴、〔美〕珍妮特·奥戴·阿维德著《宗教社会学》，刘润忠等译，中国社会科学出版社1990年版，第11页。

　　② 参见和力民《东巴教的性质——兼论原始宗教界说》，载《思想战线》1990年第2期，第31～36页。

在该区一度占据着统治性地位,并对其他教派产生影响。苯教在文献典籍中又时称"苯波教",是藏族地区固有的一种古老宗教,发源于古象雄王朝(今阿里地区)。后来,吐蕃崛起并成功征服象雄,苯教又逐渐发展为吐蕃的国教。公元 7 世纪时,吐蕃势力南侵并与南诏国频繁发动战争,而本书所考察的区域正处于吐蕃南下的必经之地。当时吐蕃军中盛行"军中苯教师"制度,这在很大程度上促使了苯教在该区的传播。公元 8 世纪时,吐蕃兴佛抑苯,苯教在西藏的势力衰落,许多苯教师被迫辗转到边远山区,其中有不少便来到滇西北一带,加强了苯教在该区的进一步传播和发展。之后,随着佛教的传入,苯教受到一定程度的抑制,但仍有相当势力。然而清代以后,朝廷独树藏传佛教格鲁派,苯教日渐衰落,直至销声匿迹。①

　　与苯教的传播途径一样,佛教在该区的传播也与吐蕃的军事行动密不可分。公元 7 世纪时,吐蕃开始从印度和中原唐王朝输入佛教。松赞干布时期,为了大力发展佛教,他不仅从东西两个方向迎娶了两位信奉佛教的妃子,而且还先后颁布了以佛教十善法为原则的道德劝谕作为臣民奉行的行文准则。之后,吐蕃将注意力都集中在武力扩张上:于公元 678 年进入洱海北部地区;两年后又在今丽江塔城与中甸五境之间建造铁桥,置神川都督;公元 751 年更因南诏与唐王朝失和,降服吐蕃,整个滇西北高原为其所控。在此期间,随着吐蕃势力南下,"前弘期佛教"②也就传入该区。9 世纪上半叶,缘于朗达玛灭佛,佛教在西藏遭受重创,几乎被损毁殆尽。不久,朗达玛被刺死,王室发生内讧,奴隶也揭竿起义,吐蕃王朝顿时分崩离析。吐蕃崩溃后,王室的一支逃往阿里地区,建立了古格王国,继续发展佛教。而与此同时,也有大量僧人逃至康区,并由此拉开了"后弘期佛教"的序幕。对于佛教的传入,该区土生土长的原始巫教和早已在此站稳脚跟的苯教势力进行了本能的抵抗,也由此拉开了它们之间长达几

---

① 至今,在巴东村还有一些老人能够讲述流行于当地百余年的一则苯教故事。从前,有两个法力高深的苯教师,一个叫白兰狄青,住在山的南面;另一个叫拉吹卓巴,住在山的北面。他们两人性格都比较暴躁,谁也不服气谁,故常常比试法力,试图一较高下。有一天,白兰狄青在家里用糌粑捏了一个泥人,用法力将其变成真人,拿着扫帚把拉吹卓巴家弄了个鸡飞狗跳。为了报复,拉吹卓巴施法,让泥石流冲垮了白兰狄青家。如今,巴东村背面山上有一个很大的沟壑,据说便是当年这两个苯教师斗法留下的。

② 佛教在西藏发展过程中,大致可以分为"前弘期"和"后弘期"两个阶段。"前弘期"始于 7 世纪中叶松赞干布倡佛,至 9 世纪中叶朗达玛普灭佛,"前弘期"结束;大约从 10 世纪起,佛教在西藏重新复兴,这是"后弘期"的开始。

百年既冲突又融合的过程。

普化寺是该区怒江段唯一的一所喇嘛寺。关于它的建造过程，当地一直流传着一个故事。据说两百年前，有一个叫杜建功的喇嘛带着一个随从到丙中洛传教。当时，因为怒族只信奉万物有灵的原始宗教，所以以怒族巫师纳姆萨为首，组织了几十人的队伍扬言要把他们赶出去。杜建功先是施展法术使前来围攻他的人动弹不得，稍后又将山上的芋头轻轻一吹，砸伤了第二拨前来驱赶的人们。从此，人们被他的神力所慑服，开始信奉喇嘛教。① 故事鲜明地展现了佛教在传播过程中与原始巫教之间的矛盾与冲突。由于苯教比原始巫教又高出一层，且在佛教传入前已占据主导地位，所以佛苯冲突更为激烈和持久。至今，该区的纳西族村寨仍流传有东巴教教主丁巴什罗与米拉佛比试法力落败而不得不转战纳西族聚居区传教的故事。

> 相传，东巴教祖师丁巴什罗与米拉佛争当坐镇居那什罗神山的天下智者，二人以斗法决此尊位，约定清晨谁先登上居那什罗神山顶，谁就是天下的智者，应由胜者坐镇该神山。翌晨，米拉佛乘太阳光直向神山顶飞升，丁巴什罗则坐在其法器手鼓上扶摇直上。最后米拉佛以一步之遥先到神山顶，按约坐镇神山。米拉佛手抓神山白雪撒向远方，指示丁巴什罗到雪落处传教。这把雪刚好落在白地（一说落在玉龙山），丁巴什罗从此在此地收徒授经，弘扬其法。②

故事中的东巴教祖师丁巴什罗与苯教祖师东巴先饶实为一人，"什罗"为"先饶"的音变。此神话故事可反映出两层含义：第一，在佛苯冲突中苯教徒处于劣势地位，不得不向周边地区逃亡；第二，苯教曾传至纳西族聚居区，对东巴教的形成曾产生至关重要的影响。

虽然在传播过程中屡遭苯教的抵制与阻挠，但最终佛教还是站稳了脚

---

① 参见丰学昌搜集整理《喇嘛教传入贡山史况》，见中国人民政治协商会议云南省贡山独龙族自治县委员会、中国人民政治协商会议云南省怒江傈僳族自治州委员会文史资料委员会编《怒江文史资料》（第18辑），1991年，第170～174页。

② 参见和志武主编、杨福泉副主编《中国原始宗教资料丛编·纳西族卷》，上海人民出版社1993年版，第206页。

跟，得到弘扬。格尔兹说过，文化的传播或征服靠的不是排斥，而是融合。① 在与苯教的对抗中，佛教也以其强大的包容性吸收了苯教的一些礼仪教规，并逐渐达到水乳交融的程度，最终演变成独具特色的藏传佛教。长期以来，藏传佛教在该区始终占据着统治性地位，不但影响当地人的衣食住行，而且还对伦理道德、民众心理等层面产生作用。正如有学者所指出的，"康藏人民，无分男女老幼，对于佛教都具有牢不可破的信仰，同时还都具有着维护信仰的极端热诚。他们的衣、食、住、行、乐、育六大生活要素，无一不与宗教信仰发生着直接关系，也无一不受着宗教仪式的熏陶感染，换句话说，宗教仪式完全支配着他们的生活方式，宗教信仰又完全决定了他们的人生观和宇宙观"②。虽然藏传佛教在自己的发展历程中形成了统而有异、近似表亲关系的多样教派，但对普通信众而言并无太大不同。以茨中村为例，由于该村没有自己所属的村落寺庙，所以每年春节需要念经祈福的时候都是村民自己张罗，到周边寺庙去请喇嘛。在分布格局上，茨中村北边有宁玛派寺院玉珠顶寺、拖拉寺、布公寺，噶举派寺院禹功寺以及格鲁派寺院红坡寺和德钦林寺；茨中村往南是噶举派寺院的主要聚集地，较为知名的有达摩寺、来远寺、寿国寺和兰经寺等，而茨中村正好处于各个寺庙的交叉范围内。也正是这个原因，使得茨中佛教徒对各个教派均有信仰。在日常生活中，三个教派的信徒都不会刻意去强调自己信仰什么教派，而当需要念经祈福的时候，考虑更多的是自己和所请喇嘛的方便程度。正如鲍金汉老人告诉笔者的："三个教派一样的嘛，都是从释迦牟尼那里传承过来的，我们平时找喇嘛祈福，基本上不管他们是什么教派，找到谁就是谁。"

东巴教是纳西族人在其原始信仰的基础上吸收进苯教若干教理后相融合的产物，在新中国成立前为纳西族所普遍信奉。因为它与苯教有着直接的渊源关系，故在该区又被称为"黑苯教"。东巴教创于何时，目前尚无定论。但它在该区传播格局的奠定，却与纳西族人的迁徙有着密不可分的关联。前文已谈及，明万历年间木氏土司北扩，每得一地便"屠其民而徙么些戍焉"，为此基本上控制了整个滇西北高原。而此时，随着纳西族人迁徙至此和村寨的落成，东巴教在该区的分布格局也基本奠定。

---

① 参见［美］克利福德·吉尔兹《地方性知识：事实与法律的比较透视》，见梁治平编《法律的文化解释》，生活·读书·新知三联书店1994年版，第107～108页。

② 陶长松等编：《藏事论文选·宗教集·上册》，西藏人民出版社1985年版，第183页。

总的来说，东巴教以祖先崇拜、鬼神崇拜和自然崇拜为基本内容，祭天、丧葬仪式、驱鬼、禳灾和卜卦是其主要表现形式，其中以祭天最为隆重。纳西族人自称"纳西美本若"，意为"纳西是祭天的人"，以祭天作为本民族的核心特征。纳西族的祭天对象是天、地、君，一年两祭，正月大祭，七月小祭，以正月大祭最为隆重。每次祭天又分为初祭和复祭两道，而以初祭为主，复祭是为了弥补初祭的过失和不周之处，向天地君表示道歉以求谅解。整个祭祀过程分为生祭和熟祭两道，祭品未煮熟前先祭一次叫生祭，煮熟之后再祭叫熟祭。每次祭祀历时三天，但都要在正月十五和七月十五前祭祀完毕。① 祭天以"祭天群"为单位，一般同属一个家族，也有以村寨为单位共同祭献的情况。本书的田野调查点之一下盐井村就有"哈迪""哈绿""哈汝"三个祭天群，"哈"意为"群"，"迪""绿""汝"则分别代表大、中、小的意思。各个祭天群都有专属的祭天场，一般距离村寨不远，占地一两百平方米，周围长满树木，并用刺丛、白果树枝等围扎，平时不准随意进入，更不准在内放牧或乱砍滥伐。历史上，茨中村本是一个纳西族村寨，故也一直奉行祭天的习俗。东巴经文在"文化大革命"中被付之一炬，东巴信仰彻底销声匿迹，只留下一个空荡荡的祭天场（见图3-1）。据尤多老人回忆，茨中纳西人在举行祭天活动时由东巴主持，祭天群体分为"普督"和"洼格"两种，以"洼格"群体居多，其祭天程序一般为正月初六上山砍象征天神、地神和中央君皇的黄栎、青枫和柏木，初七、初八休息，初九搓制大香，初十上午烧大香，下午举行射箭活动，初十一宰杀祭天猪，由东巴祭司诵念祭天经书，然后分配"祭天肉""祭天酒"等祭祀食品。② 由于茨中受藏文化影响很深，所以在整个祭天活动中，除祭天法事需有东巴主持且必须讲纳西话外，其余程序都尊崇藏传佛教。

---

① 参见《民族问题五种丛书》云南省编辑委员会编《纳西族社会历史调查》，云南民族出版社1983年版，第72页。

② 参见戈阿干《滇川藏纳西文化考察》，载《丽江文史资料》（第7辑），丽江县政协文史资料委员会1989年编印，第1~5页。

图 3-1 杂草丛生的茨中祭天场

  缘于道听途说的相似宗教文化,①天主教亦很早就开始关注藏族地区。早在公元 1624 年,葡萄牙耶稣会士安夺德就曾在西藏古格王国建立起一座天主教堂,只不过稍后便毁于当地佛教僧人发动的政变。自此之后的百余年间,天主教痴心不改,陆续派发人力、物力试图进藏建立传教点,但最终都归于失败。鸦片战争后,天主教凭借不平等条约再度传来。1846年,罗马教皇将原附属于印度亚格那宗座代牧区的西藏地区分离出来,以拉萨为中心单独成立西藏教区,并下令由法国巴黎外方传教会全权负责该区教务。与先前几代传教士的进藏路径有所不同,这一次巴黎外方传教会退而求其次,采取了迂回的策略,先以川滇藏边为活动大本营,企图以此为跳板,在合适的时机再次进驻拉萨。为践行这条传教策略,当时的传教团分为三组,一组固守巴塘,一组东移康定,一组南下澜沧江。②而本书

---

① Maclagen, E. *The Jesuits and the Great Mogul*. New York: Hippocrene Book, 1971, p. 337.
② 参见〔法〕弗朗索瓦·巴达让著《永不磨灭的风景:香格里拉——百年前一个法国探险家的回忆》,郭素琴著译,云南人民出版社 2001 年版,第 44~45 页。

所考察区域内的天主教即是在南下澜沧江那一组的基础上孕育发展出来的，当时的这一组传教士以德钦自菇和藏边盐井为依托纵向发展：1872年北上阿墩子建起土掌房一幢为教堂；1881年南下小维西，购买鹤庆人陈开泰的地基，建起中式房屋一栋为教堂；接着，传教点又被推至吉岔村、花园箐和保和镇等地；及至19世纪末20世纪初，传教士又翻过碧罗雪山，将传教范围拓至怒江流域。①

司马云杰曾经指出，当一种外来文化传入时，区域文化的封闭体系就会自然地产生一种排外性，这样一来，文化冲突就在所难免。②天主教作为一种异域宗教文化来到当时封闭的藏族聚居区，也自然会引起当地社会的抵制与反抗，尤其是它的来势汹汹让早已占据统治性地位的藏传佛教感受到了前所未有的压力，这无疑更加剧了双方的矛盾和冲突。

1892年，受川边巴塘反洋教斗争的影响，德钦林寺的僧众买服百姓，捣毁了阿墩子天主教堂，酿成"阿墩子教案"。之后，清政府在法国政府的胁迫下，与传教士联合起来，共同对付当地的藏族僧俗，不但烧毁了德钦林寺，而且还出示了一份不准为难洋人、教士的告示四处张贴。从中我们不仅能品味出当地百姓对天主教的抵制态度，还能看到清政府为平息佛耶矛盾所做出的巨大努力。

访问近日人民，谣言悠悠不平。岂知中外通商，原为和睦邦邻。上宪迭经示谕，不啻三令五申。凡有教堂处所，保护务宜认真。昨准法使来□，核与访问同音。本府殊堪痛恨，亟应提案重惩。姑念夷愚性蠢，不妨隔外施恩。既往且不深究，从来告诫朒朒。小民当知洋员，传教共成良民。并未滋扰闾（里），亦不苛刻乡村。伙食系洋自备，交易本属公平。原期同遵圣教，已属一片苦心。何得猜疑妄语，实属胆大横行。设使因此滋事，岂不玉石俱焚？本府疴瘝在抱，不忍不教而惩。今也出示禁止，不准为难洋人。妇女支持家务，男儿苦读勤耕。各人料理各事，贤愚共乐升平。倘有明知故犯，提究决难容情。此外该管土弁，弹压所辖边民。若再坐视不理，详悉收入图圄。

---

① 参见菖蒲桶行政委员公署编纂《菖蒲桶志》，见中国人民政治协商会议贡山独龙族、怒族自治县委员会文史资料委员会编《贡山文史资料·创刊号》，1992年，第14～15页。

② 参见司马云杰《文化社会学》，山东人民出版社1987年版，第372页。

子孙永不袭职,彼时无人可怜。为此剀切晓谕,其各一体凛遵。

右仰通知

光绪二十二年六月初五日示
发阿墩子实贴晓谕①

"阿墩子教案"使清政府投靠帝国主义的行径摆在了明面上,民教关系更趋紧张,终于导致在1905年再次爆发了该区历史上规模最大、影响最深的一起反洋教斗争——维西教案。在这次反洋教斗争中,当地僧俗联合起来,不但捣毁了阿墩子、自菇和白汉洛等地共十余处教堂、经堂和房屋,而且还杀害了余伯南、蒲德元两名法国传教士。据茨中教友回忆,余伯南本有逃生的机会,但他最终放弃了。在被杀之前,余伯南许诺教友,如有什么需要可向他祷告,他定会将诉求转达天主。正是有了这个传说,才使茨中天主教堂都会在久干不下雨时组织教友到余伯南的墓前念经求雨。据茨中天主教堂教会会长吴公底讲述,到余伯南墓前求雨非常灵验,基本上有求必应。他还举例说,大概几年前的五六月份,秧苗插上后天气一直干旱,差不多都要枯死了。村里的佛教徒请来喇嘛念经都没有下雨,而在教友向余伯南祷告后,却下起了倾盆大雨。为此,燕门乡政府还奖励茨中天主教堂1000元的资金。在给笔者描述这件事情的时候,吴公底神采飞扬,从他的表情和语言,仍能感受到潜藏于教徒内心的佛耶两教的张力。

维西教案平息后,虽然外方传教会也得到了他们想要的议结结果②,但考虑到佛耶紧张态势对自身所造成的潜在不利影响,遂开启了自身本地化的实践,试图通过与当地文化融合来拉近与其他教派信众之间的心理距离。然而,正当他们踌躇满志之时,国际国内的形势发生了翻天覆地的变化。1949年国民党败退台湾地区,中华人民共和国宣布成立。新中国成立后,为了彻底扫除帝国主义的"余孽",所有在此传教的外方神职人员悉数被驱赶出境。自此,天主教活动被迫转入地下,零星存在于私人或个别家庭聚会中。紧接着,"文化大革命"爆发,天主教和藏传佛教等都被

---

① 德钦县档案局档案,案卷号22-54-4。标点为笔者所加。
② 《维西教案议结恤款合同》详情参见朱金甫主编,中国第一历史档案馆、福建师范大学历史系合编《清末教案》(第3册)(中华书局1998年版,第905~906页)。

当作"破四旧"的对象予以废除。据茨中老教友肖杰一回忆,在"文化大革命"期间,茨中天主教堂被当作寄宿小学使用,还曾在里面养过猪,等重新开放时,教堂内外全是垃圾和猪粪,连立脚的地方都没有。然而,信仰一旦被人所接受,就极不容易丢弃。"文化大革命"虽然限制了人们的外在行为,却禁锢不住人们的内心。在此期间,仍有不少教友暗地里进行一些简单的宗教活动。1965年,迪庆州工委统战部曾经对当时茨中和巴东的天主教活动情况进行过一番勘察,从其《中共迪庆州工委统战部对天主教活动情况的调查报告》的内容我们即能看到处在压抑中的宗教实践。

> 从1960年以来,天主教……普遍念经、给小孩取教名、修理神父的坟墓……天主教两个神父的坟墓在巴东乡茨古社,墓已有100年左右,最迟的也有64年,碑心石和石柱上长满了青苔,碑刻字迹早已看不清楚,但1964年11月5日发现石柱上的字迹重新刻过,并用黑墨描乌,碑心上的青苔也已除去。1958年坟上的石头群众已搬去打灶,但1960年以来已全部修补好,而且在坟台和坟头上栽植了很多花。……清明节前后,茨古、开东卡等三个社所有的大小教徒都到神父坟上朝拜……茨古后山上的岩石里藏有两个天主教的菩萨,茨古等三个社的教徒都到那里过礼拜……是分期分批或五六人、七八人小群的去过礼拜,因而目标小,不容易被发现。茨中、农巴喜卡等六个社的教徒常在天主或十字架前念经过礼拜。……小孩一生下来三天后将小孩抱到□□等五人那里,他们给小孩头上抹一些黑的后给小孩取个教名,有的小孩未抱去,大人去要教名,小孩取了教名后就是正式入教了……①

作为教会会长,吴公底的信仰一直十分虔诚。据他讲述,他的大儿子瑟当和大女儿红梅都出生于"文化大革命"前后。为了能够让两个孩子顺利洗礼成为教中人,他都是白天先偷偷地找到村中的一名老教友打声招呼,然后半夜十二点再把这名老教友领至家中给孩子代为洗礼。洗礼完毕后也多不能迟疑,又得赶紧把老教友安全送回。就这样,在近20年的禁

---

① 迪庆藏族自治州档案馆档案,全宗1,目录1,460卷,第66～71页。

教时期，村民用自己独特的方式继续维持着信仰的星星火种。直到20世纪80年代宗教信仰自由政策重新落实，天主教和藏传佛教才犹如憋足了一整冬的春草般迸发出来。"文化大革命"前后，由于人们的信仰受到抑制，相互通婚也多不考虑宗教的差异，故出现了很多佛耶共处的家庭模式。当时尚处于禁教时期，佛耶冲突并未凸显；然而，当宗教信仰自由政策落实，人们开始逐渐公开自己的宗教身份后，天主教与藏传佛教之间的张力便集中反映在家庭关系层面上。特别是在刚刚解禁的最初几年，由于人们还没有在彼此的磨合中找到解决之道，故绝大部分的佛耶共处家庭都或多或少地产生过一些困扰，家人也会因而生隙，甚至有家庭破裂的危险。

此理央宗为茨中中社人，55岁，1997年丈夫车翻人亡，留下三个不大不小的孩子，老大、老二为男孩，老三为女孩。根据此理央宗的讲述，她丈夫是本村人上门，来自天主教家庭；而自己则出身佛教人家，从小耳濡目染接受的都是佛教信仰。由于他们结婚的时间是1979年，尚处于禁教时期，所以在婚前并没有就教派的差异问题做过任何探讨或协商。可是到了20世纪80年代，宗教信仰自由政策落实，村民逐渐公开并试图恢复各自的原有信仰。如此一来，公公婆婆经常向她施压，试图让她改信天主教，而此理央宗却以爸爸妈妈信仰佛教为由断然拒绝。其丈夫夹在中间也左右为难，但为了使她回心转意顺从自己父母的意愿，他天天与此理央宗理论、争吵。过年时，佛教徒要烧香祭拜山神，但她丈夫一般都不准其参加。吵架最凶的一次，她丈夫甚至拿着斧头把家里竖起的经幡全部砍掉。就在这件事情发生的第二年，她丈夫便遇车祸而亡。在葬礼中，为了避免发生更大的不愉快，此理央宗决定妥协一步，由公公婆婆安排，进行了一场天主教式的葬礼。在入土下葬前，其婆婆还背着此理央宗悄悄地在棺材里放了一个悬挂十字架的项链。

此里央宗的家庭情况并非个案，甚至比较而言，她所面对的情形都称不上糟糕，因为虽然她与丈夫吵吵闹闹一辈子，但最终还算是达成了妥协。还有一些夫妻，也因为同样的问题，至死都没有彼此理解，死后坟墓也没能合葬。茨中上一社的若瑟是天主教徒，其妻子斯纳央宗则是藏传佛教徒。他们两人结婚时正处于禁教伊始，因此也没有针对信仰问题进行过商谈。生完孩子之后，斯纳央宗身体虚弱，经常生病，所以时常在家里偷偷点灯拜佛，甚至会去找一些还俗喇嘛求医问药。若瑟看在眼里，体谅她的身体状况，并没有刻意制止，而这却让斯纳央宗以为丈夫认可了她的宗教信仰。然而，宗教信仰自由政策落实后，若瑟竟然主动公开了他的天主教徒身份，还固定时间到教堂念经。斯纳央宗认为丈夫的行为十分可气，完全没有顾及她的感受，于是便发生了一次又一次激烈的争吵。然而，吵闹不仅没有换来事情的解决，而且还加剧了事态的恶性发展。在子女分家时，若瑟强烈要求与斯纳央宗分开生活，跟大儿子住在一起，因为大儿子娶的是天主教徒；而让斯纳央宗同小儿子一起生活，因为小儿子的妻子是佛教徒。自此，他们两人一直分开过生活，直至1991年若瑟去世。1992年，斯纳央宗也身染重病。可能是还没有原谅丈夫的缘故，在病逝之前斯纳央宗坚决不同意与丈夫合葬。就这样，两人至死都没有就信仰的差异问题达成谅解。

目前，经历了长时间的磨合与调适，村民也摸索出了一个为双方教徒都能接受的折中方案，即如果出现结婚时两个家庭宗教信仰不一致的情况，则嫁入方或入赘方要主动改宗以适应对方家庭的宗教信仰模式。根据笔者在茨中村的走访，基本上所有的异教家庭都遵循着这一不成文的规定。虽然对改宗的一方来说，可能会有一段阵痛期，但村民都一致表示改宗不是问题，因为通过长期的磨合，人们对两个教派也有了新的认识。在当下村民看来，天主教和藏传佛教并无太大的不同。正如刘文高所说的，"它们本质上是一样的，都是劝人做好事"。正是基于这份新的认识，当地村民才能够摒弃教派差异，彼此尊重。

第三节　神山信仰与圈层整合

依据涂尔干的观点，"信仰"和"仪式"是宗教生活的基本形式。依据信仰圈的大小和仪式活动的范围，当地宗教在血缘家庭（家族）、地缘村落和区域三个层次中形成了逐渐外扩、层层相扣的整合性力量。故此，本节即试图从共时性的角度对当地宗教所具有的圈层整合功能进行考述，但考虑到话题的凝聚性，使笔力用到一处，不致面面俱到却泛泛而谈，此处仅以分层最为明显的神山信仰为例进行说明。

一、家族神山

人类对自然物以及自然现象的崇拜和信仰由来已久。费尔巴哈说过："一个人，一个民族，一个氏族，并非依靠一般的自然，也非依靠一般的大地，而是依靠这一块土地、这一个国度；并非依靠一般的水，而是依靠这一处水、这一条河、这一口泉。……古代闭塞的民族，当然有同样的充分理由把他们国度中的一些山岳、树木、动物、河川、泉源当作神来崇拜，因为他们的整个存在、整个本质确乎只是寄托在他们的国度、他们的自然的特质上面。"① 由于青藏高原及其周边地区是世界高山的故乡，人们的生活一时一刻也不能与山脱离关系。在世居于此的民众看来，山具有一种无形的力量，既可以施恩于人，又可以降灾罚民。

神山出现的具体历史不可考，但一般而言，哪里有人居住，哪里出现村落，哪里就会出现神山。神山的力量和等级大小有别。大的如该区的卡瓦格博峰，为整个藏族聚居区的人们所共同信奉；稍弱一点的有部落联盟神山、部落神山和村落神山等；最小的即是接下来我们将要探讨的对象——氏族神山。这里所谓的氏族，相当于弗里德曼定义的汉族社会中的宗族，也可称之为家族，它一直是汉文化研究的重点和热点。与此情形截然不同的是，学者们对少数民族的家族研究则过于冷静和保守。以本书重点关注的藏族为例，学界的一个普遍的共识是：与汉族相区别，藏族的家族观念甚为淡化，乃至于无。其实对藏族来说，并不是没有家族观念，只是表现得相对含蓄、弱化一点。孙林曾就此问题做过一番探究。他认为，藏族先民对家族和祖先还是十分看重的，只是伴随着藏传佛教的长期浸染，祖先崇拜虽然存在，但大多已经同其他神灵尤其是地域神混同了；再加上封建庄园主的强势，连可以强化或至少能保持对祖先记忆的族系符号——家族姓氏也逐渐模糊化了。② 但即便如此，若留心观察，仍可以从现实生活中发现些许蛛丝马迹。最具代表性的研究当属廖建新和卢秀敏所持续关注的三岩藏族的父系亲族组织——帕措（pha tsho）。他们根据各自

---

① ［德］费尔巴哈著：《宗教的本质》，王太庆译，人民出版社1999年版，第3页。
② 参见孙林《藏族传统宗教中的灵魂观念与祖先崇拜》，载《西藏研究》2007年第3期。

的田野经历，论述了帕措的认同、边界、互动及其与地方社会之间的关系。① 当然，该区藏族的家族观念能够得到张扬，主要原因在于，这里是多民族聚集之地，而藏族（包括其他少数民族）受汉文化影响颇深。甚至有些自认为是藏族的人，若追根溯源，唤醒他们对家族史的记忆，其祖上十有七八本身就是汉族人。虽然他们为了在社区中获得更多的归属感和认同感，在潜移默化中接受了本地藏族的生活方式和传统信仰，但作为汉文化主干的家族和祖先崇拜观念却较为完整地继承了下来。②

氏族神山一般就近被指定在村落周边的山上，并设有专门的祭坛。相比其他等级的神山，氏族神山有如下特征：③

第一，家族是村落的一个组成部分，没有公有的草场和领地，其神山的地理位置并不显著，地标作用不大。

第二，没有书面煨桑诵文和仪轨，以及神庙。

第三，祭祀圈规模较小，除本家族成员（一般还限定为男性），外人一律不得参加。

第四，除了定期的年度一次性祭祀外，一般不进行祭祀。当然，在遇到家庭变故或家门不幸时也可以举行临时性祭祀活动，以求山神护佑。

第五，家族山神通常会被看作一个家族的共同祖先，故其祭祀活动具有浓厚的祖先崇拜的特征。

第六，家族神山很少有名称，一般以该家族的姓氏或名字加神山的字

---

① 相关研究成果可参见廖建新《山岩帕措民间冲突和谈判调查分析》（载《西藏研究》2008年第2期）、《略论金沙江上游"帕措"互动与骨系认同》（载《北方民族大学学报》2012年第4期）、《试析"帕措"与社会秩序的关系》（载《康定民族师范高等专科学校学报》2007年第5期），卢秀敏《"帕措"认同与国家在场——西藏"大坝"移民村的权力结构分析》（载《吉首大学学报》2008年第2期）等。

② 以笔者的田野调查点之一——云南省迪庆藏族自治州德钦县燕门乡茨中村中的鲍金汉老人（调查时78岁）为例。据他讲述，其祖上本是大理汉族人。国民政府时期，他的爷爷鲍春亭被抓壮丁而到此处打仗，战争结束后没有回去，便与当地的一个藏族女性结了婚，并租种了茨中村和土司家的两亩水田，定居下来。婚后，他们只育有一个女儿，因而不得不招上门女婿继承家业。这位上门女婿（即鲍金汉老人的父亲）也是汉族人，来自四川，名叫兰春山。他原本是马帮运输队的锅头，掌管着五六十头牛马，家财颇丰，但因生性爱赌，加上后来又抽大烟，没几年光景就变得穷困潦倒。于是为了生计，他便来到鲍家做了上门女婿。虽然几代过去了，他们已从汉族人变成了藏族人，家族观念却基本没有改变。一个细节是，为了缅怀先祖，让后代都能够铭记家族的历史，鲍金汉老人决定，在给儿孙们起名字的时候，"鲍"和"兰"必须连在一起，出现在名字中。

③ 参见英加布《域拉奚达与隆雪措哇：藏传山神信仰与地域社会研究》（博士学位论文），兰州大学2013年，第115～116页。

样即可。

氏族神山虽处于藏传佛教神山体系中的最边缘位置,但对于一个家族而言,它无疑是一个最明显的标志和认同载体,是每个家族把自己和其他家族区分开来的记号,是家族个性的可见图腾。然而,经历了十年"文革"的压制,尤其是伴随着社会的发展,扩大家庭逐渐向核心家庭转变,对氏族神山的信仰和祭祀也渐趋没落、萎缩乃至销声匿迹。在田野调查期间,笔者虽多次从老人口中听说过去有关家族神山信仰的只言片语,但在现实生活中已无处寻觅。有村民告诉笔者,家族神山衰弱的主要原因在于人们普遍认为它位阶太低,神力有限,而且如果偶有祭祀不周,还要受到惩罚,所以越来越多家庭不再特意进行供奉和祭祀,而普遍以更高一级的村落神山祭祀取而代之。

二、村落神山

滕尼斯在其《共同体与社会:纯粹社会学的基本概念》中曾经探讨过"血缘共同体"(家庭)与"地缘共同体"(村落)之间的联系与差异。在他看来,血缘共同体的形成和维持有赖于一种天生的和不言而喻的情感连带——亲属。在这里,家人生活在一个保护着他们的屋檐下,供奉着同一个祖先,从同一个仓库中得到食物,一起坐到同一张桌子旁,共同占有和享受着一切美好的东西,而且亲属的意志和精神并不受房子的限制和空间距离的约束,它可以仅仅通过自身,纯粹依靠记忆来滋养自己,尽管遥隔天涯,相距万里,都能感到或臆想到近在咫尺,在一起活动。滕尼斯认为,正是这份美好的自然而然的情感连带使得血缘共同体的维持简单了许多。相反,在地缘共同体内,每个人都更加确定无疑地相互知道和捍卫自己的欲望,关系的建立不再是基于"相互中意",而是在高度的个人自由中寻求平衡,因此地缘共同体的维持要比血缘共同体困难很多。正是基于这样的认识,滕尼斯进一步指出,地缘关系整合更加需要在拜神弄鬼的习俗上寻求支撑。[①] 而围绕村落神山所进行的信仰和献祭仪式无疑是实现村庄整合的有效支撑。

在本书所考察的区域,凡是藏传佛教能波及的地方,基本上每个村落

---

① 参见[德]斐迪南·滕尼斯著《共同体与社会:纯粹社会学的基本概念》,林荣远译,北京大学出版社2010年版,第54~55页。

都有属于自己的神山。以茨中村为例，前文说过，它是一个经由澜沧江一分为二的行政村，江西有五个社，江东又包括四个自然村。其实，江东四社原本隶属于茨中北边的拖拉行政村，但在后来的基层行政区划变动中划归茨中村。就茨中村江西面的五个社而言，他们所共同信奉的神山即村子背后最雄伟壮丽的山头，当地人称它为"阿杜白丁"（见图3-2）。关于这座神山，村中一直流传着这样一则故事：

图3-2 茨中村的阿杜白丁神山

　　远古时候，喜玛拉咱社背后的山上有一个相当大的湖泊，村民称之为"大海子"。据说在这个湖里住着一条恶龙，它不时会出来危害喜玛拉咱村子里的村民，弄得人心惶惶、鸡犬不宁。后来，村里面有七个兄弟决定为民除害，杀掉这条恶龙。他们联手挑选出村里最强壮的一头公牛。这头公牛有一对非常大的头角，在村子里每年举行的斗牛比赛中屡战屡胜。随后，兄弟七人把这头公牛拉到山上的湖边。公牛看到恶龙，即跃入水中，与之展开了激烈的搏斗，顿时湖水翻腾，巨浪滚滚。很长一段时间后，湖水恢复了平静，七兄弟以为恶龙已被公牛杀死，便坐上一艘小木船划到湖中心去查看，没想到这条恶龙并没有完全断气，它翻滚起巨大的浪花把小木船掀翻。就这样，兄弟七人全部身亡，他们的身体化作山上的岩石。这些石头常年积雪，不会融化，一直守护着村里的乡亲父老。为了纪念这兄弟七人，村民便把这座山唤作"阿杜白丁"，即七兄弟之意。①

正如一个家族将家族神山看成是自己独有的保护神一样，村落神山对所属村民而言也是独一无二的，不容外人随意闯入而触怒山神。1905年，波及川、滇、藏三省（区）而使朝野震动的"巴塘事变"的最直接导火索就是凤全全然不顾七村沟村民的神山信仰，一味强行推行垦殖。② 在有神山信仰的村民看来，神山与村落之间有一种无形的对应关系，每一座神山都管辖着一片区域，而每一个村落也都隶属于一座神山，外村村民不得随意对其他村的神山进行供奉和祭拜。这种事情一旦发生，那么结果只能是两个村落之间结怨，乃至爆发冲突。这在《格萨尔·霍岭大战》中就有记载：霍尔王在战争中屡遭挫败，部众认为失败的原因是傲居东方的玛拉奔惹山山神可能动怒了，应该对山神进行祭祀，乞求保佑。但岭部落前来阻挡，说玛拉奔惹山神是岭人供奉的，外人不该祭祀。争来闹去，最终只能靠战争来解决。③

村落山神的祭祀形式可分为两种：一是个体家庭的日常煨桑祭，二是全村的集体公祭。对个体家庭而言，要想得到山神的庇佑，必须小心伺候。所以，对一个家庭的男女主人而言，他们早起的第一件事情一定是登上三楼阳台，点燃松柏、五谷煨桑祭祀山神。前文说过，山神的力量和等级有大有小，在举行煨桑祭的时候邀请山神要遵循由高到低、自上而下的顺序，就像人们在生活中接待客人一样，尊卑有别。由于该区早已步入定居村落社会，所以如今在举行煨桑祭的时候很少见到有邀请村落山神的情况，最普遍供奉的，一是为全体藏族人民所敬仰的卡瓦格博峰，另一个便是各自的村落神山。其实，在实际的生活中，相比高位阶的卡瓦格博神山，人们更在意各自村落神山的感受，因为他们时时刻刻都生活在村落神山的脚下，处处受到它的恩泽和监督，而卡瓦格博却由于层级太高时常与底层社会产生脱离和疏远的现象。笔者在田野调查时发现，村民在进行个

---

① 访谈对象：鲍金汉。地点：茨中公祭场。时间：2014年7月6日。
② 参见任新建《凤全与巴塘事变》，载《中国藏学》2009年第2期，第3～10页。
③ 转引自南文渊《藏族神山崇拜观念浅述》，载《西藏研究》2000年第2期，第111页。

体煨桑时，一般只诵念村落神山祭词而省去了卡瓦格博祭悼文。即便是村落神山祭词，也不是每位村民都能念叨得出来的。以茨中村民对"阿杜白丁"神山的祭祀为例，村中能完整地诵念祭词的人已是寥寥无几，绝大部分村民在煨桑祭祀时都缄口不言，出现了"失语煨桑"的现象。78岁的鲍金汉老人是村子中为数不多的还能一字不落地诵念阿杜白丁祭词的村民之一。在笔者的请求下，他一字一句地翻译和梳理了这篇祭词，大意如下：

> 给您供奉的五谷杂粮都是干净的。
> 我们从内心深处相信您，
> 我们的思想全都被您所洞察。
> 您就像活佛的帽子一样，
> 我们必须要焚香祭拜，一心一意地追随菩萨、活佛和喇嘛。
> 山的上面有个湖，湖的前面有座山，
> 我们相信所有的山神，连各路鬼魂也给您请过来了，
> 我们毕恭毕敬地煨桑请求您了，求您保佑我们风调雨顺，
> 求您赦免我们所有的罪恶，我们全心全意地供奉大量的祭品，
> 这样您就吃穿不愁了，吉祥如意！①

虽然少了祭词这道人神沟通的重要媒介，但村民普遍表示，这并不会影响到他们与山神的正常沟通与互动。在村民看来，失不失语根本无关紧要，关键是看你的心里是否每天都装着山神，当一团团烟雾从煨桑炉里袅袅升起的时候，他们即认为完成了和山神的联结。所以，不管刮风还是下雨，家庭煨桑都不会轻易间断，即使全家有事外出也要找人代劳。而每个月的农历初一、初十，村民还会携松柏带五谷一家一户地到村子旁固定的公祭坛进行煨桑祭。（见图3-3）

---

① 访谈对象：鲍金汉。地点：牛场。时间：2014年7月20日。

图 3-3　徐贵生在清晨煨桑祭山神

茨中村公祭村落神山的地方位于上一社最北端的白塔处。白塔建在一块高地上，除西南角与村路相连外，其余三面都是低洼的山谷。公祭神山的日子固定在农历正月初十，藏语称"几松动"。这一天，村民会起个大早，一般未到八点钟时，村民便陆续赶来。之后，男人们径直走向烧香台，点燃松柏和香叶，并大叫"啦嗦啰"，以示向山神报到；女人们则放下背筐，三三两两聚在一起，一边拉家常，一边准备献祭过程中所需的糕点和酥油茶；小孩子们则清一色穿着藏族服装，打打闹闹穿梭于人群中。稍后，从临近寺庙请来的七个念经喇嘛也按时赶到。他们将法器摆放在村民早已归置好的长条状的桌子上，并指挥几个成年男性在贡品架子上有次序地摆上贡品。约10点半，一切准备就绪，两名喇嘛吹响号角，念经活动正式开始。此时，随着号角的吹响，几个男人会来到烧香台，点燃更多的松柏，浓浓的白烟顿时弥漫在整个白塔上空。十分钟后，号角停下，喇嘛们开始念经。在此过程中，村民们则席地而坐，一边跟着喇嘛默念六字真言和平安经，一边享用早已备好的糕点和酥油茶。12点整，几个男人将贡品从贡品架子上取下，放到插满经幡的高台四周，并大喊"啦嗦啰",意请山神前来享用贡品。12点半左右,喇嘛们停止念经,献祭仪式结束。接下来便是村民享用午餐的时间,在白塔的东侧,妇女们早已在烧烤架子下面拢起了火堆,而每家每户则拿出自带的排骨或猪腿进行烘烤。不一会儿,香喷喷的烤肉便陆续呈上,大家三五成群,一边开心交谈,一边吃着烤肉喝着酥油茶。酒足饭饱后,已是下午一两点钟,村民互道祝福后各自散去。

茨中村的神山献祭仪式可视作藏族聚居区人们公祭各自村落神山的一般模式。(见图3-4)与此相比,盐井乡加达村公祭村落神山的方式较为特别,值得一提。

图3-4 茨中村的神山公祭场

加达村是西藏昌都地区芒康县盐井纳西民族乡下辖的一个自然村,位于澜沧江西岸的山坡台地上,从古至今一直以提取江水晒盐维持生计。该村所崇拜的神山,有村民称之为"尼邱",说它的外形酷似骡子,故名;又有村民叫它"日尼",因为它跟人心脏的形状颇为相似。村民的叫法虽然不能达成统一,但丝毫不影响村民对它的认同。平日,村民选择在自家的煨桑台祭祀神山,而每年藏历新年初六又是加达村最热闹隆重的公祭神山的日子。与其他地方有所不同的是，这里用独一无二的"假结婚"的仪式来公祭山神。

这里所谓的"假结婚"实际上是一场形式上的集体婚礼。事先要在村子上挑选出一批男子和女子扮演新郎、新娘，人数当然是越多越好，不过新郎的人数一般要多于新娘的人数，而且新郎的人数一定要是奇数，而新娘的人数则固定是偶数。这样，新郎新娘加起来为单数，被视作吉祥。新郎、新娘的人选确定后，事情就算是完成了一大半。初六天刚蒙蒙亮，众位新郎就已穿戴好藏装，戴上"苏夏"（用红丝线缀饰制成的圆盘帽）在澜沧江边的盐田集合，目的是商量一下如何调戏、捉弄新娘和如何应对中途拦路使绊子的小丑。一般这一环节也用不了多长时间，因为这样的仪式年年举行，他们早已轻车熟路。意见统一后，新郎们便翻身上马，去村委会大院迎接早已梳妆打扮好的新娘。途中，由村民饰演的各色小丑戴着面具、骑着黄牛或者毛驴处处设卡，阻拦新郎。为了能截下新郎，小丑们无所不用其极，撕、拉、拽、扯，甚至直接骑着黄牛来撞。由于新娘的数量少于新郎，为了能早到一步挑选一个自己满意的新娘，新郎们也格外卖力。如果你没有事先得知这是一个仪式的话，你可能会觉得他们不是在表演，更像在打仗。也正是在这个时候，村里面会挑出一位年长者站在摆在路边的矮桌上，颂赞山神。闯过小丑设下的重重关卡后，新郎们一个个来到村委会大院。新郎、新娘见面后也是唇枪舌剑，互相瞧不上，故意说一些挖苦对方的话。譬如，新娘会抱怨新郎说，你们平时什么都不干，就知道吃喝玩乐，好不容易下定决心去外面打个工，也没有挣到几个钱。在这种情况下，新郎一般都要进行反驳。他们会挖苦新娘道，你看你们，长得又不漂亮，比我妈还显老呢，事还不少，再说了，你们平时表现得就都好吗？你们对丈夫温柔吗？对老人体贴吗？真正关心过孩子吗？……就是如此的相互挖苦和揭短构成了假结婚仪式的主旋律。

信仰及其仪式永远不可能只是一出雁过无痕的戏，它必然对现实世界有所反映和关照，主要表现在如下几个方面。

其一，整合族群关系，强化归属认同。

前文所提到的"阿杜白丁"的传说在茨中村可谓人尽皆知，家喻户晓，即便是没有上过学的年轻小伙子也都能道出一二。伊利亚德认为，神话是原始而神圣的历史，它叙述了事物的产生和存在，提供了例证的模式，还论证了人类之所以如此言行的根据，它以特有的论证方式解释世界、人类和社会的存在。① 既然神话并非无根的凭空想象，那么它产生的原动力必定出自社会。自第一次在茨中村听到"阿杜白丁"的传说以来，笔者一直苦苦思索着一个问题，即什么样的社会事实促使产生了这么一个神话故事？换句话说，也就是这则传说到底如何关照了这个村落社区？前文说过，茨中村是一个七民族杂居的村落，七兄弟合力斗龙而献身的故事很大程度上就是在告诫后人，村子里的七个民族其实是兄弟，唯有通力合作，才能确保村落安全，使村民过上幸福的生活。

法国学者哈布瓦赫（Halbwachs）曾提出"集体记忆"的概念，在他看来，人们只有处于一个集体的语境当中，其记忆才会真正发挥作用，而有着共同过去和利益纠缠的集体记忆可以使参与到活动中的个体时刻保持和修正自己的意识，并由此发展出当前环境下的集体特征。② 对一个村的村民而言，与其日常生活密切相关的村落神山信仰无疑是他们的核心"集体记忆"，而每年都固定举行的村落公祭又为"集体记忆"的重复强化提供了集体的语境。

依据涂尔干的观点，神是对社会的形象表达，其表面上的功能是强化信徒与神灵之间的归附关系，实际上强化的是作为社会成员的个体对其所属社会组织的归附关系。③ 在村落神山信仰中，一个村落对应一座神山，即便是基层行政调整也不能够引起村民对原属神山信仰的改变。譬如，茨中村江东面的四个社原属拖拉，他们所共同信奉的神山直译为"狮子三兄弟"，但划归茨中村后他们的神山信仰仍维持原样，没有变动。也正是由于神山认同的差别，导致江东、西两岸村社虽同属一个行政村但亲密程度明显不一的现象。一个明显的标志是，碰到红白喜事，如果发生在江西的某一户人家，则江西五社的所有人家一律都要到齐，尤其是葬礼，要不请自来；而江东四社的村民除非跟这一家有亲戚关系或者过硬的交情才会不约而至。在村民看来，江西五社是一个村，而江东四社是另一个村，他们各有各的保护神，这可能就是江西五社称自己为茨中，而对江东四社仍直呼其原有村名的根源所在。其实不难看出，"阿杜白丁"的传说是一个

---

① 参见［美］米尔西·伊利亚德著《宇宙创生神话和"神圣的历史"》，载［美］阿兰·邓迪斯编《西方神话学读本》，朝戈金等译，广西师范大学出版社2006年版，第174页。
② 参见［法］莫里斯·哈布瓦赫著《论集体记忆》，毕然、郭金华译，上海人民出版社2002年版。
③ 参见［法］爱弥儿·涂尔干著《宗教生活的基本形式》，渠东、汲喆译，上海人民出版社1999年版，第296～297页。

异常明显的"具有教训功能"①的民间故事。在每一次的公祭神山仪式中，祭司都要重复这个故事，而这无疑对村落中族群关系的整合和归属认同的强化起着巨大的促进作用。只要故事能接着往下传，这种力量就会一直存在。

其二，寻求心理慰藉，形塑村民道德。

加达村为何要举办假结婚仪式？这是笔者到该村做田野调查时浮现于脑海的第一个问题。对此，村民有自己的解释："举办假结婚是为了祭拜'尼邱'山神，这是我们村的传统，祖祖辈辈都这样。如果哪一年没有如常操办，就会惹怒山神，到时候什么瘟疫、水灾、泥石流就都来了。前几年，每到春节的时候村里就有人去世，一连好几年都没有搞这一仪式，结果发了很大的洪水，差一点淹没了整个村子。"②

由于该区地处高山峡谷，气候恶劣，自然灾害严重，在人力不能对抗的情况下，宗教信仰和仪式便无疑成为人们寻求心灵慰藉的主要通道。对加达村村民而言，神山祭祀与村落安全之间有直接的对应关系。在他们看来，只要如期顺利地完成一次假结婚仪式，村落神山便可护佑整个村子在新的一年里人畜平安。威尔逊说过，人们利用宗教仪式能够抵挡外界的侵袭，抑制自身情感带来的苦恼和不安。③就假结婚仪式来说，它无疑给了频受自然灾害之苦的村民一颗定心丸，使他们免除了只能坐等自然灾害发生而又束手无策的焦虑之情。

经由宗教来实现心灵慰藉的现象在茨中天主教堂的求雨仪式中表现得更为明显，求雨过程其实并无特别之处，就是组织教友在两个西方传教士的墓前做一场集体弥撒。在田野调查时，笔者曾随意问一位教友是否灵验。他想都没想，直接反问道："我们基本上年年都有求雨，不灵验还搞它干吗？"如教友所愿，三天过后还真的下起了蒙蒙细雨，而且一下就是一个多星期。后来在一次周日的礼拜上，笔者又碰到了这位教友，他笑嘻嘻地对笔者说："怎么样，没有骗你吧！"单为这事，笔者还特地查阅了相关气象常识。茨中村所在的澜沧江峡谷按气候类型划分标准来看，属于热型河谷，受印度洋西南季风的影响，6月至9月为雨季，其余时间降水

---

① ［法］皮埃尔·布迪厄著：《实践感》，蒋梓骅译，译林出版社2003年版，第284页。
② 访谈对象：斯纳扎西。地点：盐田。时间：2014年8月5日。
③ 参见［日］池田大作、［英］B. 威尔逊著《社会与宗教》，梁鸿飞、王健译，四川人民出版社1991年版，第4～5页。

稀少。茨中村的水稻种植一般都固定在4月底到5月初，而水稻下地后需要大量的雨水进行灌溉。所以，插秧半个月内如果不降雨，茨中教堂或者周边寺庙都会进行求雨活动。仪式过后，一般不出十天半个月就开始降雨。因为这时候西南季风已登陆至此，雨季正式开始。这是客观事实，但在当地人看来，这完全是求神的结果。有时候雨季会推迟，一次求雨还不够，还要两次、三次，甚至四次、五次。但不管时间战线拉得有多长，他们总是自信满满——只要接着求，雨总是会下的。在一定程度上可以说，仪式带来的人定能战胜恶魔的自信感觉，远比束手无策地消极等待更能让人正视苍茫的世界。

  上述因畏惧山神动怒而不得不按其喜好进行祭拜的现象，非常契合法国民俗学家葛兰言有关古代中国君主圣地崇拜的论述。依据葛兰言的观点，山川之灵并非源自其锦绣壮丽的自然属性，而是因为它们被王侯力量所授权。王侯所拥有的权威，它们同样也拥有，而只要王侯的力量能够继续维持下去，它们同样也能够维持下去。换句话说，山川与王侯之间是一种对等关系，山川在自然秩序中的地位与统治者在人类社会中的地位是一模一样的。一方面，王侯借助山岳来统治人民；而另一方面，自然界的混乱，比如降水过多或过少，以及地震、泥石流等，也被看成王侯君主失德所致。所以，在古代的中国，如果发生较为严重的自然灾害，受责难的往往都是君主。他必须修德，必须检视自己的错误，也必须恢复山川的元气。如果他不能改过，惩罚就会接踵而至，这种惩罚可能借助人民之手，但他是咎由自取。① 其实，如果把王侯君主看成加达村的村民，而把村落神山看成圣地山川，就不难发现其中的隐性关联。也就是说，同王侯与圣地的关系一样，加达村村民与"尼邱"神山也是对应存在的。如果哪一年村里面发生了水灾、旱灾、瘟疫等自然灾害，村民就会以为一定是哪个方面没有做好而触怒了山神。而一年一度的假结婚仪式就是村民检视自己的错误，重新修德的一次大型聚会。通过上文对整个假结婚仪式过程的描写，我们不难从中挖掘出几个关键词："反叛""暴力"和"冲突"。据该村村民给笔者讲述，凡参与仪式的人，不管是新郎、新娘还是小丑，无论年龄大小，也无论辈分高低，都可以当面锣对锣鼓对鼓地相互诘骂，尤其

---

① 参见［法］葛兰言著《古代中国的节庆与歌谣》，赵丙祥、张宏明译，广西师范大学出版社2005年版，第164页。

是对那些平日里表现不好的人更可以痛斥一番。在仪式中，即使被骂得再惨，也不能翻脸生气，因为如果这样，就更会被村民们看不起。像这种仪式中的相互挑刺，在不伤和气的情况下，又能把对方在平时做得不好的地方提出来，让其在仪式过后能够有所反思，对规范村民言行、维持村落道德无疑有着巨大的作用。

其三，消弭潜在冲突，维持村庄和谐。

仪式中往往充斥着各种暴力，当然这里所谓的暴力并非完全指肢体上的接触和对抗，还包括打闹与戏谑（语言暴力）等一系列软暴力。台湾学者朱文惠曾于该区做过长期的田野调查。在他看来，神圣与世俗是仪式的两个面向，在仪式间歇或者仪式结束后便是展现人际互动（世俗层面）的绝佳机会，当中自然少不了打打闹闹、互开玩笑。例如，一位村民牙齿快掉光了，有好事者就会拿他开涮，说他长得像村头江里的鲶鱼，是否以吃土为生。被戏谑之人肯定不会生气，但会以同类型的玩笑进行还击。① 这种仪式中的软暴力在加达村的假结婚仪式中体现得最为明显，因为其他仪式中的暴力不说是无意识的但至少也是自发的，而加达村的仪式暴力是刻意的，且是固定不能更改的。

加达村的假结婚仪式与1964年英国知名影片《祖鲁战争》中所刻画的南非祖鲁人的婚礼场面颇为相似。影片中，不仅新郎拿着武器，新娘也拿着小号的矛和盾牌。他们并不是携手共舞，而是相互对峙。新娘装作逃跑，再被新郎抓回来；新娘手持短矛或刀扮作好像是新郎敌人的样子，并且要坐在男方亲属的面前，听任他们指责她一无是处，或是把矛盾带到家里。格拉克曼将这种仪式中的暴力称为反叛仪式，而这种反叛仪式在祖鲁人社会中几乎无处不在。② 依据格拉克曼的理解，反叛仪式是对现实冲突的婉转表达，这种特殊的仪式是通过展现冲突而达到消弭冲突的目的。换句话说，即通过将日常的禁忌以及潜在的矛盾以颇具戏剧性的形式展示出来，不但向人们重新确定了既有秩序的重要性和合法性，而且还使人们相信，尽管现实生活中存在这样那样的冲突，但社会还是联结为一体的。通过前文的描述我们发现，在加达村的假结婚仪式中，谁也掩盖不了自己的缺点和毛病，都会被别人当作笑料而揭发出来。但人们使用的语言一般都

---

① 朱文惠：《佛教寺院与农牧村落共生关系：中国西南藏族社区研究》，唐山出版社2002年版，第106页。
② M. Gluckman. *Custom and Conflict in Africa*. Oxford: Basil Blackwell, 1956, p.128.

会十分滑稽风趣，让人忍俊不禁，无法生气。这时，自己的高傲、自大、虚伪和贪心都会在一浪一浪的发自内心的大笑中被剥开，只剩下原始而纯真的人性。

其四，促进村民互动，增强群体黏合。

人是社会性动物，与人交流、表达情感是最本质的属性之一。然而，伴随着社会的发展和市场化的冲击，人们的公共生活缺失严重，只得闭门家中，越来越呈现出原子化的状态。相对来说，该区民众之间的关系还远没有达到令人担忧的一盘散沙的悲观局面，因为围绕宗教所进行的信仰和仪式为人们参与公共生活提供了一个异常活跃的平台。

对村民而言，参与宗教生活有两方面的作用：一是完成与神灵的沟通，二是践行与他人的互动。可以说，两者同样重要，缺一不可。一次重大的村落公祭神山的仪式无异于一个大型的宗教节日，它不仅能够使宗教徒完成一次神性的"充电"，更成为人们枯燥生活中的一种调味品。涂尔干在《宗教生活的基本形式》中描述并分析了澳洲中部地区部落族群在宗教集会中的情绪和心态表现。他认为，澳洲社会的生活是在两个不同的周期中交替过渡的：一个是人们为了获得必不可少的食物而不得不分散打猎和捕鱼的日常生活，另一个是族群相聚举行宗教仪式的集体生活。两种生活对照鲜明，在前一个阶段中，经济生活占据优势，它一般是非常乏味的，是为了谋食而不得不进行的，并不能唤起活跃的激情，而分散的状态更让社会生活陷于单调、萎靡和沉闷之中。然而，只要身处宗教仪式中，一切都改变了，这种集体生活充满了生机和力量。① 相较于平日多由个人独立完成的宗教仪式，宗教聚会则更多地充斥着轻松的气氛。聚会期间欢声笑语，歌舞不断。对村民而言，平时他们散居各地，为生计奔波，唯有与切身利益相关的宗教聚会能把他们召唤在一起，而人们之间也恰好能借此机会共话桑麻，放松身心。一般来说，公祭村落神山的日子都固定在春节前后，这个时候村民聚得最齐，也最有闲暇，会全身心地投入到祭拜和人际互动当中。

日本学者冈田谦和尾高邦雄在《黎族三峒调查》中曾以驱鬼为例探讨过仪式互动的功能。在他们看来，整个驱鬼仪式中，重要的不是祈祷师的

---

① 参见［法］爱弥儿·涂尔干著《宗教生活的基本形式》，渠东、汲喆译，上海人民出版社1999年版，第280页。

祈祷，而是患者家的亲戚朋友乃至全村村民借驱鬼之名聚集在一起会餐、饮酒。也就是说，强化彼此连带关系才是驱鬼的意义所在。① 缘于公祭神山的娱乐性和狂欢性，其互动链条甚至会突破宗教共同体的范围，波及其他不同的教派和不一样的信众。换句话来说，即宗教节日不仅充当了共同分享同一神灵的人们之间沟通的桥梁，而且还成为信仰不同教派的信徒往来交流的重要平台。以茨中村的神山公祭为例，其本属村中藏传佛教徒的集体宗教活动，但每至此时天主教徒也前来凑热闹，其间大家围在一起，载歌载舞，畅所欲言。相同的，当天主教徒举办自己的节日聚会时，藏传佛教徒也可以自由参加。20世纪初，法国探险家弗朗索瓦·巴达让在茨中村周边进行专题考察，曾参与过巴东村天主教堂组织的圣诞聚会。在他的描述中，我们可以发现有大量非天主教徒前来凑热闹："基督教徒和非基督教徒兄弟般、亲如手足地混合在一起。……镇长是个基督教徒，为此结果感到自豪。他对我们说：'我们已经把山羊和绵羊放到一块儿。'"② 笔者在上盐井村做田野访谈时，鲁仁弟告诉笔者，盐井教堂每次举办大型的宗教节庆，都会诚心邀请临近岗达寺的活佛、喇嘛前来参加；而作为礼尚往来，在岗达寺要举办大型法会之时，也会给盐井天主教堂发出请柬。柯林斯曾经指出，相互关注和情感连带是互动仪式的核心，它能够打破排外集团间的壁垒，将一个地方共同体的成员揉合进亲密的关系之中。③ 不难看出，宗教祭祀就是一个持续而强大的互动仪式，以其异常的包容力将教徒、非教徒甚至异教徒涵括在内，密切了他们之间的往来互动，促进了社群的扩大与发展。

三、卡瓦格博

这里的区域神山，如若细分，还可分为两个层次——中型神山和大型神山。中型神山一般可辐射若干村镇；而大型神山如该区的卡瓦格博峰，则可影响整个藏族聚居区。卡瓦格博，藏语为"kha–ba–dkar–po"，意

---

① 参见［日］冈田谦、［日］尾高邦雄著《黎族三峒调查》，金山等译，民族出版社2009年版，第233页。
② ［法］弗朗索瓦·巴达让著《永不磨灭的风景：香格里拉——百年前一个法国探险家的回忆》，郭素芹著译，云南人民出版社2001年版，第31页。
③ 参见［美］兰德尔·柯林斯著《互动仪式链》，林聚任、王鹏、宋丽君译，商务印书馆2009年版，第3页。

为白皑皑的雪山。相传,卡瓦格博原是一个长着九头十八臂的煞神,后被莲花生大师降伏,成为藏传佛教的一位护法大神,雄居八大神山之首。

对卡瓦格博的信奉首先体现在献祭上。但由于物理距离的远近,人们对它的认同和献祭方式也呈现出"差序格局"的特征。如果以卡瓦格博为圆心坐标,依据地理位置的不同则可以把卡瓦格博信仰圈细分为若干层次。其结果是,越靠近圆心,信仰程度越高;反之,则越弱。在信仰圈的外围,由于山高神灵远,人们更为看重与自身直接相关的中型神山和村落神山;但也正如前文已提及的,在家庭煨桑和集体公祭中卡瓦格博仍是他们必须邀请的对象。与外围相比,核心圈的献祭方式则隆重很多。以位于卡瓦格博脚下的雨崩村为例,这里世代保留着神箭节的习俗,以此纪念卡瓦格博用神箭战胜八宗山妖所取得的胜利。神箭节一年举行两次,时间分别为藏历新年初十至十五与藏历五月初五。举办神箭节前后,要进行庄严的煨桑仪式,祈求山神眷顾;同时,还要选派一位德高望重、身体健康的长者给神山敬献哈达。活动只允许成年男性参加,妇女可在一旁观看。参赛选手两两一组,轮流射箭,以中靶较多的一方为胜方。这是一项娱神娱己的活动,比赛胜负对村民而言并无太大影响,重要的是通过这一仪式不仅表达了对卡瓦格博的纪念,同时也使得村民更加坚信在它的护佑下能够吉祥如意、人丁兴旺。

转山是卡瓦格博信仰的另一具体表现。根据藏传佛教"身、口、意"的说法,卡瓦格博位于佛祖的"意"部。"意"即心理活动,也指心中所想。按照佛学理论,人的所有行为必先发自内心,为"意业";后发之于口,为"口业";再表现于行为,为"身业"。对虔诚的佛教徒而言,来"意"地转经非常有功效。据说围转卡瓦格博一圈可消灾弭祸,十圈可免500年生死轮回,100圈即可今生成佛,故当地一直流传有"一生不朝梅里雪山,死后就没有好归宿"的说法。

卡瓦格博转经圈有内转与外传之分。外传又分大转、中转和小转三种。大外转是将卡瓦格博圣地的外围转一圈,即北至西藏自治区左贡县,东至与四川交界的金沙江,南抵维西达摩祖师洞圣地,西达西藏境内的怒江沿岸。中外转范围不确定。西藏人多从左贡县沿澜沧江到德钦县云岭境内的查里桶过江,翻越多克拉山口,沿怒江溯回左贡县或者盐井乡。而云南与四川藏族聚居区的信徒也有从金沙江到达摩祖师洞,跨越澜沧江,翻过多克拉山到怒江边,由学拉山回到德钦县境内。小外转是人们通常行走的路线，从云岭乡查里桶羊咱吊桥出发，经真兴塘，再分为南北两线：北线进入查里顶村，沿嘎尼河向西上山到古日顶村，过永久村，再向上行翻越多拉山到姆子贡石崖，接着爬到让旺子那通拉山头转向西北到约南河，与经永芝村的外转经路线汇合；南线离开真兴塘后则顺澜沧江继续前行，先至羊咱桥，再到永诗塘牧场，尔后逆河向北到多克拉山，向南下山到咱树塘，经曲宗农、曲尼嘎、仲且朗、农赤松咱、多木高萨再至卢为色拉山，从此山西南而下，到曲南通，经生姆扎绰，爬上曼遮岗，到达新康拉山头，由此西行翻越那通拉山，再折向北，经亚九贡、动农贡到达西藏境内的第一个村庄阿丙村，出村向北过日龙达咱木桥，进入日龙龙巴，沿怒江逆流而上到察隅县扎南乡，从此乡出发，分别翻越汤堆拉山和打古拉山到玉曲河边，过渡口向上爬行翻学拉山，过多通贡牧场、纽达亚古，至德钦县佛山乡鲁瓦村，再过古水村、木雪村、马巴顶、阿东村，翻越卓拉山回到德钦县城。① 可以看出，外转经路线其实并不固定，人们在实际生活中多以自己的住所为出发地，只要顺时针绕转卡瓦格博一圈即为一次外转山。

相比来说，内转（小转）就没有那么随意了。转经者必须先到离德钦县城 15000 米处的白转经堂（曲登格）许愿、敬香，获得转山资格；然后才能到飞来寺煨桑祭祀山神；接着沿山路一直向下，来到位于澜沧江边的永宗，永宗有一个巨大的石锁，转山的人要在这里叩拜，以取得打开圣地之门的钥匙；然后翻越海拔 4000 米左右的南争拉山来到雨崩神瀑，沐浴神瀑的圣水；再前往明永朝拜分别供奉着卡瓦格博和莲花生大师的太子庙与莲花寺；最后原路返回德钦。事实上，内转并没有真正绕卡瓦格博一圈，而只是沿着它的东北坡、东坡和东南坡转了一个半圆，因而所修功德比起外转要小得多。由于其路途较短，故很多人一生当中有多次内转的经历。

转山是一种朝圣的仪式。根据特纳夫妇对朝圣仪式的研究，整个转山过程可以分为三个阶段：离开常住地进入转山状态、超越情绪阈限融入转山环境、返回常住地重新投入日常生活。② 其中，转山的第二个阶段是反

---

① 参见中共迪庆州委宣传部等编《迪庆民族文化概览·德钦卷》，云南民族出版社 2008 年版，第 130～133 页。

② Turner Victor, Edith Turner. *Image and Pilgrimage in Christian Culture: Anthropological Perspectives*. New York: Columbia University Press, 1978, p. 16.

结构状态的存在。在这一过程中，既定的社会道德和伦理价值都宣告消解或者呈现弱化的趋势，人与人、人与神之间暂时都处于平等的地位。然而，过了这个临界点，一切又重新恢复原位，社会秩序得以展演、重申和加固。

整个转山仪式对人们产生的影响主要表现在两个方面。

第一，转山是轮回、新生的象征。在一定意义上，转山可以说是一种苦修行为，途中不能骑马，只能步行（现在人们所见到的骑马转山的人多为游客）。凡参与过转山的人都深有体会，它不但考验一个人的体力，而且还是一场意志力的较量。2014年7月，笔者曾与茨中村的三个年轻小伙及两位与他们相识的邻村女孩一起内转过一次卡瓦格博。由于当时天气炎热，加上途中要翻山越岭，走了不及一半，笔者便感冒发烧了。他们几个为了跟笔者做伴，走走停停，等傍晚到达雨崩村时笔者整个人就跟散了架一样。第二天感冒加重，只得躺在床上继续休整。为此，笔者甚至错过了参与最重要的沐浴神瀑的机会。但诸如此类的艰辛在虔诚的佛教徒看来都是稀松平常的。通过闲聊得知，其中与我们一起转山的一个女生竟然已有六次的内转经历，不由让笔者连连称叹。有村民告诉笔者，如果在转山途中死去，那是一件极幸运的事。同行教友不会对此有过多的叹惜，只会将其尸身在路边简单掩埋，然后继续前行。对转山归来的信众而言，沿途种种的中阴隐喻和现实磨难，让他们有一种再获新生的感觉，而这种感觉在一定程度上又缓解了他们的身心压力，并给他们的现实生活带去活力和满足。

第二，转山可视为一个流动的公共空间，人们可借此机会与朋友谈天论地，增进感情，享受难得的清闲。有时候，转山还会成为青年男女寻找人生伴侣的绝佳机会。在笔者参与的这次转山仪式中，由于路途艰难，小伙子免不了要帮助女孩子。一来二去，在短短的四天时间里，就成就了一对欢喜鸳鸯。（见图3-5左一男和右一女）由此可以看出，转山的初衷虽是宗教性的，但它也在实践中润滑了人际关系，培养了人们的感情，无形中也促进了群体的整合。

图 3-5 内转山途中小憩

第四章 神圣的世俗权力建构

"神圣"与"世俗"是宗教研究中最经常使用的一组对偶概念。宗教是神圣的，它可以用一系列的仪式和禁忌潜移默化地影响人；同时，宗教又是世俗的，它与政治、经济和文化有着剪不断理还乱的关系。由于三江并流核心区在历史上经历了长时间"政教合一"型的统治，寺庙的世俗权力更是无所不及。"喇嘛为士人之优秀分子，俨然为士人之师表兼人事之顾问；而寺庙因集多数优秀分子于一堂，而又俨然成为地方文化与解决诸事之机关；寺庙因常得人民之布施，且经商而富有财产，而又俨然为地方垦亲与借贷之会所；而寺庙因购备有枪弹及其他武器，而又俨然成为地方保卫与造乱之场所，一切一切莫不由喇嘛操纵。"① 今天，宗教的世俗权力虽有弱化，但它以各种变相的手段继续在人们的生活中发挥作用。故此，本章承接上文，对当地宗教的世俗面向进行考察，看看它们是如何通过世俗手段实现自己的权力建构进而影响地方秩序的。

第一节 组织的考察

宗教对社会秩序的影响还来自它的组织性。② 无论发育程度如何，宗教都具有一定的组织特征，差别只在于宗教组织化程度的高低不同而已。故此，为行文方便，本节内容即以该区天主教为代表，从纵向的历史线索出发，来扼要说明它的组织架构变迁以及当中微妙的人际关系。

天主教进驻该区始于鸦片战争。1846年，罗马教皇格列高利第十六世

---

① 孤僧：《西康之土司喇嘛》，载《边事研究》1939年第9卷第3～4期，第29页。
② 参见［日］池田大作、［英］B.威尔逊著《社会与宗教》，梁鸿飞、王健译，四川人民出版社2003年版，第139页。

宣布成立"西藏教区",地辖西藏、锡金和川滇藏交界带(康区),并委托巴黎外方传教会全权负责,为入藏传教做足了组织上的调配。当时,该区的天主教主要沿澜沧江谋求发展,相继在德钦自菇、西藏盐井、德钦县城、维西县城及小维西等地建立了教堂;稍后,传教士又翻越碧罗雪山进入白汉洛、迪麻洛、秋那桶、丙中洛、棒当和茨开等地,将传教范围拓至怒江流域。1910年,"西藏教区"更名为"西康教区",除主教堂负责康定、泸定外,还设有云南和道孚两个总铎区。其中,"云南总铎区"的范围即与该区天主教的分布大致相当,以茨中天主教堂为总堂,负责维西、德钦、贡山及藏边盐井各地教务。

这一阶段该区的天主教尚处于初创阶段,故并没有发展出分工明确的组织形态。据几位老教友回忆,当年所有的教会事务主要由三位传教士打理。他们一人负责讲经传道,一人负责治病救人,一人负责办理学校。同时,为了能更好地与地方百姓打交道,每个本堂神父基本上都配备有从教友中挑选出来的文秘和翻译人员。茨中教堂老教友肖杰一的父亲肖国恩就曾担任过本堂神父伍许仲的秘书兼翻译,而肖家也正是在那个时候离川来滇,落居茨中。

1939年,伴随着西康建省,教区也再次更名为"康定教区"。当时,康定教区所辖范围之广居八大教区之首,下辖27个堂口,每个堂口设司铎一人管理本堂全部事务,另在教友中选一位有威望之人协助工作。全区设主教一人,副主教两人,一人住康定,一人住维西。下设当家处,负责人称"当家神父",管理全区财政,下有管事一人,办理杂务;秘书一人,办理全区文件。1944年,为进一步推进传教工作,增设参议会,由华朗庭委任余廉霭、古纯仁、何光辉、尤加理、杨华明(中国籍)为参议员,共同商议教区兴革事宜。可以说,自天主教始传该区,传教团一直处于在夹缝中求生存的状态,根本无暇顾及制度层面的建设。这时候的教堂堂点更像是一个家族,神父即是这个家族的族长,有权过问一切事务。

西方传教士被赶出国门之后,全国上下掀起了一场声势浩大的以"三自(自治、自养、自传)爱国"为宗旨的教会革新运动。然而,还未等真正付诸实践,各堂点便在轰轰烈烈的"文化大革命"中被关闭甚至捣毁。党的十一届三中全会后,宗教信仰自由政策开始落实,天主教活动以及尚未完成的爱国爱教运动也逐渐恢复起来。由于维西、德钦和贡山三县距大理较近,因此三县各堂点便划归由大理教区管辖;但由于行政区划的限制，原来同属云南总铎区的盐井教堂却孤零零地矗立在西藏边境，没有划归到任何一个教区体系中。在访谈中，鲁仁弟常将盐井教堂比作没人要的孩子，甚至把自己违背戒律娶妻生子的过失也归咎于此。他对笔者说："盐井教堂历史上属于四川康定教区，现在没人管了，完全是孤立的。而且我们这个教堂还是在西藏境内，完全被藏传佛教所包围。由于它们（藏传佛教寺庙）势力大、影响大，政府很重视，也很支持，而我们就像是一个没娘的孩子，基本上无人问津。我当了十年的神父。神父也是人，也需要大家庭的温暖，如果教会不能给他温暖的话，他自然会去其他地方寻找。十年当中，教堂是被孤立的教堂，我这个神父自然也是被孤立的人。一般来说，各堂点神父每年都应该聚集在一起做禁闭，探讨一下神学理论和经验，分享一下各自的见闻。这是一种很好的增强和恢复信心的方法。但由于我们这个教堂不属于任何一个教区，所以十年来我从没有参与过一次这样的活动。有几次，我给北京主教堂打电话反映情况，主动要求去学习，看看能不能再派一个神父过来。但他们都没同意，说派过来的神父不懂藏语，没法跟教友交流。就这样，我慢慢有点心灰意冷了，就发生了这个事情（娶妻生子）。这不能说是天主的安排，但至少是天主在我最不适合当神父的时候给我找到了得以安慰的地方。我从来不感到后悔，我把自己最好的时间和精力都奉献给了这个教会。有些人说，你看这个神父耐不住寂寞什么的。我想说神父也是人，也需要爱，也需要不断地成长，而这恰恰正是我们这个堂点最缺乏的。"①

可能事情过去的时间久了，鲁仁弟在给笔者讲述他的这段往事的时候并没有显得特别拘束，而是一脸轻松。但从他的话语中，我们能够深刻地感受到组织断层给这个教堂、这里的神父和教友带来的重重困难和考验。

然而，据笔者实地观察，大理教区与其所辖各堂点之间的关系也并非鲁仁弟渴望的那么紧密、有用，甚至还存在一定的矛盾和对抗。有教友告诉笔者，大理教区曾经规定所辖各堂点要按教友人数每人每月上缴一元的份子钱，但教友却一致认为大理主教区并没有给当地教堂的发展带来多大帮助，反而还要搞摊派，遂采取装糊涂的方式，不闻不问，此事也就不了了之。在教友看来，大理教区既尖酸又刻薄。时至今日，个别教友仍然对几年前姚神父因伤住院而大理主教区无任何表示的事情耿耿于怀。

---

① 访谈对象：鲁仁弟。地点：鲁仁弟家中客厅。时间：2014年8月10日。

缘于堂点与主教区之间的弱连带关系，在省"两会"（天主教爱国会和天主教教会委员会）的积极协调与努力配合下，若干县市也设立了相应的"两会"组织，作为自我管理的一种民主组织形式。比如，2000年贡山县天主教"两会"就正式挂牌成立。目前，贡山县"两会"有常委五名，其中主席一人、副主席一人、秘书长一人。他们都是从下辖各教堂的代表中选举产生，每届任期五年。贡山县天主教"两会"未下设任何事工部门，其运营资金来源主要有四个渠道：一是教友的奉献，二是神父做弥撒后奉献的一部分酬金，三是国外教友的捐款，四是外省教友的捐助。募集的资金除了一部分用于"两会"的日常运营，其他则用于基层堂点的修缮、助学、贫困家庭的帮扶与医疗救助。目前，贡山县天主教"两会"主要通过手机实现与基层堂点的日常沟通。但每逢重要事情，"两会"则会召集全体委员开会，集体做出决议，决议内容再以文件形式下发至各堂点。天主教"两会"在一定程度上对进一步贯彻和落实党的宗教信仰自由政策，引导各堂点宗教生活正常化起到了积极、稳定的作用。但其实，据笔者了解，基层堂点与"两会"的关系如同与主教区的关系一样，也并不如想象中的那么紧密。各基层堂点的自主性非常大，可以说每个堂点就是一个自治性很强的宗教共同体。

在这个自治性很强的共同体中，神父是当仁不让的主要负责人，尤其是在维持教友的信仰方面，他更有着不可推卸的责任和义务。然而，"文化大革命"所造成的信仰断层，使得还处于恢复发展中的各堂点长期处于缺乏神职人员的窘境。组织架构的半瘫痪状态，与当时激增的信仰需求之间形成了尖锐的对立。在施光荣的自述中，他曾经回忆过这段辛酸岁月。

1984年我被邀请去了一次德钦县茨中村，本想只去几天就回家过年，结果一家才住一天，就有另外几家来接，在一个村，另一个村就来联系，一直住了几个月，教友们希望我成为神父给他们牧灵。……当得到神品时已近古稀之年，感到力不从心。可是每当看到教徒们期待的目光时我就有了力量，每年都得在各县教区走一趟。教徒临终时硬要我到场，这种情况下，病人家属就雇车连夜兼程，远道而来接我，我就得不管白天黑夜，连日下雨下雪都要赶去。就这样各县都去过。有一次茨中一个老教友家开来一辆小四轮拖拉机，说老人病危定要见神父傅临终。我生着病，山上堆雪江边大雨，我的份内工作我坚持要去，侄儿子只好用塑料薄膜做了个车篷，用自行车外胎拴了一个坐垫，两个教友抱着我，一个脱下自己的绵羊皮褂垫给我。侄儿子见他只一件单衣受不了，拿了自己的棉衣给那个信徒，他说无法送还，侄儿子说"你不要谁困难送给谁"，这个信徒才穿上。①

即使是今天，这一窘况也并未得到根本性的扭转。以盐井天主教堂为例，自从鲁仁弟违背戒律结婚生子之后，就再也没有过长期驻守的神父。有时候，为了满足当地教友的信仰需求，茨中本堂神父姚飞还要颠簸好几个小时到那里为教友们办告解、做弥撒。也正是由于长期缺乏神父的缘故，鲁仁弟这个教会会长又无奈地被推到类似于神父的角色，必要时可行洗礼、办告解、做临终圣事。此种神父—会长角色模糊的情况并不为盐井教堂所独有。该区曲折难行的交通条件更加剧了这一趋势，也让会长的角色一直延续至今，且变得日益重要。郭丽娜和陈静曾以川西天主教会为例，对教会会长的角色做过一番论述。

> 会长则由社区内的天主教徒共同推选，由于四川教徒多属同宗或同姓聚居，尤其是那些世代奉教的社区，推选出来的定点传道员（即会长）往往是"家族中的年长者"，因而会长的角色具有教会权力结构与中国宗法社会相结合的特色，能对社区内的教徒产生更大的钳制影响力，在教徒社区的管理中发挥极其重要的作用。神父不在时，各教徒社区的管理工作就落在会长身上。会长根据传道员守则，洁身自好，秉承神父旨意，利用自己在宗族中的威信，讲解教理，维系教徒，主持社区日常宗教生活，督促教徒听取教理宣讲、做忏悔、行告解和临终圣事，时刻密切注意教徒的动向，调节教徒群体的内部矛盾，解决社区一切事务。②

会长之职一如既往地由教友公推，可连选连任。茨中天主教友吴公底曾给笔者畅谈过他当上会长的经过："咱们教会是1983年归还的。当时的

---

① 施光荣口述、施学群整理：《施光荣自述》，见中国人民政治协商会议云南省维西傈僳自治县委员会文史资料委员会编《维西文史资料》（第5辑），2000年，第196~197页。
② 郭丽娜、陈静：《论清代中叶巴黎外方传教会对四川天主教徒的管理和改造》，载《宗教学研究》2008年第1期，第117页。

老会长一直都很看好我，就着重培养我，让我随他搞一些关于记账什么的事务。说实话，当时我还真不愿意去干。但母亲告诉我，这是天主的恩赐，不但要干，而且还要干好。1991年老会长去世，1992年教堂里的所有大小事务就全部推到我头上了。去年（2013年）重新选举的时候，我说我年纪有点大了，耳朵也有点不行了，想退下来休息一下，但参加投票的75户代表还是有72户投了我。没办法，不做也不行，也就一直坚持到现在。"①

与吴公底颇有自我赞扬的口吻不同，笔者在跟其他教友交谈时，大部分人都表达了对他的不满，说他这个人"精明""不吃亏"。

既然吴公底有些不受教友待见，那他为什么还能稳坐会长位置到今天呢？经笔者观察，原因可能有二。一是个人性格。凡是跟吴公底打过交道的人或许都有这样的体会，此人能说会道，与政府人员关系不错。二是家庭背景。吴公底的家势在茨中虽算不上顶尖，但也绝对属于上层。美国社会学家加尔布雷思认为，人格、财产和组织是权力的三个最主要来源。其中，人格包括个人的体格特征、思维、语言、行动和道德信仰；财产和财富主要是当事人提供必要的金钱以购买别人的服从；而组织则是个人背后的运作团队。②

除正、副会长外，会计和财务长也是教堂事务管理中两个比较重要的职位。会计主要负责教友的奉献并登记造册，在固定时间内（一般为一个季度）还要把教堂收入如数上交到财务长手中保管，平时支出则由会计与财务长统一协调分配。在茨中天主教堂，财务收支每半年都公开一次，用红纸誊写并张贴于大门口，由全体教友随时进行监督。在田野调查时，在茨中教堂门口的墙上，笔者甚至还发现了2011年的支出明细账目，丝毫未损。吴公底对笔者说："《圣经》有个规定，教友有奉献教会的义务。咱们这个教会是这样，这个星期念平安经，下个星期就念亡者经，轮流交替。有需要的教友就前来求经，同时给教会奉献。二三十年前，因为大家都比较穷，给教会的奉献一般都是五角，捐一分的也有；现在生活好了，闲钱多了，至少都是五块、十块。这一点，在咱们教会搞得很好。每次周日礼拜上，会计都会把当天求经的人及奉献金额当堂公布；一个月或者一

---

① 访谈对象：吴公底。地点：吴公底家中客厅。时间：2014年5月25日。
② 参见［美］约翰·肯尼思·加尔布雷思著《权力的分析》，陶远华、苏世军译，河北人民出版社1988年版，第5页。

个季度之后，他就将教友奉献的全部金额转送给保管员，两人互相签名；财务收支每半年要总结一次，收入多少、支出多少、奉献箱里还剩多少，都会张榜出来。"①

教务工作的顺利进行还有赖下设的各小组，如圣歌组、祭坛组、卫生组及礼仪组的密切配合。以茨中教堂为例，其圣歌组组长由肖杰一担任，主要负责每天的选歌和领唱；祭坛组固定两名男性成员，核心工作是协助神父完成弥撒仪式；教堂卫生原来由教友轮流值日，义务劳动，但因打扫多有应付，很不彻底，便每月支出50元钱交给固定教友承包下来；礼仪组的工作多由神父兼任，主要负责安排每日读经、信友祷词等工作。此外，为响应和落实党的宗教信仰自由政策和民主管理理念，各堂点都进行了必要的民主探索，成立了由以上核心人员组成的寺庙民主管理委员会（以下简称"寺管会"）。寺管会成员实行任期制，每届3年至5年，可以连选连任。作为教友自我管理、自我教育、自我服务的群众性自治组织，寺管会实行民主选举、民主管理和民主监督，实现了新形势下与社会主义的同轨道发展。

不难看出，该区的宗教组织不仅具有魅力型与传统型组织的一切重要特点，而且还是一个集决策、管理、技术于一体的合理、合法化的科层制组织，而这也是其能够长久高效运转并且行使世俗权力的基础。

第二节　私力救济与纠纷调解

"私力救济"是与"公力救济"相对的一个学术概念。所谓公力救济，是指当权利人的权利受到侵害时，请求国家机关用国家公权力来实施救济的一种手段；与之相对，私力救济则是"通过私人之间、共同体内部和其他民间力量实现个人权利、解决权益纷争的非正式机制"②。两者的最大区别在于，公力救济以公权力为基础，而私力救济则非常强调救济主体"私"的属性，即民间性。私力救济与人类社会相伴而生，在国家和法院出现前，人们完全依靠私力救济的方式解决纠纷；即使在依法治国的当

---

① 访谈对象：吴公底。地点：吴公底家中客厅。时间：2014年5月25日。
② 范愉：《私力救济考》，载《江苏社会科学》2007年第6期，第86页。

下，私力救济仍旧有巨大的市场。2011年，四川民族学院政法系进行了"藏族聚居区习惯法田野调查"，数据显示：藏族聚居区民间80%以上的纠纷并未进入基层司法程序，早在发生时就由藏族聚居区民间以传统的方式解决了。进入基层司法程序的案件，90%以上的案件在权力缺席的基层法院的默许下由双方当事人以民间传统的规则，通过协商的形式解决了，只剩下10%的案件会依据法律进行判决。[1] 而这还仅仅是在大规模送法下乡后的今天统计的数据。不难想象在民主改革前的藏族聚居区，私力救济有多么强大的生命力。而由于宗教信仰的缘故，宗教组织和宗教权威又充当了民间私权利的绝对代表。

一、权力基础

矛盾和纠纷无处不在，无时不有。在对矛盾、纠纷进行排解和消除时，该区民众多倾向于向宗教组织或宗教权威寻求帮助。很明显，这与他们虔诚的宗教信仰是密不可分的。在田野调查期间，笔者结识了一位云游的活佛——丹增志美。从其日记中的只言片语我们即能真切体会到藏传佛教之于信众的影响："老活佛的圆寂让前来参加极乐法会的人们很悲痛，现在他们生命唯一的希望就是需要有一位带领他们走向解脱的仁波切，让他们生、老、病、死有所依怙，其他对他们来说都可以放弃。所以他们不想再失去我，希望我能长寿吉祥并保佑着他们。我的内心被他们的虔诚震撼了，我哭了！难以克制地哭了！看到黑压压的这些山民们，他们穿得确实很脏，山谷里的生活条件也差，几乎家家都很贫困，但他们的内心却是那样的干净和朴实！我从来都认为自己只是一个普通的修行人，也不知道未来是否能真正地给他们带来光明。从他们期盼和坚定的眼神中能感觉到他们对我的信任。我想这一定是我们过去一生中，共同在这块土地上行持佛法的殊胜功德……我怀着沉重的心情，默默地在三宝处为他们祈愿：以我过去生所积累的所有福德都回向给他们，愿以他们无染的虔诚心来供养一切诸佛，加持他们生生世世都能行走在解脱道上，直至真的无上菩提。"[2]

涂尔干曾经指出，"人类的私欲只能在他们所尊重的道德力量面前有

---

[1] 转引自安静《论我国藏区民间纠纷私力救济》，载《法学杂志》2012年第12期，第79页。
[2] 来源于丹增志美的手机日志，在此向他表示感谢。

所收敛"①。无疑,宗教组织及其代言人——宗教权威是最佳的道德力量的化身。在这里,寺庙喇嘛受到了极高的尊崇,尤其是活佛,更被人们当作神一样供奉。

> 活佛送的"松口"(布条)念过经,为一般人喜悦佩戴,说是可以消灾去难……甚至屎尿也值钱,有人运动当事喇嘛,以图到手,吃后说是可以医病免灾。凡是活佛在寺院静室里,僧俗都伸舌头跪拜,请活佛摸顶,要是在途中,远远地见了佛驾到临,大家都下马脱帽,恭立道旁迎驾,佛爷过处,把马鞭在他们头上一挥,各人心里都默认那是一种福自佛申,幸运极了,若有佛爷到家,或是请来了活佛,都尽力尽量供养,出的献的愈多愈表示豪华富足,有因缘,有运气,活佛吩咐的话,当命令一样服从,尽力量去做。②

按照韦伯的权威类型划分,宗教权威是典型的"卡利斯玛"式的人物。人们之所以唯他们马首是瞻,并不只是因为他们身上存在着某种"神秘"的力量,更在于他们是道德的化身、公正的代表。亚当·斯密说过:"宗教加强了天生的责任感,因此,对于那些似乎深受宗教思想影响的人,人们总是会愿意相信他们是很诚实正直的。"③有调查数据显示,藏族聚居区民众之所以选择高僧大德来处理纠纷,正是因为他们(85%的人们)普遍信任高僧喇嘛的公正。④

除信仰层面的因素外,宗教背后所蕴藏的政治权力也是它能够得以顺利实施私力救济的重要原因,甚至在一定条件下还起着决定性的作用。自人类社会形成至今,宗教与政治就一直是紧密相连而密不可分的。在人类社会的早期,神职人员既是宗教领袖,又是生活中的实际领导者。后来,随着社会的发展和职能的分化,宗教领袖和政治领导人也不再合二为一。但他们在利益关系上却是统一的,一方面宗教需要政治的庇护,另一方面政权也需要宗教的支持与承认。这种密切关系的最极端形式,即所谓的

---

① [法]埃米尔·涂尔干著:《社会分工论》,渠东译,生活·读书·新知三联书店出版社2000年版,第15页。
② 夺节:《寺院与喇嘛生活》,载《康导月刊》1945年第6卷第2~4期,第24页。
③ 转引自[英]亚当·斯密:《道德情操论》,王秀莉等译,上海三联书店2008年版,第176~177页。
④ 转引自安静《论我国藏区民间纠纷私力救济》,载《法学杂志》2012年第12期,第79页。

"政教合一"。民主改革前,该区是典型的"政教合一"型社会,寺庙虽然名义上不在政权机构之列,但它们是精神上的统治者。各土司为了维持自己在辖区内的统治,又极力想得到喇嘛寺的支持,所以土司的孩子或亲属又常常是寺院活佛的候选人,或者到喇嘛寺里担任重要的职位。例如,维西县塔城来远寺的创建与茁壮发展,就与王氏土司家族有着极为深厚的渊源,已故王治(云滇)、王浩(确扎)活佛即为王家的亲兄弟;又如,德钦县奔子栏村的原末代石义土司王庆澜的弟弟就是东竹林寺的石义活佛;再如,迪庆州原副州长汪学鼎曾是中甸地区的一大政治势力,不但他自己是松赞林寺的喇嘛,而且他的侄子汪曲批也是松赞林寺的重要成员,甚至他还把自己的孙侄子(汪曲批的儿子)定为当时松赞林寺的活佛继承人。此外,"喇嘛寺有钱有人,枪支马匹,亦随之扩张,最小的喇嘛寺有枪百余支,大者有数百支以上"①,喇嘛无事念经,有事骑马作战,俨然一军事集团。如民国时期的松赞林寺就有大小枪支500余支,并编有大寺僧团,"由寺中足智多谋之喇嘛统率之,纪律森严,实力雄厚。不但全县赖以保障,即中甸县府亦以投其腋下得存在"②,也难怪会出现"县政施行,非经喇嘛寺合意,诸多阻碍,一切设施,均需汉官屈驾至喇嘛寺会商解决,甚至有等文告,尚需喇嘛寺签署,始发生效力,为番人所信服"③的奇异状况。谭锡畴于民国年间游历西康,在理化县时他曾致函该县县长,请求派人保护他,最终却因县衙无枪被拒,而令人吃惊的是当时的理化喇嘛寺内则藏枪四五百支。④ 所以,拥有这样深厚力量的喇嘛寺,虽然表面不参与政权,实际上是在幕后策动政治,是左右政治很有力的一个成分,一切都要通过它。⑤ 与藏传佛教一样,天主教在初传至该区时也与政治形成互为表里的关系。传教士在西方殖民主义的大背景下来华传教,他们在种族认同、国家认同以及文化认同上,跟那些来华征服、掠夺和牟利的西方人并无二致。⑥ 当时的来华传教团,几乎每一个的背后都有殖民帝

---

① 夺节:《寺院与喇嘛生活》,载《康导月刊》1945年第6卷第2~4期,第24页。
② 刘曼卿:《国民政府女密使赴藏纪实——原名康藏轺征》,民族出版社1998年版,第146页。
③ 夺节:《寺院与喇嘛生活》,载《康导月刊》1945年第6卷第2~4期,第24页。
④ 参见谭锡畴《西康地理调查述略》,载《师大月刊》1932年第3期,第155页。
⑤ 参见彭建全《中甸县解放前的政治、经济情况》,见中国人民政治协商会议迪庆藏族自治州委员会文史资料研究委员会编《迪庆州文史资料选辑》(第3辑),1990年,第121页。
⑥ 参见摩罗《中国的疼痛——国民性批判与文化政治学困境》,复旦大学出版社2011年版,第74页。

国作为后盾；同时作为利益的交换，传教士在一定程度上也扮演着殖民尖兵的角色，不但为其后台搜罗情报，甚至还为其侵略战争出谋划策。梁启超就曾说过，西方列强所施于中国者，以殖民攻略为大本营，以传教攻略为侦察队。① 有殖民帝国在身后撑腰，不管是积弱多病的清王朝还是后来的国民政府，都在一定程度上充当了西方传教会的保护伞。

此外，该区的宗教权威尤其是寺庙喇嘛还长期垄断教育，成为平民眼中的"智多星"和"万能博士"，所以民间遇到不可知的事，僧众自然而然便成为最理想的求助对象。不难看出，正是这种由内及外，从信仰、知识到枪支的全副武装，构成了宗教实施私力救济的权力基础。

二、诉讼：规范的私力救济

民主改革前的喇嘛寺一般都设有法庭，"寺内有刑具有禁闭室，俨为官衙"，"民间诉讼，均可由喇嘛寺管理"②。案件一经受理，即下令传人审讯，有时案件无人告发，喇嘛寺即自行提起公诉，并不准他人调解，否则调解之人并罚之。犯人传齐，由喇嘛寺之执事喇嘛审讯，一次不明，可审两次、三次。民事犯可坐地问答，刑事则须跪禀，并戴刑具。判决时，原被告人，均须罚款，但无标准，大致以受罚者家计而定。有判决书及判牌，判牌一挂，即成定案，无可上诉，故案皆速了速结，纵有冤枉，亦不敢不服。③

改土归流后，中央王朝虽在此相继设置了各流官衙门和法院，但"大都门可罗雀，无人告状。要告状者，咸往土司头人或喇嘛寺而去"④。据当地老人讲述，有些经由府县衙署提审的案件，在议结之后当事人仍要去寺院重新确认权责关系。道光四年（1824年），中甸益松、纳帕和打日觉属卡之间曾发生过一次较大规模的山场纠纷。双方各述其理，你来我往，互不相让。起初，该案被送往县衙受理，但"由于汉藏民族有别，说的和听的不同，加上翻译不同和其他坏因素"⑤，最终还是交到松赞林寺的吹

---

① 参见梁启超《论民族竞争之大势》，见《梁启超全集》（第4卷），北京出版社1999年版，第895页。
② 梁瓯第：《西康喇嘛寺的教育》，载《贵州教育》1930年第2卷第3期，第10页。
③ 参见李中定《康区的习惯法》，载《边疆通讯》1943年第1卷第1期，第6页。
④ 李中定：《康区的习惯法》，载《边疆通讯》1943年第1卷第1期，第3页。
⑤ 杨学光主编、香格里拉县林业局编：《香格里拉县林业志》，云南民族出版社2006年版，第247页。

云会议，由它做出相应的判决。

由喇嘛寺参与审理的案件，其间虽多有欺压百姓，作奸犯科的种种劣迹，但它毕竟在实践层面上设置了诉讼中心，且多依西番"不成文风习，平民各能乐从"①，在一定程度上起到了化解矛盾的功能。正如有学者所反思的，"以地方无驻军，秩序不得不赖以维持，纵有贤吏，以无武力之故，亦不能行使职权，因之人民不立政府而立喇嘛寺，盖喇嘛寺方切合其实际需要也"②。

三、说事：准规范的私力救济

说事，即调解（又称"讲事""说理"等），它是在第三方的协助下，以当事人自主协商为主的纠纷解决办法。缘于宗教信仰的关系，宗教权威往往成为说事的主体，即所谓的"和事佬"。

> 古宗（藏族）……强悍难治，纠众互斗，喇嘛排解乃散。③
>
> 虽土司亦无如之何，必得喇嘛从中劝和……④
>
> 其性强悍，偏执而能制，稍不如意，则纠党互斗，喇嘛排解之乃散。⑤
>
> 奉其教者数百家，遇有地方事宜，皆弗听其汉官，就教堂评判了之。⑥
>
> 凡教民之婚丧词讼，均由教中神甫或主教，为之主持处理，体恤庇护，无微不至。故教民有事，率多诉于主教或神甫。⑦

前文已有提及，该区是典型的物质稀缺型社会，尤其是对于牧场这种

---

① 参见梁瓯第《西康喇嘛寺的教育》，载《贵州教育》1930年第2卷第3期，第10页。
② 贺觉非：《理化喇嘛寺之面面观》，载《新西康》1938年第1期，第14页。
③ [清] 檀萃辑：《滇海虞衡志校注》，宋文熙、李东平校注，云南人民出版社1990年版，第339页。
④ [清] 钱召棠纂辑：《巴塘志略》，见中国西南文献丛书编委会编《中国西南文献丛书》（第1辑），兰州大学出版社2003年版，第370页。
⑤ 国家民委《民族问题五种丛书》编辑委员会、《中国民族问题资料·档案集成》编辑委员会编：《中国民族问题资料·档案集成》（第5辑） 中国少数民族社会历史调查资料丛刊（第98卷）：〈民族问题五种丛书〉及其档案汇编，中央民族大学出版社2005年版，第432页。
⑥ [清] 刘赞廷：《九龙县图志：附木里》，民族文化宫图书馆1960年油印本，第12页。
⑦ 杨仲华：《西康纪要》，商务印书馆1937年版，第280页。

公共性意味较浓的天然资源,最容易引起村民纠纷。据统计,藏族聚居区一审民事案件中有近60%的案件都是由草场引发的为争夺生存空间而产生的纠纷。① 整个藏族聚居区一直流传着这样一则故事:有两个部落经常为草场边界划分不清楚而产生纷争,双方都为此付出了沉痛的代价。直到有一天,十世班禅行至此处,他躺在草地上,以自己的身体为界,分别向左右划分开来,这样争夺了十几年的草场纠纷就此化解。有关活佛、喇嘛介入草场纠纷的案例在甘青藏族聚居区为最多,因为那一带的藏族群众主要从事放牧,生计模式较为单一,也就更为看重草场的资源价值。相比之下,本书所考察的区域由于生计模式的多样性,草场纠纷不似甘青藏族聚居区那么频繁和激烈。但即便如此,它仍然是村民产生矛盾和纠纷的重要源头之一。在田野访谈时,笔者曾就这一问题请教过玉珠顶寺佛学院院长。

问:周边村民出现纠纷后,一般如何解决?

答:如果产生矛盾,尤其是像草场纠纷这种会影响家庭收入的事情,他们会主动来寺庙找我们解决。你也看到了,这四周山上基本上都是草场,很多家庭就依靠这个维持生活。这不,去年就发生过一件,就是由我和其他几位喇嘛解决的。直到现在,也没有出现新的矛盾。

问:人们为什么选择来寺庙解决?

答:在这个地方,山高路远,找政府比较麻烦。最重要的是他们相信我们。当然,我们也会很公正地给他们做出裁决。②

除草场纠纷类的经济案件外,宗教权威有时也参与到政治隔阂的调解中去。小到打架斗殴,中至村落械斗,大到区域战争,都能看到宗教权威介入的身影。新中国成立前,该区土司林立,为了各自的利益,他们之间结怨结仇,相互残杀。在协调土司间的利益纠纷中,活佛或高僧大德往往会成为主要的求助对象。譬如民国时期,德钦地面上的禾、吉、桑、赵等几家土司为一己私利,曾在很长一段时间内相互倾轧残杀,致使社会动荡

---

① 转引自安静《论我国藏区民间纠纷私力救济》,载《法学杂志》2012年第12期,第83页。
② 访谈对象:玉珠顶寺佛学院院长。地点:佛学院门前。时间:2014年6月22日。

不安，人民的生命财产也蒙受了巨大的损失。当时，国民党德钦设治局为彻底解决这几家的矛盾，便邀约德钦寺和红坡寺的喇嘛组成了一个调解组，由他们出面召集几家土司的主事人共同协商交涉。自此，德钦的局势和社会治安才稍微缓和了一段时间。①

有时候，甚至比土司之间"打冤家"规模更大的区域性战争，也有宗教权威参与其间。例如，美国传教士阿尔伯特·史德文在1918—1919年的康藏纠纷中就积极游说两方，不但促成了边军驻巴塘分统刘赞廷与藏方营官色新巴于江卡议和，而且又亲赴昌都治疗汉藏伤兵，为弥合康藏关系，避免康藏边区发生大规模战事起到了无与伦比的作用。② 在这里，传教士之所以能介入政治调解，神性身份要淡化很多，主要在于他们所依仗的政治权势。也正是在此基础上，传教会成了当时流浪人群的庇护所。③ 陶云逵在《俅江纪程》中曾写道："茨中……此村居民有四十家，多为古宗，次为傈僳、怒子、汉人及其混合。……本村信教者有三分之二，因信教，政府官吏不敢来向他们取税……"④ 对此，肖杰一老人有亲身体会："那个时候（指民国时期）乱得很，国民党为了打赢战争，不断拉壮丁充军，当时因为这个，很多人都逃出家来四处流浪。出逃后，他们也是东躲西藏，吃的、喝的都没有着落，于是就有很多人来投靠我们（教会）。记得我还在花落坝小修院读书的时候，有一姓徐的人家逃过来，杜忠贤神父收留了他们。基层保甲长闻知此事后，就带了十几个人来问杜神父要人。那天正好是周日，我们都在做弥撒。杜神父见有人闯进院子，便吩咐大家带着武器藏起来，以防万一。还没等保甲长一行人进屋，学生30多人呼啦一下就把他们全部包围起来，并用弩弓对准他们。当时，施光荣（神父）比我大一级，杜神父让他赶紧写了一份证明报告，拿到维西县城，让政府部门给教会作证，证明徐家几口人是教会中人。20分钟后，盖过章的证明材料就拿了回来。保甲长见状，吓得脸色苍白，连忙道歉，并灰溜

---

① 参见吉如松《我的历史回顾》，见中国人民政治协商会议迪庆藏族自治州委员会文史资料委员会编《迪庆州文史资料选辑》（第5辑），1994年，第109页。

② 参见赵艾东《美国传教士史德文在1917—1918年康藏纠纷中的活动与角色》，载《西藏研究》2008年第6期，第71～79页。

③ 参见震声《外国教会与云南西南边疆之政教》，载《边事研究》1937年第6卷第4期，第29页。

④ 转引自刘鼎寅、韩军学《云南天主教史》，云南大学出版社2005年版，第242页。

溜地逃走了。"①

  相较于政治、经济案件，宗教权威在协调村民日常生活琐事方面的作用更为突出，尤其是在经历了民主改革，宗教组织和宗教权威逐渐丧失了传统的政治特权后，这种倾向就更趋明显。笔者于2013年年初下田野调查，在盐井天主教堂第一次见到鲁仁弟。他给笔者讲述了一起由他参与调解的村民纠纷："发生矛盾的两家还是亲家的关系，平时就经常因为婆媳不和相互生气。去年（2012年），婆婆去世了。婆婆生前脖子上戴有藏族人一般都会佩戴的一串玉石念珠，婆家一方说要用这串珠子陪葬，而媳妇反对。就因为这，等把婆婆下葬后，婆家人开始怀疑媳妇是不是把这串念珠从棺材里面偷偷拿出来了。双方因此事闹得不可开交，差点上法庭。每次到教堂做礼拜，双方也是横眉冷对，有一次甚至在教堂门口大声争吵起来。我上去劝阻，竟被他们推到一边。越是困难，我就越觉得这是主在考验我，考验我们的教徒。于是，我决定用教义去感化他们，说服他们。我带了一些很有威望的老教友不厌其烦地对他们进行说教，问他们愿不愿意到教堂里当着上帝的面化干戈为玉帛，解决问题。尤其是对那位媳妇的丈夫，我做的思想工作最大。他原来是一个特别能吃苦、特别能干的人，自从家里出了这件事后，他意志消沉，整宿整宿地打麻将。我告诉他，作为一家之主应该有个一家之主的样子，出了事情也应该站出来积极地寻求解决的办法，有所担当。最终，双方来到教堂，跪在上帝面前做了自我检讨，尤其是这个丈夫，更是痛哭流涕。就这样，在神的感化下，他们又和好如初。"②

  2014年，笔者再次见到鲁仁弟。他又给笔者讲述了另外一起案件："今年春节大年初一晚上，有两个青年教友因为喝了点酒，打了架，一个人向另外一个人捅了刀子，虽然不是很严重，但也流了很多血。第二天，捅了刀子的那家人主动让我去调解。我首先到被捅刀子的那一家去做工作。刚开始，他们一家人都不同意和解，尤其是那个挨刀子的青年小伙子，说什么都不行，一心想要报复。后来，经过两个多小时的劝说才慢慢有了转机。当时，捅刀子的那个人已经被派出所拘留，我就又赶过去给他做思想工作，让他先去低个头，认个错，他也满口答应了。其实，这两个

---

① 访谈对象：肖杰一。地点：茨中天主教堂。时间：2014年7月13日。
② 访谈对象：鲁仁弟。地点：鲁仁弟家中客厅。时间：2013年10月28日。

青年小伙子平时还是最要好的哥们，只不过喝酒后说了过头的话。这样一道歉，被捅刀子的那家人也原谅了他，甚至连赔偿金都没有要。感谢天主，教友看得起我，是给我面子，给天主面子。"①

日本学者棚濑孝雄将调解划分为判断型调解、交涉型调解、教化型调解和治疗型调解四种类型。判断型调解是把发现法律上是正确的解决方法作为调解应该贯彻的第一目标，主张在节约费用、提高效率的前提下尽量实现在审判中得到解决；交涉型调解是把双方谈判及讨价还价的过程作为获得合意以解决纠纷的基本框架，以促进及保证这样的交涉更有效率地进行为目的的调解类型；教化型调解是在人们之间有密切关系的共同体里，由具有一般价值和道德权威的调解人对当事者进行教化为主要手段来解决问题；治疗型调解视纠纷为人际关系的一种病理现象，试图通过广义的人际关系调整方式来治疗病变，使其恢复正常。② 以此观之，藏族聚居区的"说事"机制较为契合棚濑孝雄笔下的交涉型调解与教化型调解的合体——宗教权威斡旋其中，不但要照顾到双方当事人的意见，而且还不时穿插着宗教教条的规训。布迪厄曾经指出，语言交流是权力施展的重要载体，尤其是当所涉及的行动者在相关资本的分配中占据着不对称的位置时，情况更是如此。③ 既然是说事，语言说教必定是其最主要的协调手段。对纠纷当事人来说，充当调解一方的宗教权威不但是道德的化身，更是传统权威和政治精英，以语言说和为主要调解手段的过程本就是一次精彩的隐性权力的展演，所以他们对纠纷的解决往往迅速而有力，可以称得上"恪遵无违"四个字的客观评判。

四、私设公堂：失范的私力救济

绝对的权力必然导致权力的绝对滥用。民主改革前的藏传佛教寺庙素有"国中之国"的称谓，多私设公堂和监狱，对下辖的下层喇嘛和人民实施最严格的人身控制。"当时的喇嘛寺，确曾拥有无上威权，其骄傲跋扈

---

① 访谈对象：鲁仁弟。地点：鲁仁弟家中客厅。时间：2014年8月10日。
② 参见［日］棚濑孝雄著《纠纷的解决与审判制度》，王亚新译，中国政法大学出版社2002年版，第54～69页。
③ 参见［法］皮埃尔·布迪厄、［美］华康德著《实践与反思：反思社会学导引》，李猛、李康译，中央编译出版社2004年版，第192～193页。

的气焰,确实令人可畏。"① "喇嘛寺作威作福,行政司法,滥加干涉,夫妻口角,亦有被'传号'绑在马桩挨打罚钱之可能,其他更无论矣。"② 黄举安在《云南德钦设治局社会调查报告》中,曾对德钦寺飞扬跋扈的行为有过零星记载:

> 据一位老年人告诉我说,当他初到德钦时,喇嘛寺中可以私设法庭,接理民刑诉讼。关于婚姻案件,他们也要办理。据这位老人说,在三十多年以前,他曾见过一个犯人被牛皮包裹后仅将头部露出,放在烈日中晒着,事隔两日那位犯人终于被寺僧抛入江心(澜沧江)。……
>
> 德钦寺中的武力目前不雄厚,据说仅有私枪十多支,因此僧人们也不敢多事。……而他们的凶横气焰仍是嚣张,听说一个月以前有一个康属未成年的孩子,劫去寺中什物,后来被僧众将孩子鼻尖割掉赶走。又因一个喇嘛私家用的砍柴工人,为桃色案而被其妻弟杀在寺中,僧众恼怒,除向政府报案外,亲自携带武器赶到阿东乱枪将其凶犯杀于途中。旋经县府提讯,而喇嘛代表以五块"敦市洋"(约合二十六个现金)了结两条命案。在法庭上犹口口声声说政府离不开喇嘛寺……③

与喇嘛寺一样,该区的西方传教会也凭借其背后的殖民势力在当地作威作福,横行霸道。肖杰一老人虽在教会长大,终身沐浴神恩,但每每提及父亲被神父暴打、全家被驱赶的经历,都颇为激动:"那时候的教会是很厉害的,有钱有权,连政府都不敢轻易得罪他们。当时,大多数的传教士还是可以的,不过也有一些品质不好的人。比如安德烈神父,他在第二次普法战争的时候曾回国服役,当过军官,所以身上带有一点军阀的习气。应该是1949年的冬天,他指使我父亲按照他的要求在教堂院子里搞一个苗圃,可能因为搞出来的苗圃没有令他满意,便把我父亲压在身下暴

---

① 黄举安:《云南省德钦政治局社会调查报告》,见云南省德钦县志编纂委员会编《德钦县志》,云南民族出版社1997年版,第371页。
② 贺觉非:《理化喇嘛寺之面面观》,载《新西康》1938年第1期,第14页。
③ 黄举安:《云南省德钦政治局社会调查报告》,见云南省德钦县志编纂委员会编《德钦县志》,云南民族出版社1997年版,第371页。

打。安德烈神父人高马大，身强力壮，我父亲哪能吃得消？忍无可忍的时候，我父亲就一把薅掉了他下巴上的胡子。安神父很记仇，随后就把我们全家赶出了教堂。当时我们真的是无家可归，起先借住在村主任罗耀才的祖家，后来又搬到巴东一个乱石成堆的地方。我记得很清楚，由于没钱买盖房子用的木桩，我父亲就随便找了几根稍微粗一点的棍子做梁柱，上边盖一些树枝草皮，再糊上泥巴，而地板也只是把那些凸出来的石头捡一捡，稍微平整一下，凑合着过日子。那期间发生过一次轻微的地震，当我们全家跑出来的时候，房子就趴窝了。"①

也正因为拥有绝对的权力，寺庙和传教会又成了人们实现有意目的所要极力拉拢的对象，而这在民国时期土司之间因家族恩怨所进行的"打冤家"举动中反映得最为明显。赵正雄是民国时期德钦四十六伙头之赵伙头的后代。据他回忆，他们家崛起于其父亲一辈，且权力越来越大，甚至对吉家、禾家和桑家三大土司都构成了严重威胁。为打压赵家势力，三大土司联合起来与之抗衡，双方你来我往，械斗不断。其中，盐井岗达寺就曾多次借兵帮助赵家进行复仇。② 可以想象，在"政教合一"型的社会中，这种现象远非个案。即使在高强度送法下乡后的当下，由宗教组织或宗教权威直接参与的失范的私力救济仍然存在。如2009年7月，由于承担214国道盐井段整修工程的中交二公局六公司拖欠上盐井村农民工工资，鲁仁弟即带头用拖拉机、农用车包围了工程部，以此获得事情的解决。在这次失范的私力救济行动中，鲁仁弟宗教权威的身份起到了莫大的号召作用，而事情的解决又反过来再次强化了他的权威身份。

五、从神判到忏悔

民主改革前，无论是何种形式的私力救济，在遇到疑难案件无法解决时，并不行侦查手段，而多采用神判的方式来解决。所谓神判，是指在无法搜集犯罪证据或判明诉讼双方哪方理亏时，采用依靠神灵判别是非的方法。神判是世界上许多民族在现代法律制度确立之前流行过的古老的裁判方法，是民间习惯法的重要发展阶段。神判方式因民族不同而略有差异，但流行度最高的当属捞油锅和吃咒发誓。

---

① 访谈对象：肖杰一。地点：茨中天主教堂。时间：2014年7月13日。
② 参见赵正雄《回忆往事 倍感党恩》，见中国人民政治协商会议迪庆藏族自治州委员会文史资料委员会编《迪庆州文史资料选辑》（第5辑），1994年，第45～92页。

所谓捞油锅，即是把滚烫的油锅中物赤手抓起，尔后检验手势，如果没有受伤，就判为赢，确认他不是案犯，原告赔偿一定数量的财物；如果烧伤，判为输者，即使没有作案，也定为案犯，还要受到惩罚。关于该区的捞油锅仪式，《维西见闻录》有载："负约则延巫祝，置膏于釜，烈火熬沸，对誓置手膏内，不沃烂者为受诬。失物令巫卜其人，亦以此传明焉。"① 过去，如果独龙族某人丢失了粮食或者其他财物，并指控是某人所为，嫌疑人拒不承认，而原告又不肯罢休时，便会举行这种古老的神判仪式。先由嫌疑人提供一口大锅，在丢失东西的地方或者在失主家宅附近，烧火煮沸锅中的水并加入黄蜡和油类，并在锅里放一块石子，双方家族和全村寨的人都来见证。随后，原告和嫌疑人各对天神格蒙和山地诸鬼起誓，并迅速地从锅中取出石头扔在地上。其时，巫师在旁边念动咒语，大意是希望神明不要冤枉好人，但也不要放过坏人。最后，原被告双方向众人展示其手，烫伤者为输。②

相较于捞油锅的神判方法，吃咒发誓更为简单易行，也更为普遍。其具体做法是双方当事人在佛法僧及各种圣物前吃咒发誓，以证明自己的证词与事实相符，或表明自己清白无辜。由于虔诚的宗教信仰，该区百姓普遍相信冥冥之中存在着一位全能的神灵，他明了人世间所发生的一切。对作奸犯科者来说，想要免于神的惩罚是绝无可能的，即使他本人侥幸逃脱了惩罚，其子孙或者家族最终也会大祸临头。

清宣统元年（1909年），中甸的九村与乃日村曾因两村地界中间毛塔牧场的使用权问题发生过争执。毛塔牧场介于两村中间，按照双方过去的旧约规定，两村村民可一同在毛塔牧场收割水草，但牲畜不能赶到这里，只能在自己所独有的牧场上放牧。但宣统二年（1910年），乃日村却违背旧约，提出要到毛塔牧场放牧，这便引起了九村村民的严重不满，遂把乃日村告上了松赞林寺。松赞林寺要求双方向佛祖发誓，但乃日村民拒绝到场，仍霸占着毛塔牧场。九村所属的结底属卡无奈，只好请求汉族师爷写了诉状，投到县衙。

---

① 国家民委《民族问题五种丛书》编辑委员会、《中国民族问题资料·档案集成》编辑委员会编：《中国民族问题资料·档案集成（第5辑） 中国少数民族社会历史调查资料丛刊（第98卷）：〈民族问题五种丛书〉及其档案汇编》，中央民族大学出版社2005年版，第400页。

② 参见高发元主编《云南民族村寨调查》，云南大学出版社2001年版，第145～146页。

具邀恩续呈，小的葱公处、洛丹等冒叩天恩事。窃缘乃日村民霸夺小的牧场，去岁经控于大寺及交涉（觉厦）二处，奈乃日的村民一味蛮横，后大寺及交涉喇嘛断令乃日村民凭神只（吃）咒，饬该寺喇嘛泽茂，和尚二着和尚、鲁卡和尚作为凭神证，俗谓吃咒之人著有亏心，犯咒报于见证，此系夷情之夷礼也。该乃日村民心虚，不敢吃咒，仍行霸牧，是以小的村民不服，投奔天辕，申诉在案。惟有再叩仁天，饬令乃日村民，前赴大寺佛前吃咒，并令泽茂和尚、二着和尚、鲁卡和尚三人作吃咒见证。……小的甘愿遵依，永同牧放，若伊等不敢吃咒，显见伊等霸牧，民等不能令其越界牧放，为此具诉是实。

宣统二年六月　日
具诉呈小的　葱公处、葱洛丹①

透过以上内容不难看出，即使诉状呈上了县衙，但九村村民的最终目的并不是让官府对案件做一个是非曲直的判断，而只是希望官府给乃日村村民施加压力，让他们同意用传统吃咒的方式进行解决。对笃信因果报应的宗教信徒来说，吃咒发誓是一种严肃恳切的无罪表白，恶毒的咒语便是自己无罪的担保，不管事实上能否找到真正的犯罪者，光是兴师动众、发誓赌咒的紧张气氛，也足以让犯罪者感受到巨大的心理压力，同时让每一个村民接受一次特别的守法教育。② 可以说，在藏族群众心里，神灵就如同悬挂在他们头顶上的一把公正的尺子。正是由于相信神灵的存在，人们才努力规范自己的行为，使之不致触犯强大的神灵。不难看出，神判虽是一种非理性的纠纷调解方式，但它是对规范行为的一种有效鼓励。正如伊藤清司所认为的，神判之所以能够在历史中长期存在，源自它在很大程度上代表了社会公正，能够起到恢复和维持社会秩序的功能。③

依据破窗理论，如果社区中出现了轻微的扰乱公共秩序的现象而不加

---

① 转引自王恒杰《迪庆藏族社会史》，中国藏学出版社1995年版，第249～250页。
② 参见杨华双《嘉绒藏区习惯法中的司法制度》，载《西南民族大学学报》（人文社会科学版）2005年第4期，第73页。
③ 参见［日］伊藤清司著《巫术与习惯法》，白庚胜、高木立子译，见钟敬文主编《民间文化讲演集》，广西民族出版社1998年版，第234～247页。

以制止,那么其结果可能会导致更严重的社会紊乱。所以,宗教的私力救济不仅仅表现在事发后的审判和说教上,事发前的预防和事发伊始的及时制止也异常重要。在这一点上,宗教所独有的忏悔机制有着无可比拟的优势。俗话说,人无完人,孰能无过,过而能改,善莫大焉。《大涅槃经》云:"一个人若是作了罪恶,只要以后衷心忏悔,改过向善,就像是一盆浊水,以明矾沉入,就会变成澄净;这就像净月从乌云中出现,晶莹明澈,光辉朗照一般。"① 忏悔在基督教中被称为告解,是七圣事②之一。(见图4-1)所以,对宗教信徒来说,重点不在于犯错,而是对待错误的态度。如果你犯了错,就要去找神父办告解,去赎罪,而神父也正可借此机会把握信众动态,将潜在的矛盾扼杀在摇篮之中。

图4-1 求雨弥撒前的教友告解

笔者在茨中调研期间,曾听姚飞神父讲述过一件真实的案例:"忏悔和定改是分不开的,没有真心的定改,就没有真心的忏悔。比如自菇村,那里有很多核桃树,每逢核桃成熟的时候,就经常有教友去别人家的核桃

---

① 转引自刘俊哲、罗布江村《藏传佛教哲学思想资料辑要》,民族出版社2007年版,第276页。

② 七圣事包括洗礼、圣餐、坚振礼、婚配、告解、神品和终傅。

树下捡核桃。有一段时间，贡山那边来了一位神父，教友们纷纷去忏悔，说捡了别人家的核桃，自己有罪。可是没过几天，教友们再来忏悔，还是因为偷捡核桃的事情。为此，神父很生气。在一次周日礼拜上，神父很严肃地告诉所有教友说，你们每次忏悔，每次都没有改过，如果一件事情做错超过三次，就永远不要再来请求天主原谅了。自此之后，果然见效，风气好得很，再也没有发生过偷捡别人家核桃的事情了。"①

在美国历史学家杜兰看来，忏悔有很多好的效果：它能使忏悔者从萦系于内心并压迫其神经悔恨痛苦的忧思中求得解脱，也能使神父借着忠告警诫之方式改进教民身心之健康，甚至还能使罪人因有悔改之希望而得鼓舞。② 关于忏悔的社会功能，施光荣的一段回忆可以作为最好的脚注：

> 从那以后我就注意做好群众的稳定工作，用经书中的有关宽恕为人，克制私欲的教导引导信教群众，信教群众有不顺心的事，一般先向我诉说，我们有办告解的规定。信徒有想法和做错的地方每年要单独向神父说明至少一次，由神父给予解脱，我就能做好工作。这些年我牧灵的地区社会稳定，生产发展，群众生活有了显著改善……③

如若忏悔无望，"逐出教门"便成为当下宗教团体能开出的最严重罚单。奥地利学者埃利希曾经指出，任何社会里的个人从来就不是也不可能是一个孤立无依的单独个体，相反，每个人都生活在无数多少有些紧密、偶尔又完全松散的团体中；正是一直保持着的共同体纽带，使得个人获得了其在生活中所珍视的一切，包括帮助、安慰、道德上的支持、社会交际、名望以及荣耀。④ 若按涂尔干社会类型的划分标准来看，该区仍大致处于"机械团结"的社会发展阶段。在这样的社会里，人们很大程度上都生活在同样的环境里，做着同样的工作，怀有同样的价值观。对生活于其中的人们而言，最大的威慑并不是被体罚，而是被所在的共同体所抛弃。

---

① 访谈对象：姚飞。地点：茨中天主教堂。时间：2014 年 4 月 27 日。
② 参见［美］威尔·杜兰著《世界文明史（第 4 卷）——信仰的时代》，幼狮文化公司译，东方出版社 1998 年版，第 578 页。
③ 施光荣口述、施学群整理：《施光荣自述》，见中国人民政治协商会议云南省维西傈僳族自治县委员会文史资料委员会编《维西文史资料》（第 5 辑），2000 年，第 198 页。
④ 参见［奥］欧根·埃利希著《法社会学原理》，舒国滢译，中国大百科全书出版社 2009 年版，第 66 页。

正因为如此，教会成员在做某些特定事情的时候，都采取了与教会价值观相契合的方式，这不但能巩固他们自己在团体中的地位，而且群体秩序也因此得以维持。

第三节　经济绑缚与慈善反哺

物质经济是一切社会活动的基础。虽然世界上的各宗教几乎无一例外地把财富占有视为万恶之源，提倡信徒不为物质和欲望所拖累，然而，一旦它们接触到如何使上帝的事业永存的问题时就会发现，独立雄厚经济的存在对这个事业来说是多么重要以至于不可或缺。实际上，宗教经济是宗教活动的基础，如果没有它，整个宗教机器就难以运转。① 经济关系是一种权力关系，对宗教而言，正是经由与信教群众之间的经济连带，才使得它的世俗权力迅速延伸开来。

一、"宗教经济租"

"租"是一个重要的经济学概念。在现实社会里，不管任何体制、权力和组织的设置，都是为了使一个经济成本经过一系列物质生产和智力活动后获得高于成本之上的利润。这个利润叫作"超额收益"，即经济学上所谓的"租"。"租"的概念一开始主要适用于经济领域的现象分析，后来随着交叉学科研究的发展，学者们遂将"租"的概念扩展到政治学、社会学和人类学等领域。自美国宗教社会学家罗德尼·斯达克和罗杰尔·芬克提出"宗教市场论"② 后，"租"的概念也就顺理成章地被引入对宗教经济现象的研究中。例如，我国学者刘芳就据此直接提出了"宗教经济租"的概念。在她看来，经济性是宗教的本质特征之一，其最终目的是追求超额的经济利益——宗教经济租。③ 宗教经济租表面上体现的是宗教组

---

① 参见陈麟书《宗教学基本理论》，四川大学出版社1994年版，第87～89页。
② 参见［美］罗德尼·斯达克、罗杰尔·芬克著《信仰的法则：解释宗教之人的方面》，杨凤岗译，中国人民大学出版社2004年版。
③ 参见刘芳《"宗教经济租"和马克思宗教本质论问题研究》，载《广西民族研究》2012年第4期，第147页。

织与信教群众之间的经济关系，但更深层次地讲，它则蕴含着两者之间的权力关系，是教会组织借以绑缚人们的手段和工具。

（一）布施：不平等的人—神交易

基本上，世界上的所有宗教和教派都强调布施。藏传佛教极力提倡供养佛、法、僧三宝，而供养的主要方式就是向僧团布施。通常来讲，布施有财施、法施和无畏施三种，其中尤以财施最为普遍。

若依"宗教市场论"的观点，宗教组织作为卖方，向人出售恩典，拯救人的苦难，饶恕人的罪孽，洗涤人的恶性，保佑人吉祥平安，承诺接引人升入天堂进入极乐世界，给人以幸福来世；信教群众作为买方，向宗教组织或教职人员购进恩典，从他们那里祈得宽恕、护佑和解救，而布施即是双方交易的筹码。① 需要强调的是，该区的宗教市场并不是严格意义上的平等的自由市场。其中，藏传佛教一家独大，占据着垄断地位，而人们犹如信仰大海中的一叶扁舟，身不由己，出现严重的卖方市场的倾向。1955年，孙治和在陪同松谋活佛沿澜沧江对德钦和维西一带进行视察之时，曾留有如下记载：

> 在德钦沿江一带及维西藏民中，松谋的声望很高。……全村停下生产，男女老少包括婴儿，一齐排队，恭恭敬敬地向活佛磕头，接受摸顶，据说这是消灾免难的好时刻，千载难逢的机会。磕头时，成人都必须向活佛献礼，多的几元大洋或银制饰物……少的也有几枚铜板。群众的心态是献东西，才会对自己造福，否则磕头也无效。曾有一个大中甸的奴隶，把历年积蓄的四枚半开银圆，恭恭敬敬地奉献给活佛。我们问他，你这样穷，少献点不行吗？他答："最贵的东西就要献给活佛，好处从哪里来，我们是不会觉察的，不仅本身，还有后代。"②

---

① 参见周兴维《神权农奴制的起源和终结——中国传统藏区的一个宗教经济学解读以及在现代藏区发展中引入"宗教经营"的问题》，载《西南民族大学学报》（人文社会科学版）2006年第6期，第62页。

② 喜饶沃热：《回忆解放初期在迪庆工作的片断》，见中国人民政治协商会议迪庆藏族自治州委员会文史资料委员会编《迪庆州文史资料选辑》（第5辑），1994年，第23页。

不难看出，信教群众为获得精神层面上的安全感，即使倾家荡产也在所不惜。至于那些没有子女继承之家，其财产之处置，照死者之遗嘱而定，一般习惯，即以其财产十分之三四分给其亲属，十分之六七献给喇嘛寺。① 意芬对此曾评论说："名义是请他们（喇嘛寺）代为保管，来世转生，明处去了暗处来，还得如数享受。忽联想到为了某种关系，逃居外国或租界一般阔佬寓公，有时也求爷告娘，存款寄物于外国银行，纳上倒贴保险费，还要看人家的脸嘴，以视藏民晋贡喇嘛，可谓相互媲美。"② 买卖关系的不平等必然会带来权力关系的倾斜，而人身、思想依附就源于这种倾斜的权力关系。

（二）拴在土地和债务上的人们

基于政权的支持和信教群众倾家荡产式的布施，藏传佛教各寺庙普遍积累下巨额的财富，成为一个地方的经济中心，主导着这一地区的经济运行。为了使这些财产发挥功效和升值，寺庙一般都会进行具体的生产经营活动。其主要业务有两项：一是将寺中田产下放给农民耕种，收取租粮；二是经商放高利贷。从深层次看，这两项生产经营活动不只是寺院敛财的方式，同时也是看不见的人身控制手段。

民主改革前，寺庙是各地最大的土地所有者。如德钦县三大寺——德钦寺、东竹林寺和红坡寺即拥有土地一万余亩，占该县耕地面积的四分之一强；而中甸县（今香格里拉）的松赞林寺更为夸张，竟达二十余万亩，此外还有大量的无主土地，名义上也归其所有。领种寺院份地的农奴成为其"庄户"，不但每年要向喇嘛寺纳粮，而且还要承担一切高利贷和临时摊派。以松赞林寺的庄户（包括神民 79 户和 300 教民户）而言，要承担的实物地租有：

①"龙咱客"（意为"自己的粮"）：每户交数斗或数十斗青稞，是自己份地的地租。

②"打董客"或"楚客"（意为"别人的粮"）：代绝户（即已无其人但花名册上有名的庄户）交的地租。

③"茂客"（酥油粮）：使用草场要交的酥油，又分"龙咱茂客"

---

① 参见李中定《康区的习惯法》，载《边疆通讯》1943 年第 1 卷第 1 期，第 4 页。
② 意芬：《青海人的迷信喇嘛》，载《申报月刊》1935 年第 4 卷第 6 号，第 88 页。

（自己应交部分）及"打董茂客"（代绝户交的部分）。

④"申客"（柴粮）：每年每户要交柴三驮。

⑤"史客"（银钱粮）：使用山场要交的银子。

⑥"毕申客"（栗柴粮）：每年每户要交栗柴一背。

⑦"抓客"（青草粮）：每年每户交青草廿捆。

⑧"属客"（麦秆粮）：每年每户交麦秆四捆。

⑨"扎茂客"（红土粮）：每户隔三年交纳红土一篮，供寺庙刷墙用。

⑩"羊马客"（蔓青粮）：每年每户交蔓青一捆。

⑪"贵客"（明柴费）：原来服劳役时，要随身带来松明一背，供服役时照明之用。后劳役取消或转化为交实物，但松明仍要按时交纳。①

除实物地租外，强制性的高利贷也是寺院庄户的另一经济负担。"放债的月利三分已算公平，七八分的亦不少见。人民因惧怕喇嘛咒诅，都必按期偿还，不敢短少。"②

以300教民户为例，其每年接受的高利贷计有：

①"耐冰"，直译为青稞债，由喇嘛寺各康参放出，一般是三月春播或六、七月青黄不接时放债，秋收后归还，分夏息和秋息，前者春借夏还，借1斗还1.1斗；后者春借秋还，借1斗还1.25斗，都用小斗借，大斗收，过年不还，每斗加利0.1斗，利息计入本金，再行滚利。

②"茂耐"，借酥油还青稞债，利息达100%。

③"乍耐"，借熟酥油还青稞债，利息为150%。

④"思冰"，意为银钱贷，由各康参和格干等放出，月息2～3分，10个月作一年计算，隔年不还，利息即作本金；有的康参则以1分息向富裕俗家相借，再以2分息放出，从中赚取1分息。因僧家借

---

① 参见汪宁生《记滇西北几个喇嘛寺》，见《汪宁生论著萃编》（上卷），云南民族出版社2001年版，第882～883页。

② 厦峰：《喇嘛教在西藏》，载《中学生杂志》1946年第171期，第32页。

贷保险，俗家虽失去1分息也愿意，其中还有一分"功德"。①

向寺借债一般不要什么抵押品，有子在寺做喇嘛较易借，时间、数量都没问题；贫雇农须担保，或以土地、子女为押。

不难看出，追求超额的经济利益是宗教的本质属性之一。20世纪30年代，在推行藏历还是汉历的问题上，德钦东竹林寺曾与奔子栏的石义土司发生过一番争执。在石义土司看来，奔子栏属农耕区，推行汉历更为合适；而东竹林寺却坚决反对，因为如果使用汉历，他们就会少收一个月的租子和高利贷。双方你争我夺，差点要动武，最后还是各退一步，民间用汉历，喇嘛寺用藏历。无独有偶，民主改革时松赞林寺反"洋芋革命"的行为也可看作它极力获得"宗教经济租"的典型例证。历史上，中甸并没有大面积种植洋芋的习惯。1953年，在民族工作队的帮助下，小中甸区普遍种植了洋芋并大获丰收。然而，如此利民的好事却遭到了松赞林寺的激烈反对，大肆宣扬种植洋芋会生毒疮，会得不治之症的奇谈怪论。其目的只有一个，那就是不希望人们因填饱肚子而使自己丧失收取租税和放高利贷的机会。② 马林诺夫斯基认为，任何一种文化现象，都有满足人类实际生活需要的作用，即都有一定的功能。从互动关系上看，"宗教经济租"虽带有某种剥削的成分，但作为生活必需品，它对于买方来说，又是一件不得不做的事情。同时，也正是依赖于"宗教经济租"，社会财富才得以向中心流动。而这一流动趋势不但能够抑制物质消费，适应该区物质稀缺的现实境况，而且还为宗教的慈善反哺奠定了基础。

二、"绑缚"的表征：出家

雄厚的财力是宗教组织能够吸引人们出家入寺、扩充队伍的重要保障。该区的出家可粗略划分为两种：第一种是入寺庙做喇嘛或觉母（尼姑），第二种是进教堂当神父或修女。在藏族人的传统观念里，出家为僧是一种"不需要工作，而饮食丰盛"③的工作，所以一般而言，"家有二

---

① 参见王恒杰《迪庆藏族社会史》，中国藏学出版社1995年版，第297～298页。
② 参见郭庆基、孙致和、黄河《五十年代藏区工作回忆》，见中国人民政治协商会议迪庆藏族自治州委员会文史资料委员会编《迪庆州文史资料选辑》（第2辑），1988年，第46页。
③ 谢国安：《藏人论藏（上）》，李安宅译，载《边政公论》1942年第1卷第7～8期，第95页。

子者，以一子当喇嘛，有三子者，以二子当喇嘛"，尤其是那些比较贫困的家庭，为了能让儿子"过上舒适的日子"①，更是把出家当作一种谋生的手段。正如民国时期学者李复同所指出的："谈到喇嘛的生活，在物质享受上可以说是非常的好，差不多每个庙上都有好多的财产，他们也有牛羊，他们不用劳动有好多吃的东西，不够时还可向民间募化……他们住的是建筑非常宏伟的喇嘛庙……喇嘛的生活是如此的富丽，不怪人们多欲作喇嘛真实有原因了。"②

这种因生计需要而选择出家的现象对初传该区的天主教来说也非常普遍。当时，天主教背后都有殖民帝国的大力支持，拥有雄厚的经济实力，靠周济穷人和救死扶伤吸引了很多人献身教会事业。不管是出家为僧为尼，还是入教堂做神父或修女，都是宗教借用经济手段控制和牢笼群众的直接外在表现。若往更深层次挖掘，人口大量出家的背后则至少蕴藏着三方面的社会功能。

（一）以点带面，上通下达

民主改革前，基本上每户人家都至少有一人出家入寺为僧。然而，"喇嘛虽入寺，却不似中土，出家入空门，与家庭断绝关系。……初入寺则家庭供给，迨其长成，如有余力，亦多瞻家。且常常返家居住，如媳妇回门然"③。如此，出家喇嘛便成了联系寺庙与家庭的媒介。通过他们，寺庙即可达到影响单个家庭的目的。

（二）减少家庭纠纷的可能

关于这一点，贺觉非早有体认，他指出：

> 喇嘛寺的政治作用是在遏制人民活动：遏制人民活动第一个特征是"呼图克图"。"呼图克图"的意义是不昧，故转世者皆称"呼图克图"。有什么标准呢？于是聪明伶俐的小孩便具备了此种资格而施以特殊教育，有了"格西"的头衔，有了崇高的地位，也就落得安富

---

① 参见［清］罗布桑却丹著《蒙古风俗鉴》，赵景阳译，辽宁民族出版社1988年版，第171页。
② 李复同：《喇嘛与喇嘛庙》，载《边事研究》1935年第3卷第6期，第47页。
③ 胡翼成：《论康藏喇嘛制度》，载《边政公论》1941年第1卷第3～4期，第12～13页。

尊荣不思他图了。如康南毛丫土司的几个弟弟，都被认为"呼图克图"，"呼图克图"只能享出世荣的，这样土司的承袭才不会发生争夺，冷卡石土司就因为没有遏制的方法——"呼图克图"，几弟兄争夺的结果便各占一地。①

贺觉非虽以土司之家为论述对象，但与此同理，普通家庭也是一样。民主改革前，绝大多数的土地所有权牢牢控制在土司、寺庙手中，田地远远不够平民、佃户兄弟间继承分配。为避免家产外流或分割造成不必要的麻烦，兄弟之一出家为僧自然而然成为解决之道。

（三）消纳过剩人口，应对稀缺

按理说，整个藏族周边地区的人口密度并不是很大，怎么会过剩呢？贺觉非认为是受到了土地的限制。他说：

> 西康的土地完全属于土司……生存在土司压制下的西康人民，他只有敬谨地保守着土司所给予的土地，勿论给予土地是在若干世纪以前，也勿论人口繁殖到什么程度，土地是不会加多的。可怜牛羊增多了还可以多分配一点草场，人口增多了莫想能得着一块土地，然而人民在那儿去寻觅他的生活资料呢？唯一办法就只有去当喇嘛。②

男子大量出家所带来的最大影响是男女婚配比例失调，妇女严重过剩，而这直接导致人口再生产的疲软。赵尔丰在川边改流时曾与寺庙喇嘛有过一番针锋相对的交谈，他甚至直言不讳地把喇嘛教看成无形的杀人凶手。他说：

> 汝等三年一次令人以幼子为喇嘛，为喇嘛者，汝等虽未治之死，而不令其婚娶，多一喇嘛，即多一无夫之女，使男女均无后嗣，虽未见杀一人，而实杀人多矣，汝等之杀人亦巧矣……③

---

① 贺觉非：《理化喇嘛寺之面面观》，载《新西康月刊》1938 年第 1 期，第 14～15 页。
② 贺觉非：《理化喇嘛寺之面面观》，载《新西康月刊》1938 年第 1 期，第 14 页。
③ 傅嵩炑著：《西康建省记》，陈栋梁重刊，中华印刷公司 1932 年版，第 235～236 页。

虽然过剩妇女亦可与男子媾和诞下孩子，但实地调查的数据显示，其生育率往往普遍偏低。① 大量妇女过剩又造成了性自由和性滥交的现象，使得性病在藏族聚居区十分流行。性病轻则损毁人们的生育功能，重则危及生命，对人口繁衍所带来的影响更甚其他。民国时期，冯玉祥镇守西北，对蒙古的社会问题多有体认。在谈到蒙古人口与藏传佛教之间的关系时，他曾有这样的表述：

> 清利用喇嘛教以统治蒙古人民，凡有兄弟八人者，七人须当喇嘛；兄弟五人者，四人须当喇嘛；仅有一人可为娶妻生子的平民。当喇嘛者有红黄缎子穿，又可坐享优厚的俸禄。女子没有充当喇嘛的福气，但又难找得相当的配偶，于是都做了内地人泄欲的对象。因为由本部内地来的文武官吏及军队、商人，都以道远不能携带家眷，他们都可以在这里找到临时太太。……事实上形成一个乱交的社会。……染上淋病、梅毒以后，惟有听其自然。……这种现象是太可怕了，若听其继续存在，马上就会有灭绝种族的危险！②

冯玉祥并没有危言耸听，当时蒙古草原上甚至流传有"大海里的明珠容易找，草原上的娃娃难见到"的谚语。蒙古即如此，藏族聚居区的情形更自不待言。人口数量的长时段减少虽会造成一定程度上人力资源的不足，但对物质稀缺的藏族社会而言却不失为一种适应策略。正如张印堂所说的那样："西藏地穷物缺，对外往来甚难，人多是患，且藏人不喜外殖，若准其自由增加，社会生活，必成问题，所以信教为僧，出家离俗，度喇嘛的独身生活，可限制人口之过剩。……出家后，可免与生产者之竞争，而寺院又多建设于不能生产之荒山上，既可减少生产土地之占用，又可免除人口之过于拥挤。"③

---

① 据1950年甘孜县拖坝、生康两乡的抽样调查，在163户人中，有终身非婚生育的妇女33人，她们共生育子女56人，平均每个妇女终身生育1.7人；又如1981年在炉霍县宗塔牧业公社调查，有非婚生育妇女81人，生育子女125人，平均每人生育1.54人，虽然有的尚未结束生育期，但即便再生，平均也不会超过2人。（参见王端玉《喇嘛教与藏族人口》，载《民族研究》1984年第2期，第46页。）

② 冯玉祥：《我的生活》，中国工人出版社2007年版，第310～311页。

③ 张印堂：《西藏环境与藏人文化》，载《边政公论》1948年第7卷第1期，第2页。

三、蓄水池：慈善反哺

宗教乃慈善之母，不论是从思想上还是在产生过程中莫不如此。① 藏传佛教提倡"发心为利他，志取大菩提"②；耶稣也多告诫富人多加施舍，"变卖你的所有的，分给穷人，就必有财富在天上"③。只要翻开当地的报纸，有关寺庙慈善的报道比比皆是；若是发生较大的自然灾害，寺庙更是倾力相助。下面是2013年10月3日《迪庆日报》刊登的一则相关报道：

> 2013年"8·28""8·31"地震发生后，为使灾区人民尽快地恢复到正常的生产生活中，各级各部门、社会各界爱心人士纷纷发扬"一方有难、八方支援"的传统美德，都积极地以各自方式自觉投入到灾区的恢复、重建工作中。值此关键时段，我县广大僧侣秉承"诸恶莫做、众善奉行"修行法则，怀揣感恩、回馈社会之心，也积极投入到了此项壮举中。继9月6日我县松赞林寺向此次重灾区香格里拉县尼西乡、德钦奔子栏镇捐赠了近21万元的爱心物资后，9月24日，我县承恩寺民管会又组织全寺僧众开展了向灾区人民献爱心活动，向此次我县重灾区域内的尼西校区捐赠了600件学生外套，累计价值为70000余元。

在田野访谈中，玉竹顶寺喇嘛告诉笔者，慈善是该寺工作的重要组成部分，但由于财力有限，只能在小事情上给予一些力所能及的帮助，比如免去穷困人家的念经费用，以及对来寺庙求佛转经的人们施粥供饭等。该区地势险峻，气候恶劣，每当自然灾害爆发，寺庙都会举行各种相应的法会，以求佛祖保佑，让人们渡过难关。其实，这种精神上的抚慰也不失为一种慈善之举，甚至在某种程度上它所起到的功效更胜于直接的经济援助。

相比藏传佛教，近代才始传该区且想在短时间内实现权势扩张的天主教则更多地运用了物质慈善的方式。查尔斯·特各洛克认为，人们皈依宗

---

① Warren Weaver. *Philanthropic Foundations: Their History, Structure, Management, and Record*. New York: Harper & Row Publishers, 1967, p. 19.
② 米拉日巴著：《米拉日巴大师集》（下卷），张澄基译，民族出版社2001年版，第954页。
③ 转引自毕素华《论基督教的慈善观》，载《南京社会科学》2006年第12期，第58页。

教是基于"短缺"的原因：一是经济短缺，指生活贫困程度；二是社会短缺，指社会地位和可获得社会权利的程度；三是机体短缺，指生物机能的健康程度；四是伦理短缺，指社会价值与规范不再向他们提供方式，需要某种替代性的价值体系以帮助走出困境；五是心理短缺，指人们感受到社会的抛弃。① 前文说过，该区是一个物质稀缺型社会，所以相比其他形式，经济援助注定成为笼络人心最有效的方式。关于这一点，肖杰一老人曾用了一个非常形象的比喻予以说明："当时的教友多是穷人，大都衣不蔽体，食不果腹。就像在山上放羊一样，如果羊吃得饱饱的，你喊破喉咙它也不会过来；但要是饿了，你随便弄一把青草它便咩咩地跑过来。"对天主教会来说，经济上的直接援助既是慈善之举，同时也是一种扩大影响、吸引人们受洗入教的有效手段。

（一）偿还债务，或贷以资本

封建土地所有制和债务依附关系是民主改革前整个藏族地区的社会基础。天主教传入后，为尽快壮大队伍，便通过清偿债务的手段吸引人们受洗入教。1852年，入藏传教第一人罗勒拿就曾用此手段在今贡山丙中洛和西藏察瓦龙一带建立起首个天主教社区。据资料记载，罗勒拿购买的奴隶大多数是孩子，男孩女孩都有。他们或被俘获，或被诱拐，或是孤儿，或是被用来替父母抵债的。对于那些想做点小生意的人们，教会更是免息贷给资本，或者只收取远低于市场的微薄的利息，故一般人民趋之若鹜，而传教士自己则因此成为社区的新债权人。② 甚至在有些时候，教会的经济援助会成为人们改变宗教信仰的有力推手。据肖杰一老人讲述，他小时候的藏文老师林争原是寺庙喇嘛，后来其母生病到教堂医治，神父不但没有收取一分钱，而且还送他300元作为生活补助。林争被此举深深感动，主动提出皈依天主，并帮助天主教会编写了当时唯一的藏文经书。

今天，随着社会的发展和人们生活水平的提高，人们已不再迫切需要教会的物质帮助，也不再需要教会领袖为他们建造房屋、孩子上学提供支

---

① 转引自张坦《"窄门"前的石门坎——基督教文化与川滇黔边苗族社会》，云南教育出版社1992年版，第61页。
② 参见［法］施帝恩著《"商人型传教士"的新型宗教：法国天主教传教士在滇西北的早期活动（1846—1865）》，尼玛扎西、刘源译，载《西南民族大学学报》（人文社会科学版）2011年第1期，第53页。

持了，教会也不再像以前那样通过物质手段来吸引招纳会员。今天大部分教会成员说到入会的好处时，更多是说可以使人的灵魂和情感得到升华，而不是以前讲的物质利益。但作为宗教的一种价值实践，物质慈善仍被广泛应用。姚飞神父告诉笔者，每逢春节前夕，茨中教堂都会对周边的五保户进行慰问，即使是非天主教家庭也一视同仁。盐井教堂也是一样，据鲁仁弟讲述，村里面的特困户，不管是生病住院，还是翻新房屋，教会都会伸出援手。此外，鲁仁弟还动用自己的人脉关系筹得资金，资助了几名特困学生，一年500元，从小学一直供给到他们高中毕业。

（二）以典买之田产，饵教徒耕种

在边疆民族地区，由于地广人稀，土地不仅价廉，而且还没有明确的面积计算，传教会即趁机大肆兼并土地，购置田产。以盐井为例，在初传此地几年间，或卖或当给教堂的土地就多达114块。其中，噶打村头人泽江72块；宗格村头人司郎彭初22块；宗格中清隆二村百姓多吉汪登4块；刀本村头人11块；格拉村百姓罗绒依西2块，尺里曲批2块，罗戎司郎1块。① 有了这个开端，数年之后上盐井几乎所有的土地都集中到了教堂的手中。有了土地之后，传教会即分给前来投靠的教民耕种。从身份上说，他们既是教徒，也是所在教堂的佃户。在一定程度上，这种租佃关系的确有助于打开传教局面。相传，贡山一带传教点的设立就与自菇教堂的传教士收留一对从贡山逃难至此的夫妇有直接的关系。正是在夫妇二人的引领下，传教士才得以翻越碧罗雪山，将传教范围扩展至怒江流域。② 现茨中村教友阿洛的祖辈原生活在中甸一带，那时候社会动荡，盗匪横行，为增强护卫力量，松赞林寺广拉俗民做僧兵，阿洛的父亲和两位叔叔不愿入寺为僧，便翻山越岭来到茨中，租种了教堂的土地并受洗皈依了天主教。当时，为了最大力度地招徕教民，出租土地的租金多较低，有时甚至免费，所以在很短时间内便形成了一个个以教堂为中心的教会社区。法国探险家亨利·奥尔良甚至将这种教会社区比作欧洲中世纪庄园，在这里

---

① 参见冉光荣《天主教"西康教区"论述》，载《康定民族师专学报》1987年总第2期，第37页。

② 咱干里讲述，彭义良整理：《天主教传入贡山的经过》，见中国人民政治协商会议云南省贡山独龙族怒族自治县委员会、中国人民政治协商会议云南省怒江傈僳族自治州委员会文史资料委员会编《怒江文史资料选辑》（第18辑），1991年，第183～186页。

教友充当农夫,而神父则是庄园主,他们一块生活、同甘共苦、患难与共、心照不宣。①

(三)行动保民,救助鳏寡孤独

为了扩大影响,救济和收留无依无靠的落难人群也成为其最简单有效的手段。新中国成立后,云南省迪庆州第一位中国籍神父施光荣就是由传教士收养,并在小维西教堂长大成人。小时候,肖杰一与施光荣同在小维西教堂读书,彼此甚为熟悉。所以,施家三兄妹被传教士收留的事情仍清晰地印刻在他的记忆中:"1929年,小维西的几位神父前往贡山白汉洛。来到地瓦扎绰牧场的时候,从一个岩洞里传出小孩的哭声。几位神父走去看时,只见到三个小孩正趴在两个大人身上哭喊着。几位神父救人心切,有的忙着抢救孩子,有的忙着抢救大人,可是两个大人已经成冻僵了的两具尸体,真急死人!那里是高寒山区,气温低,而几位神父一个个汗流浃背、满头大汗,想去请人帮忙,但当时放牧人已经下山。这两个大人是这三个小孩的父母,看起来好像是来到这里的时候无能烧火,没有生活用具,身上衣服也单薄褴褛,垫的东西破烂不堪,为父母的生怕冻坏了孩子,却把自己给冻死了。且干粮袋里已没有吃的东西了,看来父母生怕小孩受饿,自己却在饥寒交迫中挣扎,真是惨不忍睹。几位神父改变了去白汉洛的计划,从放牧人的栈棚里找了两把锄头,在离岩洞一点的地方,挖了两个坟坑,把孩子的父母埋在此处。把锄头归还放牧人后,几位神父轮换着把这三个小孩背回来。他们把这三个孤儿(女孩子10岁,两个男孩子大的9岁,小的6岁)放在维西教堂里养育,给他们付了洗,让他们上学读书。后来,他们又把女孩子送到大理教堂育成学校读书。老二取名施光荣,是云南省迪庆州的第一位中国籍神父。"②

据老教友回忆,当时的小维西教堂附设有养老所,其中收养无儿无女、无依无靠的老年人,男的每年不下七八人,女的不下八九人,男女老年人各居一所,衣食住行全由教会供给,一律免费,病者就医,生养死葬;并设有孤儿所,每年收容男女孤儿十人以上,衣食住行,教会全部免费,直至供书成人。孤儿成人后,如愿结婚的,教会也给办婚事。施光荣

---

① 参见[法]亨利·奥尔良著《云南游记:从东京湾到印度》,龙云译,云南人民出版社2001年版,第204页。

② 访谈对象:肖杰一。地点:肖杰一家中客厅。时间:2014年5月15日。

的弟弟施光华就是在小维西教堂长大成人,并在传教士的见证下婚配生子的。谈到自己的天主情结,施光华说:"在孤儿所,教会神父及服务人员给了我无微不至的关心,待如亲子。我成年后,教会还给我找李崇英为妻,给我们办婚事。婚后,为报答厚爱,我们夫妇二人自愿当堂服务。"虽然只是寥寥数语,但充满了对教会的感激之情。

(四)免费医疗,救死扶伤

在谈到边疆百姓的实际需要时,刘龄九有言:"边胞生活苦,需要改善是事实,但边胞自己并没有感到这种需要;边胞文化低,需要提高是事实,但边胞本身也没有感到这种需要,边胞迷信深,需要有正确的信仰去纠正,也是事实,但边胞更感觉不到这种需要。惟有疾病的痛苦,死亡的威胁,使得边胞无法不感到医药救济的迫切需要了。"① 所以,传教士有时也会帮助当地人看病,从而获得一定的认可和名声。②

当时的每个教堂基本上都附设有医疗所,不论贫穷与富贵、信教或不信教,都一视同仁,一律免费施药就诊。据肖杰一老人回忆,民国时期,社会动荡,人们多在死亡边缘挣扎。为过日子,很多人便集结在一起,手拿木棒拦路抢劫,称为"棒棒客"。"棒棒客"的出现使当时的社会秩序更加混乱,沿途来往的商人动辄就会被抢劫一空,人身也会遭受伤害。有一次,从盐井下来的马帮到丽江去做茶叶生意,刚到小维西地界就遭遇了"棒棒客"的袭击,不但财物被抢劫一空,而且多人遭受重伤,奄奄一息。当时,小维西教堂的国神父知道后立即赶到现场,招呼教友把伤员搀扶到教堂里进行救治。半个月后,伤员完全康复,为表示感谢,在国神父的主持下,全部受洗皈依了天主教。

相比零星的医疗救治,传教会在防治瘟疫和麻风病等传染性疾病上更可谓功不可没。"藏族人在解释麻风病时,显得有些力不从心……每年总有新的麻风病例出现"③,且"藏民迷信神鬼,不信医药,每逢疾病,不投药石,只请僧侣讽经祈祷。若传染病流行,死亡动辄数千;牲畜亦

---

① 刘龄九:《本部卫生工作简单介绍》,载《边疆服务》1944年第7期,第1页。
② [法]施帝恩:《"商人型传教士"的新型宗教:法国天主教传教士在滇西北的早期活动(1846—1865)》,尼玛扎西、刘源译,载《西南民族大学学报》(人文社会科学版)2011年第1期,第52页。
③ [美]罗伯特 B. 埃克瓦尔、[美]波塞尔德·劳费尔著:《藏族与周边民族文化交流研究》,苏发祥、洛赛编译,中央民族大学出版社2013年版,第100页,

然"①。由于麻风病的传染性很强，很容易引起当地居民的恐慌，并因此会造成村民之间相互仇视、相互隔离的现象。至今，盐井还流传着有关加达村频出麻风病例的凄惨传说。

据 1958 年的卫生调查显示，当地大部分麻风病人集中在自然条件相对较为恶劣的高半山区，生活条件极差，基本的吃饭问题都难以解决，根本无医疗条件可言，一旦传染上麻风病，只有坐以待毙。加之人们对麻风病的恐惧心理，病人的生存条件都得不到保障，有的被撵到荒山野岭中，有的甚至被虐待致死。②弗朗索瓦·巴达让曾目睹传教士治病救人的行为，并认为传教士们所付出的努力，在公众心目中留下最深刻印象的，当属他们实施并获得巨大成功的天花接种。他说："在该地区，这种疾病极为猖獗。这些先生（指传教士）给他们的基督教徒进行了接种感染，而由于他们的精心医治和护理，没有一个人死去。这件事震动了附近的异教徒，他们跑来恳求给予同样的恩典，并保证服从治疗。"③据肖杰一回忆，1939 年时茨中及周边村落爆发了瘟疫，死了很多人，到处都是哭声，人心惶惶，而政府却充耳不闻，不管不问。在这种情况下，伍许仲神父便带领修女挨家挨户地进行救治，不管是不是教友都一律看待。后来瘟疫得以控制，而伍神父却在救治过程中受感染病倒，最终医治无效，长眠于茨中。接着，1949 年维西白济汛乡吉岔村在遭遇劫匪后爆发了瘟疫，全村 100 多户因患病都断了炊烟。傅光业神父起早摸黑跑遍全村给病人送药，还帮助他们烧水照料家务，除三位 73 岁的老奶奶和一位 40 岁的男子没有来得及抢救外，其余 300 多名患者都得到救治并康复，天主教的慈善功德在当地有口皆碑。不难看出，传教会的慈善医疗行为在某种程度上甚至代替了政府部分社会救济的职能。

（五）搭桥铺路，改善交通

在天主教传入以前，维西、德钦一带的人们去贡山，或者贡山一带的人们来维西，都要翻越两地边界的腊匝山，这里常有野兽出没，加上雪山

---

① 杨友墨：《甘边藏民民情述略》，载《开发西北》1935 年第 3 卷第 5 期，第 77～82 页。
② 参见吴琏《维西县麻风病防治及麻风村创建始末》，见中国人民政治协商会议云南省维西傈僳族自治县委员会文史资料委员会编《维西文史资料》（第 5 辑），2000 年，第 164 页。
③ ［法］弗朗索瓦·巴达让著：《永不磨灭的风景：香格里拉——百年前一个法国探险家的回忆》，郭素芹著译，云南人民出版社 2001 年版，第 46 页。

深处无住所，需野营露宿，过路行人常被虎豹伤害，因此过山都要结伴而行。特别是冬季，因路途遥远，须在山里过夜，第二天才能到达，时常有冻死者。后天主教传入，本着行善救人，变患为吉的思想，向瑞士圣伯尔纳铎慈善会说明原委，申请筹资。该慈善会获悉情况后核准同意，汇给资金，由康定教区主教华朗廷、茨中古纯仁副主教协同维西县城赖召长上司铎，小维西国尊贤司铎、傅光业司铎、沙伯尔修士，贡山县白汉洛安德烈神父、艾正礼司铎等人，根据实际情况打通道路。

  1942年地方政府批准，并协助出动民工百人以上。民工受当地政府指挥，工钱则由司铎常驻山上按时给付，不拖不欠。即使下雨停工，工钱也照样发放。为解决过路行人夜间住宿的问题，在修路的过程中还在阿尼打山半山腰处、腊匝山头、贡山县境内修建避雪所三处。（见图4-2）每座避雪所两层，每层四格，木石建筑，周围有固定床位，并有火塘，以供行人煮饭取暖。同时，每处避雪所还雇请两人看守，并备柴火供行人免费使用。看守人员工资按月由小维西教堂司铎转给常驻山上的沙伯尔修士支付。竣工后，维西贡山一带的人们都倍感方便，人人称赞，说天主教是世界的光、地上的盐，为地方老百姓做好事、行好功。1958年，三处避雪所由政府设立成了转运站，后转运站撤出，因无人照管而倒塌，现在只留下遗址。

图4-2 国神父在腊匝山选地形修避雪所①

① 拍摄于小维西天主教堂。

在茨中村，如果你要询问有关过去传教士所做的功绩或慈善事业，安德烈神父打通茨中到贡山山路的事情必定会被他们提及。历史上，从茨中到贡山非常不方便，来去不能骑马，只能靠两条腿走路。后来，安神父号召大家修路、修桥，还在沿途建了几座供歇脚用的房子。听教友们说，安德烈很壮实，修路的时候还亲自上阵抡大锤。那时候，村民们做一天工，安神父还发给一坨茶，大家都很高兴。几年前，为继承教会的慈善精神，茨中天主教堂还与贡山一带各堂点联合起来对原来的山路进行了一番整修，并重新建造了一所铁皮房，以供来往行人歇脚。

萨林斯在谈到美拉尼西亚社会中酋长的角色时曾说道："酋长每时每刻都在扮演银行家的角色，收集食物，保存之、保护之，然后为整个部落的利益而使用之……倘若剥夺了酋长的特权与经济收益，那么除了整个部落，还有谁会损失更大？"① 其实，比较来说，宗教组织在慈善事业上对其信众所起的作用颇类似于萨林斯笔下酋长的功能，它如同蓄水池一样，维持着正常的流进流出，以免在非常规的情况下出现渠道的干涸。

第四节　无处不在的伦理说教

在意大利历史哲学之父维科看来，宗教具有社会教化的功能，它可以使习惯于舞刀动枪的凶残民族变得温良驯服，从而加强社会秩序。② 作为一种非强制性的社会控制手段，宗教施展伦理教化的途径大致有两种：一是稍正式的经堂教育，主要针对神职人员，通过宗教知识的灌输来传播相应的价值观、规范和文化模式；二是非正规的日常浸染，重点对应信教群众，主要是通过学习和实践把宗教教义内化成自我价值观。

一、寺庙教育

民主改革前，整个藏族地区一直处于"舍寺院之外无学校，舍宗教之

---

① ［美］马歇尔·萨林斯著：《石器时代经济学》，张经纬、郑少雄、张帆译，生活·读书·新知三联书店2009年版，第219页。

② 参见［意］罗伯托·希普里阿尼著《宗教社会学史》，［意］劳拉·费拉罗迪英译，高师宁译，中国人民大学出版社2005年版，第16页。

外无教育，舍喇嘛之外无教师"的状态。一般情况下，想要入寺学经的在六七岁时就要由父母请求寺院负责人收其为徒。由于孩子年龄尚小，父母得先找到愿意为其背书的合格上师，最佳人选要么是亲戚，要么有同村或同乡的关系。送入寺中后，先要进行剃度，受居士戒——不杀生、不偷盗、不邪淫、不妄语、不饮酒，学启蒙藏文；待熟练掌握后求师受沙弥戒，遵守十种戒律，此时的喇嘛称为"班卓"，开始学习初级经典。这样苦学十年基础佛学，到十六七岁的时候，就必须到拉萨三大寺受比丘戒，称为"格弄"。比丘戒也称"具足戒"，有戒律250条之多，包括四弃、十三残、二不定、三是舍堕、九十单堕、四悔过、一百应当学和七灭诤等。受戒之后，若回到本寺，便可以逐步担任寺内除堪布以外的任何职位，而且不用再负担班卓期间要从事的各项杂役。如若经济条件允许，则可以申请留在三大寺中做一名学经僧人。最初的大约两年，学习《初机因明论》，知道佛教伦理学的思考和辩论的方式；接着的五六年，要学《现观庄严论》，明白佛教修行的程序；接着的两三年，研习《入中论》，理解人生是虚幻的，要能够看得开，要能够断烦恼，出生死；接下来的两三年，研究《戒律》，知道那许多事情是做不得的；最后则学《俱舍论》，达到人生的彻底解放，达到佛教的理想境界——涅槃。等到这些都学过以后，程度及格，得到堪布的允许，就可以参加"格西"的考试。① 如经考上，神学研究则暂告一段落，且具备了担任寺院堪布职位的资格。

喇嘛在藏族地区拥有较高的社会地位，史载"凡堪布、传号、铁棒之通过街市时，架雍数人，在前开道。凡有僧俗男女在街面行走站立，远见来时，均用疾步回避屋内，迨其完全通过乃出。有行动不觉其来而不回避者，经架雍发见，大声厉叱，鲜不奔逃。每堪布、铁棒、传号在街上通过时，市面即鸦雀无声，严肃异常。本地军政长官之在街通过，亦无如是之威严"②，所以，民主改革前，对处于社会中下层的人们而言，在其他出路几乎全被堵死的情况下，基本上都把出家为僧视为改变命运的一次机会。进入寺庙后，他们可以通过自己的努力博取不同层次的神学学位，继而担任寺中的传号、更巴、会首、格桑、铁棒喇嘛或寺院堪布等一类的职位。与科举制度的一样，藏族的寺庙教育也是千军万马齐过独木桥。虽然

---

① 参见厦峰《喇嘛教在西藏》，载《中学生杂志》1946年第171期，第31页。
② 李培芳：《西康的喇嘛和喇嘛寺》，载《康导月刊》1939年第1卷第9期，第54页。

通过寺庙教育向上层社会流动的概率很低，但经历层层扩大的寺庙选拔机制，几乎能够涉及所有的出家人群；同时，由于出家喇嘛与家庭之间的连带关系，开枝散叶，实际等于覆盖了整个地方社会。为了使自己的孩子能够博取功名，占据寺院要职，原生家庭即使倾家荡产也在所不惜。如此，不仅个人生活，家庭乃至家族生活也都围绕寺庙教育获得了确定的意义和目标。因此，寺庙教育的社会功能并不局限于个人对传统等级制度的服膺和认同，更重要的是以家庭或家族为单位对社会制度的遵从和维护。家族生活的荣誉和力量，与社会结构的稳定和合理，通过寺庙教育牢固地贯通起来。正如曹良璧和张朝鉴在《治康纲要》中所指出的，"在这封建色彩浓厚的藏族社会，贫者世世都贫，而富者世世都富，一般具有天才的子弟，既以喇嘛寺为出路，无形中为西康社会消灭了许多隐患，这一点使人们不甚注意"①。

  与藏传佛教一样，垄断青年的教育也是该区西方传教会权力的中心问题。以天主教为例，为了提高教徒子女识文断字的能力，同时也为了延续和培养潜在的下一代教友，几乎在每个堂点之下都设有教会小学。如小维西天主教堂自建立起就办有男、女教会学校两所。每年约有男生 40 人、女生 50 人，学生的衣食住行和笔墨纸张全部由教会免费供给。学生无论信教还是不信教、贫还是富，都一视同仁。有男女教师两名，教授的课程有国语、地理、历史、算术、自然、教理、经本、古文等。② 在新中国成立前的最后几年里，肖杰一老人曾在小维西教堂做过一段时间的教学工作。据他回忆，当时的教会小学吸引了不少家庭的孩子前来就读，后学生越聚越多，乃至造成教堂挤不下的局面。

  在小学之上，该区天主教还设立了两所修院：一所是培养男性神职人员的花落坝小修院，另一所是培养修女的茨中教堂女修院。茨中女修院是当时云南铎区最大、最有名的女修院，学生除了茨中本村人外，还有来自维西、贡山和西藏盐井的，有三十几名。茨中村的玛利老人八九岁时便被送到这里学习。根据她的回忆，给她们上课的主要是法国人古神父、安德烈神父和瑞士人罗神父。初级阶段主要学习藏文正字法，尔后慢慢转向背诵经文并理解其意义。修女们每天除了听课学习、与神父一起祷告外，还

---

  ① 曹良璧、张朝鉴：《治康纲要》，四川省档案馆藏，1935 年 9 月，案卷号：历史资料 1 - 37/5。

  ② 参见施光华《小维西天主教堂简介》，2002 年，小维西天主教堂搜集。

要参与日常劳作,如洗衣、做饭和喂猪。

花落坝小修院位于今维西县兰永乡高泉村,1940年正式开班,由杜仲贤任院长(见图4-3)。修生主要来自云南铎区所属的盐井、贡山、德钦和维西等地,最多时达39人。在笔者的田野访谈中,肖杰一老人对杜仲贤院长的印象尤为深刻。据他讲述,杜仲贤神父在担任小修院院长期间从不搞特殊化,始终与学生同吃同住。此外,他还很关注神修,每天除了做弥撒、念经祈祷外,还效法耶稣用皮鞭抽打自己。同时,为了消除与学生之间的语言隔阂,加强教学效果,杜仲贤还甘当学生,跟着四川来的汉文老师学习中文。在研究神学和学习中文这两件事情上,杜仲贤的努力程度甚至达到了极端的程度,以至于李自馨神父不得不命令他严守教堂规矩,不许夜间工作,不许夜间读书。事实证明,他的努力也的确收到了效果,一年之内他竟能认识7000余字。①

图4-3 杜仲贤神父与花落坝学生在一起②

1945年,花落坝小修院宣告停办,杜仲贤神父也被调赴盐井教堂,只

---

① 参见[瑞士]卢柏著《西藏殉教者——杜仲贤神父传》,侯鸿佑译,光启出版社1965年版,第82~83页。

② 照片出自[瑞士]卢柏著《西藏殉教者——杜仲贤神父传》,侯鸿佑译,光启出版社1965年版,第86页。

留下施光荣、肖杰一与和致祥三人，其余大多数人被送往昆明、大理继续进修，部分遣返回乡。提起在花落坝的种种过往，肖杰一老人热泪盈眶，可以看出那应该是他最美好、最难忘的少年记忆。

目前，天主教的经堂教育传统得以保留，只不过不再以学校而是以举办培训班的模式展现出来。具体表现有两种。①组织教友外出观摩学习。以盐井教堂为例，自2012年开始，教会便动员教友报名，前往康定参与神学培训。鲁仁弟告诉笔者，培训周期稍长，共12期，分三年完成，一年三期，一期十天，且来往经费和吃饭住宿的花销都要由教友自己承担。但即使这样，教友们还是相当踊跃，第一批去了27人，第二批增加到31人。②教堂自己组织培训，主要针对那些平日经常不在家的年轻教友。2014年春节期间，盐井教堂就自发组织了一期针对青年教友的培训班。作为这次培训班的发起人和实际管理者，鲁仁弟费了很大精力，但在他看来一切都是值得的。他对笔者说："春节期间，我们教会举办了为期十天的学习班，学员针对青年教友，包括大学生和高中生，总共65人。为了这次培训，我还特意从安徽、石家庄和西安各请来一位神学老师。刚开始筹备这件事的时候，我还有很多的顾虑，比如安全问题、教友会不会支持、效果怎么样等等。但令我万万没想到的是，教友对这次培训相当支持，不但捐了两万多块钱，而且还有很多家庭是背着柴火和粮食过来的。培训采取的是封闭式管理，吃住都在教堂，所以需要有固定的厨师为我们准备一日三餐。我当时就跟教友说，来帮忙做饭属自愿性劳动，没有任何酬金，但还是来了很多人。最后只敲定了五人固定下来为我们准备饭食。培训期间，每天都要有五名教友前来教堂禁食，一天不吃不喝，这也是自愿的，同样有很多人报名。在为期十天的培训中，我们基本上采取军事化管理方式，规矩特别严，不能抽烟，不能带手机，也不能闲聊。如果有人违反了规定，就要在众人面前做俯卧撑以示惩戒，几百个上千个他们也愿意，一般都不会选择退出。在65名学员中，仅有一人当了逃兵。学习班结束后，我去找他谈话。他说没能坚持下来特别后悔，60多人就他一人选择了逃避，觉得很丢人，没面子，更对不起天主。我们举办这个不仅仅是为了信仰，主要是教会这些年轻人如何思考、如何做人。培训班结束后，家长纷纷反映，说效果非常好，孩子们前后变化很大。那些原来在家里啥都不会干也不愿意干的孩子，经过这次培训，知道了父母的不容易，开始争着抢着替父母干一些力所能及的家务事。还有几个女孩子，原来特别腼腆,在家里见了陌生人都不敢跟人说话,更不会主动去跟人打招呼。这次培训,通过跟这么多人接触,大大锻炼了她们的社交能力。我们虽然是孤岛式教会,但我们不能把灵魂丢弃在一旁,我们每个人都有传教的使命。"①

几年前,茨中教堂曾办过一期针对少年儿童的暑期班,影响很大,反响也很好,但中途被乡政府派下来的工作人员强行解散了。此后,作为折中之举,每逢六一儿童节的时候,姚神父都会组织教友到紧挨着教堂的茨中小学慰问,给小朋友买一些零食或者纪念品,再跟他们一起做做游戏,嬉闹一番。事实证明,这一做法的效果的确非常明显。由于仅有一墙之隔,教堂因此成了小朋友平时最爱去的地方。每逢主日礼拜,小学生都放假,就都跟随父母来到教堂,在院子甚至在教堂里面嬉戏打闹。姚神父告诉笔者,他很乐意看到这种场景,这是教会生命力的体现,所以他一般不会以对小朋友的"胡闹"之举横加干涉。姚神父说,只要身在教堂,就多少能受感受到天主的爱,就会受到天主的影响,这也是一种潜移默化的培训,让他们从小就沐浴在宗教伦理中,知道什么是善,什么是恶,什么该做,什么不该做。

二、讲法与涵化

除了利用重复性的仪式来强化人们的服膺与认同外,宗教还借助日常的说教施加影响。在多样的说教方式中,尤以喇嘛讲法最具代表性。所谓喇嘛讲法,即由寺庙发起或者由村民主动邀请寺中比较懂佛理的高僧大德亲临村落,向人们宣讲佛教教义的一种大型的佛事活动。(见图4-4)

玉竹顶寺喇嘛告诉笔者,每逢春节前后,该寺院都会组织一个大型的讲法团队,在周边几个村子走家串户,一来算是给村民拜年,二来也正好借此机会向村民宣讲佛学理论和为人的道理。茨中村的喇嘛讲法活动固定在农历正月十五,前后持续三天,村民称其为"金安东",意为过十五。其时由轮流组织的家庭先出面把佛理高深的喇嘛(一般为七人)从寺庙请到自家来,之后全村其他信佛的家庭成员会如期而至,并略备食物供大家一同享用。讲法期间,喇嘛不但要带领村民诵念经文,而且还要现身说法,宣讲教理。讲法内容多为除恶行善,此外还会结合茨中村的具体情

---

① 访谈对象:鲁仁弟。地点:鲁仁弟家中客厅。时间:2014年8月10日。

图 4-4　村头的喇嘛讲法大会

况，提倡不同民族不同教派相互尊重，和睦相处。如若是活佛出行，场面就更为隆重。在人们眼里，活佛便是社区共同的大家长，一位兼具神圣体质又心地慈善的"父亲"，是诸佛、菩萨在人世间的化身、代理人。见到他就如同进入寺院神圣的殿堂一般，所有的疲倦、辛劳和苦楚，有了倾听诉说、随愿祈求的对象，即使拜见过程仅有短短的几分钟，但在得到活佛亲口的回应答复和祝福后，人们总是带着满足、欣喜的笑容回家，继续日复一日的工作活路。①

与喇嘛一样，神父和牧师也有借助一切机会向教友宣传教义的职责，"为了教导教徒，必须像他们刚刚皈依基督教主义那样从头开始，喋喋不休、不分时候地唠叨那些长篇大论"②。由于天主教和基督教每周都有至少一次的礼拜活动，所以这也顺理成章地成为神父和牧师宣传教理的最重

---

① 朱文惠：《佛教寺院与农牧村落共生关系：中国西南藏族社区研究》，唐山出版社 2002 年版，第 175 页。
② 转引自郭丽娜、陈静《论清代中叶巴黎外方传教会对四川天主教徒的管理和改造》，载《宗教学研究》2008 年第 1 期，第 117 页。

要的场域。以天主教为例，在每次做弥撒中的"圣道礼仪"①环节都留有神父讲解教理的时间，这时神父会从祭坛上走下来，站在教友中间，用最朴实的谈心方式向信徒们宣讲教义。在茨中教堂举行的一次弥撒求雨仪式中，姚神父的说教就占去了大半的时间（见图4-5）："我们的教友现在越来越忘记天主了，星期天去教堂的人越来越少了。今天这个要去找钱（挣钱），明天那个要去找钱。钱是应该找，这是生活的必需，但你也不能因此就忘了天主的信仰。你们活得太累了，钱已经都够用了，还是拼命去找，不懂享受生活。有些人过分劳累，然后就生病了，既要花钱，又要受罪。你们看，现在天气变化越来越大了，该下雨的时候就是不下雨，原因是什么？就是因为你们与天主越来越疏远了。只有为天主付出了，天主才会垂怜你。作为教友，你不能光享受权利，不尽义务。有些教友晚上在家看电视，可以看到半夜，但一去教堂就喊累。你们想，朋友之间相处要不要走动？朋友走动得好，你有难了，人家才愿意帮你；如果平时都不怎么交流，一旦你遇到难事，人家也未必尽心尽力。我们跟天主也要建立一个很好的关系，当然，这个关系不是一般的朋友关系，而是家人之间的关系。家庭关系是最亲近的了，子女在无助的时候都是向父母去求助。我们要将天主当作自己的父母。只有我们爱天主，天主才会爱我们，才会心甘情愿地帮助我们。我屡次提醒教友早课晚课要念经，为什么？就是要让你们时刻记起天主。只有如此，天主才会觉得你这个娃娃（昵称，指教友）好，才会助你一臂之力。还有一点，光祈祷念经是不够的，你还要守戒律。十条戒律大家都是会背的，但是光会背是不行的，要按照规定做出来。十条戒律中有七条都是关于人跟人是如何相处的，只有三条才跟天主有关。比如孝顺父母，这是一代一代的事情，只有你做好了，你的孩子才会孝顺你，这是良性循环……"

在这种谈心式的说教方式中，教育者与受教育者自始至终都是活动的参与者，都能直接感受到教学效果的影响；而且由于教学双方都被置于一种神秘的氛围之中，感情的唤起与交流都是自然进行的，最能引起人们内心的共鸣，也往往能够收到事半功倍的效果，使受教育者全身心地激奋不已，终生不忘，并在之后的行动中自觉不自觉地受到其持久的影响。

---

① 一台完整的弥撒主要由圣道礼仪和圣祭礼仪两部分组成。圣道礼仪属于弥撒仪式的前半程，主要是读经讲道，而圣祭礼仪则是整台弥撒的高潮，由神父对酒和饼进行祝圣，教友则诵经并领取圣体血。

图4-5　姚神父在求雨仪式中说教

三、伦理与规范

无论什么教派，也不管什么说教方式，它们所传达的伦理道德都基本一致。藏传佛教继承和发扬了印度佛教因果报应、生死轮回的学说，将人的一生划分为过去、现在和未来，认为人死之后其灵魂将受到生前所做的业（善、恶行为）的支配，产生后果而轮回六道，像车轮旋转一样，辗转沉浮，承受无边之苦。也就是说，过去的业决定了现世的你，而现世的业则又左右着未来的你。想要脱离轮回之苦，达到涅槃的境界，只有在现世当中不断地修善积德方能达成。那么，什么是善行，什么又是恶业呢？其标准则主要体现在宗教戒律当中。

对喇嘛来说，不同的等级要遵守多寡不一的宗教戒律，但一般而言，"五戒""十善法"是最普遍奉行的伦理准则。所谓"五戒"，即不杀生、不偷盗、不邪淫、不妄语和不饮酒。"十善法"在"五戒"的基础上延伸而来，通常分为身、口、意三种业，其中身业有三种，即不杀生、不邪淫、不偷盗；口业有四种，即不妄语、不恶口、不两舌、不绮语；意业有三种，即不贪欲、不嗔恚、不邪见。事实上，基督教中也有类似的行为准则。以天主十诫为例，内容包括：①钦崇一天主万有之上；②毋呼天主圣名以发虚誓；③守瞻礼之日；④孝敬父母；⑤毋杀人；⑥毋行邪淫；⑦毋偷盗；⑧毋妄证；⑨毋念他人妻；⑩毋贪他人财物。为了使教友铭刻于心，贡山重丁天主教堂甚至还将其谱曲成歌：

> 天主十诫最重要，教友生活好规条，心里相信口里念经，还算不得满百分。生活行为公道良善，守好十诫尽责任，上爱天主下爱世人，当主耶稣好人民。钦崇天主万有之上，天主十诫第一条，千万不能敬拜邪神，抽签算卦信鸟叫，信奉盼望爱慕天主，三样德行要牢记，还要恭敬在天大父，时时念经多祈祷。恭敬赞美天主圣名，天主十诫第二条，骂天骂地怨风怨雨，轻慢天主都不要，得恩感谢有难祈求，向主诉说心里说，不许空愿不发虚誓，这些都是不诚实。重视遵守瞻礼主日，天主十诫第三条，在这一天停止工作，肉身休息务灵魂，肉身要闲灵魂要忙，念经行善学道理，弥撒大礼最为尊贵，参与弥撒要争取。孝敬父母善尽本分，天主十诫第四条，父母应该教养儿女，敬主爱人最重要，儿女应该尊敬父母，服从关心养活好，夫妻团结互敬互爱，爱国守法要做到。团结友爱良善公道，天主十诫第五条，爱人灵魂立好榜样，善行各种神哀矜，爱人肉身关心生活，有了可能勤相帮，或是灵魂或是肉身，害己害人都不要。身灵干净保守洁德，天主十诫第六条，合法夫妻正当关系，除此以外全犯规，耳听淫话眼看淫行，身做淫事全是罪，自己谨慎躲避犯罪，还要天主加恩惠。勤俭持家财务公道，天主十诫第七条，取得财务不偷不抢，不骗不哄全正当，有账早还不存赃物，别人东西不损伤，因我言行使人财务，受到损失当赔偿。尊重真理不说假话，天主十诫第八条，实事求是说话诚实，爱人人家好名声，不诽谤不侮辱人，不冤枉人不妄证，妄疑妄断也都不该，人家秘密当尊重。保持思想干净纯洁，天主十诫第九条，心生邪念不用喜欢，不理不睬不留念，合法夫妻正当关系，除此之外全犯规，喜欢贪图别人妻子，或是丈夫都是罪。知足安分不贪外财，天主十诫第十条，发奋勤劳想赶别人，正当合理思想好，眼红别人心怀恶念，阴谋打算谋人财，赌博捣鬼想发横财，都是犯罪不应该。

与世俗法律一样，宗教戒律也是实现社会控制的一种手段。况且，与世俗法律相比，"宗教还为社会控制过程增添了超自然的'侦查'力"，"能把控制扩大到那些未被看到和未被报告的违规事件上，从而把人们扮演观察者和反对者的需要缩小到最小程度"①，正所谓"阳律多论迹，所以甚疏；阴律惟论心，所以甚密"②。从执行的效果来看，世俗法律具有及时性、确定性的特点，违法者因此能坦然地面对，接受既成事实；而宗教戒律的实施是与因果报应六道轮回、上天堂入地狱的观念相联系的，惩罚的后果无时效限制，且具有不确定性，给违反者带来的心理压力要远大于前者。

　　由于该区是典型的宗教支柱化社会，所以宗教戒律对人们行为的矫正也涉及生活的方方面面。大至生态保护、打架斗殴，小到夫妻拌嘴、闲言议论，都有隐藏的宗教戒律在发挥着作用。譬如，茨中村为了规范村民的砍伐行为，便延请活佛在山林中划出封山线"日卦"，规定"日卦"之上禁止任何林业活动，之下则可以根据季节适量利用山林资源。正因为如此，茨中背后大山的生态环境保护良好，林木茂盛，绿树成荫，甚至时常还有野兽出没。为了更能说明问题，我们不妨再以与人们生活最为密切相关的禁酒戒为例来一探究竟。

　　该区百姓向来有嗜酒的习惯，"无论老幼均嗜之，作者曾见七八岁之小儿，在吃饭时，其母分一小杯使之饮，小儿饮后，嬉舞欢笑，其母似甚慰。有客或婚丧大事，便彻夜狂饮，每人酒量很大，每饮两斤者，甚为普遍"③。据村民讲述，过去人们爱酒如命，一旦粮食收割下来，基本上家家户户都在酿酒，场面很是壮观。所以，收获粮食的季节在当地又被称为"醉月"。甚至在遇到自然灾害，粮食减产，明知很难支撑到下一季的情况下仍然如此，以致出现靠乞讨和举债过日子的局面。关于酒文化盛行的原因，当地村民给出了自己的解释："我们这里跟你们城市不一样。你们那什么都有，想玩什么都可以。我们不行，年轻人还能打个篮球、捣个台球，上了年纪的就只能喝酒找乐子了。"酒在某些场合虽然可以作为人际

---

　　① [美]戴维·波普诺著：《社会学》，刘云德、王戈译，辽宁人民出版社1987年版，第356页。

　　② 《十戒功过格·序》，见李一氓主编《藏外道书》（第12册），巴蜀书社1992年版，第41页。

　　③ 陶云逵：《碧罗雪山之傈僳族》，见《陶云逵民族研究文集》，民族出版社2012年版，第214页。

关系的润滑剂,但其负面作用更为明显:就个人而言,酒精损害他们的健康,削弱他们的进取精神①;对家庭而言,可能造成夫妻生隙,使家庭矛盾变得普遍而广泛。此外,由于喝酒闹事,村民间的矛盾和纠纷也变得多了起来,一件小事或者一句话没有说对,就可能会发生打架斗殴甚至伤人致死的事情。在茨中村调查时,笔者就曾亲身经历过一起两个小伙子因醉酒大打出手的事件。这两个小伙子一个叫刘海清,一个叫罗杰。罗杰是公务员,在乡政府工作,而刘海清就在乡政府对面的移动公司营业厅上班。两人是同村,加上工作地点又近,所以彼此来往也算密切。一天,笔者去乡政府找罗杰帮忙查阅相关材料,查完材料准备回村时,恰好碰上刘海清。他们两人见面一合计,说要回村到专门捕鱼的人家请我去吃地道的澜沧江鱼。吃鱼过程中,酒自然不能少。不到两个小时,一坛三斤装的自酿青稞酒已差不多被消灭殆尽。这时候,他们已经开始胡论瞎侃。刚开始还只是相互斗嘴,后来唇枪舌剑并上升至人身攻击,最后扭打在一起。还好双方父母前来,才避免了事态的恶性发展。

正是考虑到醉酒的危害性,姚飞神父总是隔三岔五地劝诫教友:"还有一条,就是那个阿拉(藏语,酒),我们一定要能控制得住。不是说非要让大家滴酒不沾,而是要有节制,必要的时候喝一点,比如说困了、乏了喝两口还是可以的。可是有些人呢,一旦闲下来就是喝酒,而且一喝还要喝上很多才能尽兴。还有一些人更厉害,外出开车的路上也不忘整两口。你们想想,这是多么可怕的事情。不说对你自己的身体造成的伤害,对家庭、对亲戚朋友、对邻居都会产生不好的影响。你们看我,我屋子里虽然放了很多酒,有青稞酒,还有葡萄酒,但我从来不喝,只是用来招待客人。我一般只喝茶。茶多好啊,它是世界上最好的健康饮品。我想,咱们每个教友家里面都有茶叶,当你们想喝酒的时候,就想一下我说的这些话,学着去品茶,慢慢你就能体会出喝茶的好处了。"②

宗教戒律的说教还是起到了很好的效果,在访谈期间,村民都纷纷表示现在酗酒的人越来越少,虽然仍有人嗜酒如命,但一定会把控自己不喝醉。吴公底是村子里公认的"酒缸",据村民说,如果是喝自酿青稞酒,三五斤他都不会倒。有一天,笔者在他家里闲聊,谈及此事,他笑称很对

---

① 参见何明、吴明泽《中国少数民族酒文化》,云南人民出版社1999年版,第238页。
② 姚飞神父在周日弥撒中的宣道。地点:茨中天主教堂。时间:2014年5月11日。

不起天主，因为喝酒违背了天主的训诫，但他承认自己确实戒不掉，所以只能向天主保证少喝，在量上进行控制。这种折中的办法应该不止发生在吴公底一人身上，该区的大部分村民都是如此。

宗教戒律不仅能抑制人的失范动机，而且还能塑造良好的人格。露丝·本尼迪克就曾对文化与人格的关系进行过超乎想象的论述。在她看来，虽然每一种文化都包含着具体不同的价值取向，但从整体上来看，它一定有区别与其他文化特点而代表该文化的具体模式，这种既有个性又有整体行为的文化表现形态即"文化模式"。① 若按本尼迪克的文化划分标准来看，该区的文化模式应该更接近于"阿波罗型"，即通过对宗教戒律的内化，每个人都养成了慈悲之心、平等之心和利他之心，从而固化成特定的心理结构和行为模式，最终凝聚为民族美德。任乃强曾经把仁爱、从容、节俭和有礼看作康人的四大美德②，而此四者无一不与宗教戒律有着直接的关系。良好的美德是润滑人际关系，实现社会和谐的关键。以"仁爱"为例，其蕴藏的不杀生观念即决定了在这样的社会里，矛盾和纠纷不至轻易上升为严重的暴力冲突，而这也恰好间接地说明了民间调解在该区长盛不衰的真正原因。

---

① 参见［美］露丝·本尼迪克著《文化模式》，何锡章、黄欢译，华夏出版社1987年版。
② 任乃强：《西康图经·民俗篇》，南天书局有限公司1987年版，第98～99页。

第五章 政治体系的权力运作

在人类组成有组织的社会以来，公权力一直是维持群体秩序的关键。若具体至本书所考察的区域，在改土归流之前，土司和头人充当了公权力的绝对代表；改土归流之后，国家则又逐渐成为公权力最核心的来源。本章内容即以纵向的历史脉络为基础，重点分析作为公权力的土司、头人和国家在维持当地社会秩序中的权力运作、相互关系及其历史变迁。

第一节 权力的边缘

基于历史传统并站在主位的立场上，王铭铭提出了"中间圈"的概念。所谓"中间圈"，是与"核心圈"和"海外圈"相对而言的。依据王铭铭的论述，"核心圈"是指我们研究的汉族农村和民间文化，这个"圈子"自古以来便与中央实现了再分配式的交往，其教化程度较高；"海外圈"即"外国"，指的是那些从未与中央王朝发生朝贡和政治隶属关系的民族和地区；"中间圈"则介于两者之间，主要涉及我们今天所谓的少数民族地区，大致与"西部"相重叠。从纵向历史看，"中间圈"与"核心圈"的交往自古便十分频繁，但"核心圈"对"中间圈"的控制不过是间接统治而已。[①]

三江并流峡谷区位于南藏彝走廊的核心地带，而无论从西藏还是从中原看，它都处在文明的边缘。确实，套用传统人类学的"中心—边陲"理论，川滇藏交界带从历史至今都始终处于"华夏的边缘"。[②] 之所以呈现

[①] 参见王铭铭《人类学讲义稿》，世界图书出版公司北京公司2011年版，第456～457页。
[②] 参见王明珂《华夏边缘：历史记忆与族群认同》，浙江人民出版社2013年版。

出这种局面，地理环境的限制是其直接的原因。

布罗代尔曾经指出："山通常是远离文明的世界，而文明又是城市和低地的产物。山没有自己的文明史，它几乎始终处在缓慢传播中的巨大文明潮流之外。在横的方向，这些潮流能扩展到很远的地方，但在纵的方向，面对一道数百米高的障碍，它们就无能为力了。"① 前文已有交代，三江并流峡谷位于横断山脉腹地，处处是高不见顶的雪山，满眼是深不见底的河谷，这对文明的阻隔不言而喻。今天，虽然在每条大河上都架起了可通汽车的钢筋水泥桥，山上也修了公路，但在这里行驶仍然感觉非常困难。尤其是当雨季来临的时候，泥石流、塌方经常发生，道路几乎总是断的。除了坑洼不平的交通条件外，高原缺氧的气候也成为文明传播的障碍。1952年，牙含章所在的分支部队护送十世班禅返回西藏，途经唐古拉山时经历了严重的高原缺氧。他描述道：

> 高山缺氧更使人受不了，人人头昏脑涨，脑袋疼得好像快要炸裂，胸口好像压着千斤重担喘不过气来，两腿虚软好像陷在淤泥里提不起脚来。牲畜也因为缺氧，胸脯像风箱那样大起大落地喘气，嘴里喷着白沫晃晃悠悠迈不开步子，再加上雪山缺草，牲畜吃不到东西，又冻又饿，体力消耗非常之大。骆驼和马匹走着走着，一下趴倒在地，就再也起不来。在低空盘旋的兀鹰一看见骆驼倒下，就俯冲下来先啄掉骆驼的眼睛，然后成群飞来撕食整头骆驼。在过唐古拉山的短短几天时间内大批骆驼、马和牦牛死于这种无比险恶的自然环境之中。沿途留下一堆堆牛马骆驼的骸骨，连绵不断，成为唐古拉山艰险旅程的路标。②

现任盐井纳西民族乡副乡长、派出所所长的吴飞是内地山西人，经西藏民族学院毕业后被辗转分配到了这里。无事闲聊时，笔者问起他在藏族地区工作的感受。他直言不讳地说受不了这边的气候，如果待的时间太

---

① ［法］费尔南·布罗代尔著：《菲利普二世时代的地中海和地中海世界》（第1卷），唐家龙、曾培耿等译，商务印书馆2009年版，第31页。
② 牙含章：《护送班禅额尔德尼返回西藏的回忆》，见中国人民政治协商会议西藏自治区委员会文史资料研究委员会编《西藏文史资料选辑：纪念西藏和平解放三十周年专辑》，西藏人民出版社1981年版，第181页。

长,身体就会垮掉,所以一直有调回内地的想法。如果说自然地理环境是造成边缘权力的先决性条件的话,那么"天下中国观"的政治理念则无疑充当了文化层面的重要推手。

费孝通在《乡土中国》中用了两个非常形象的比喻说明了中西方社会之间的差异:他用捆柴做比拟,把西方社会中人和人之间的关系定义为"团体格局";而在表述中国人对自己和周围世界的认知状态时,则用了"投石入水"的比喻,形象地表现了那种愈近愈密、愈远愈疏的"差序格局"。①"差序格局"不但表现在人与人之间的关系上,还反映于古代中国人对政治地理格局的认知:详近略远,亲疏有别,重中央而轻边缘。

早在夏王朝建立时,便有了这种远近亲疏不同的治国理念,《禹贡》有载:

> 五百里甸服,……五百里侯服,百里采,二百里男邦,三百里诸侯。五百里绥服,三百里揆文教,二百里奋武卫。五百里要服,三百里夷,二百里蔡。五百里荒服,三百里蛮,二百里流。②

所谓甸服,即夏王的直接管辖区域,属于王畿的范围,为统治体系的核心区域。此外,根据和夏王朝的亲疏关系,在甸服以外,又依次分为侯服、绥服、要服和荒服四个层次,如此便构成了五个不同的统治区域。(见图5-1)

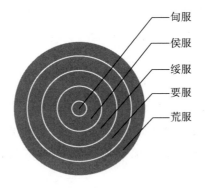

图5-1 圈层结构

---

① 参见费孝通《乡土中国》,生活·读书·新知三联书店1985年版,第21～28页。
② 转引自蒋善国《尚书综述》,上海古籍出版社1988年版,第189页。

周振鹤曾对中国传统的政治地理格局有过精深的研究，他认为这种方方正正的圈层格局体现的是一个国家的核心区与边缘区的理想关系，虽然在实际的政治操作中未曾出现，但简化了的圈层一直体现在中国历史上边疆区与内地的关系上。①

天下一体的观念决定了古代中国不以政治共同体来界定国家，而只需奉中国文化为"正朔"，也就是说，古代中国的统一"是基于文化的统一而政治的统一随之，以天下而兼国家的"②。正因为如此，古代中国的边界一直十分模糊。

> 重内轻外，详近略远，骈举四方以示政权之归于一，（详见蒙文通和柳诒徵的研究）则天下在地理上政治上都被认为已完整。至于"四方"的细部，却不是古人主要的关怀。若必以西人说一不二的方式去检验，则古人的"天下"是很难在地图上再现的。……但对昔日的中国朝野人士来说，只要本土（main body of homeland）稳定，边界的波动并不妨碍"中国"概念的完整。③

20 世纪初，夏瑚以弹压委员的身份两次巡视了该区的怒俅两江流域，在其上奏的《怒俅边隘详情》中曾有如此记载："惟因主治无官，自相残杀，以致人民稀少，稼穑不谙，道路梗塞，商旅不通，为可惜耳！夷考中国及云南地图，于维西边界之怒江外，只载'俅夷界'三字，而此俅夷界之远近大小，及与何国何属交界，迄无所考。"④ 对于这些所谓的"版图内"的化外之地，历朝历代也多羁縻治之，任命土司、头人自己管理自己。

---

① 参见周振鹤《中国历史上两种基本政治地理格局的分析》，见中国地理学会历史地理专业委员会、《历史地理》编委会编《历史地理》（第 20 辑），上海人民出版社 2004 年版，第 6 页。
② 梁漱溟著、中国文化书院学术委员会编：《梁漱溟全集》（第 3 卷），山东人民出版社 1990 年版，第 294 页。
③ 葛佳渊、罗厚立:《"取法乎上"与"上下左右读书"》，载《读书》1995 年第 6 期，第 31页。
④ ［清］夏瑚:《怒俅边隘详情》，见方国瑜主编《云南史料丛刊》（第 12 卷），云南大学出版社 2001 年版，第 153 页。

第二节　氏族、村寨中的头人

民主改革前，国家权力多不能触及至基层，其秩序的维持完全由自然产生的氏族或村寨头人掌管；后伴随着国家权力的下沉，基层权威、组织和管理模式才发生了相应的变化。

一、氏族与族长

氏族是人类依一定的血缘关系而聚集在一起的一种原始社会团体。在美国人类学家摩尔根看来，氏族组织是人类中最古老而且流行最广的制度之一。① 受限于社会的发展水平，直至民主改革时，该区部分地方尤其是怒江流域的怒族、独龙族和傈僳族都还保留着氏族组织的残余形式。

怒族因支系不同，对"氏族"的称谓也不同：阿龙人称其为"那"，阿怒人称其为"体戚"，怒苏人称其为"起"。其中，怒苏支系的氏族标志源远流长，种类繁多，有虎、蜂、鼠、鸟、熊、麂、鸡、鹿、蛇、猴、岩石等十多种。② 独龙语称氏族为"尼柔"，即由同一个祖先的后代组成的，具有血缘关系的共同体。根据 20 世纪 50 年代末的调查，独龙江地区约有 15 个氏族，即木金、当生、木仁、木江、陇吴、江勒、姜木雷、凯尔却、孟登木、芒库、都洞、甲贡、兰旺度、旺钱拉、德楞登。③ "初俄"是傈僳语对氏族的称呼。在傈僳族社会中，人们把跟自己密切相关的某种动物或植物，如虎、猴、羊、鸡、鸟、鱼、鼠、蜂、荞、竹、菜，以及犁、霜、火等作为本氏族的标志，进行图腾崇拜，并用来作为自己氏族的称谓和代号。④

每个氏族或者分化而出的家族都有自己的族长，即"头人"。不同人群、不同地域对"头人"的称呼各有不同：独龙族称其为"卡桑"或

---

① 参见［美］摩尔根著《古代社会》，杨东莼、张栗原、冯汉骥译，生活·读书·新知三联书店 1957 年版，第 64 页。
② 参见段伶《怒族》，民族出版社 1991 年版，第 11 页。
③ 参见云南省民族研究所编《独龙族社会历史综合考察报告·专刊》（第一集），云南省民族研究所 1983 年版，第 10 页。
④ 参见王恒杰《傈僳族》，民族出版社 1987 年版，第 107～108 页。

"吉马";怒族称之为"阿莫染"或"阿沙";傈僳族则称之为"错无"和"别色"。氏族头人不是由选举产生的,而是看谁说话公道,办事有魄力,族里的群众就会拥戴他,他也就自然而然地成为本氏族中最有威望的氏族头人。头人没有绝对的权力,但凡较大的事情,都要经过全氏族男子的商议。头人不能世袭,所以也没有形成诸如景颇族的"官种"及彝族的"黑彝"一般的统治集团,但仍以生活较富裕的人为多。头人没有一定的任期,通常是这个头人老死以后,另产生一人。①

一般而言,氏族以寨为集落。有时一个氏族即自成一个村寨,有的则好几个氏族聚居在一起,合成一个寨子。与氏族一样,每个村寨也有它的界限和名称,不同的是它还没有发育出固定的组织形式。也就是说,在氏族以外没有形成更高一层的政治组织。临时有事,则共同推选一个军事领袖统一调度,一般仍由氏族头人担任。事情结束后,隶属关系即自行解除。当然,也有某一个氏族头人因为威望特别高,自然而然成为村寨领袖的情况。

氏族头人们的职责主要是管理氏族内部事务,排解纠纷,对外带领群众抵抗外族的压迫和掠夺。在解决氏族内部的一般性纠纷时,头人一般不会收取费用,最多与大家一起喝杵酒而已。但在处理较大的案件时,当事双方要拿出一定的财物赠予头人,而头人也要拿出酒请大家喝。以怒族社会为例,若是婚姻案件,则当事双方要各送一口铁锅给头人;如果调解命案,原被告就要各自拿出一头牛或与此相当的财物送给参加调解的头人。

要是氏族之间发生了较为严重的案件或纠纷,则需要各氏族头人同时在场进行调解。傈僳族的传统纠纷调解方式俗称"摆篾片阵"。打官司时,当事双方均备有朱篾片,事先装在衣包或挎包内。当起诉人向公断人或调解人陈述案情理由时便摆出篾片,陈述一条即摆出一条篾片,陈述完几条就摆出几条篾片。随后辩护人也用同样的方法进行辩解,在申辩中申诉一条即摆出一条篾片。在起诉或申诉中篾片要按陈述的条理,有规则地逐条摆下去,若一路摆不下,便另起一路,有的摆三四路摆成正方形。最后,由中间人或调解人根据摆出篾片的多少和所陈理由是否充足、是否站得住脚,做出裁决。同时,为了留有证据,预防事后当事人抵赖,裁决的

---

① 参见《民族问题五种丛书》云南省编辑委员会编《怒族社会历史调查》,云南人民出版社1981年版,第15页。

结果还用刻木记事的方式进行备案。公断人当着人高声诵述被断的各条断词，诵述完一条则用小刀刻一个印，按断词条款逐条诵述，在木条上顺序刻下去，直到诵完断词为止。事后，木刻被公断人收藏起来。若有人反悔或者不服判决，公断人会将木刻拿出来以示警告。① 与此类似，独龙族头人在处理纠纷时是在削好的一块木板中间刻一条线。当原告讲赢一理时，就在中线的右边刻一个"○"的符号；而当被告讲赢一理时，则在中线的左侧刻一个"○"的符号。最后以"○"的多寡来判定是非和决定处罚。②

在纠纷处理过程中，如调解无效或者双方僵持不下，就以喝血酒、捞油锅等神判方式来解决。如一方丢失物品并对某人有所怀疑，就可以向头人报告。但这时候头人一般不会轻易下结论，他必须向双方反复询问并做侧面了解。最后，如果对方承认，则加倍赔偿；如果对方死不承认且失主也不甘吃亏，则要以神明裁判的方式进行决断。如若神判也不能解决纠纷，武力便在所难免，会酿成氏族械斗。在怒族社会，械斗前夕，所有参加械斗的青壮年男子会集中在头人家中共同商议，并杀猪一头，由头人及巫师举行宗教仪式，祈求战神佑护。如果是几个氏族或村落的联合行动，则由各个氏族、村落的头人饮血酒盟誓。械斗时由善战的头人作为前导，吹牛角为号，双方蜂拥向前。为了避免灭绝性的伤亡，不准打死打伤妇女和小孩成为双方都默认的械斗规矩。当双方伤亡过重都无力承担时，械斗即宣告结束。如死伤人数相等，事后双方无须经过任何安排，宿怨自然解除，言归于好。如一方伤亡过重，则需要两边头人坐定谈判，赔偿命金。③

在萨林斯看来，大人物在美拉尼西亚社会中起到了社会联结的作用。他说："大人物及其强烈的抱负是弥合社会裂缝的重要手段，使那些群龙无首，原子化小群体组成的分散化社会，至少暂时构筑了一个较大的关系领域，形成了较高的协作水平。美拉尼西亚的大人物关心的只是各自的名

---

① 参见胡学才《福贡傈僳族的原始记事通讯方式》，见中国人民政治协商会议云南省怒江傈僳族自治州委员会文史资料委员会编《怒江文史资料选辑·第一至二十辑摘编》（下），德宏民族出版社1994年版，第1133～1135页。
② 参见《当代中国的检察制度》编辑委员会编《当代中国的检察制度》，当代中国出版社、香港祖国出版社2009年版，第256页。
③ 参见《怒族简史》编写组编《怒族简史》，云南人民出版社1987年版，第81～82页。

声，不料却把自己变成了部落社会结构里的联结点。"① 其实，历史上怒江流域的氏族头人也具有同样的功能。他们对内主持祭祀，充当家族成员结婚的公证人，调解内部成员之间的矛盾纠纷，管理家族及村寨的土地；对外则作为本氏族的代理人，适时与外族进行事务交涉。认真分析头人的职责会发现，他们是本民族群体的真正控制者，是地方社会整合和秩序维持的关键所在。

二、属卡和老民

相比怒江流域一直高度盛行的血缘性聚落，澜沧江和金沙江所属藏族聚居区则很早就发育出了地缘性的村社制度——属卡。从自然属性上看，每个属卡都由一个或数个自然村寨组成，并拥有自己固定的土地、山林和牧场。就社会结构而言，属卡也有一套完整而严密的组织。言巴是属卡内部处于社会最底层的一类人，他们多为鳏寡孤独，地位低下，无权加入属卡组织，自然也不能参加属卡内部的任何会议和决策。热润是准属卡成员，包括因分家而产生的新成员和外来迁入户两种。热润要想加入属卡成为正式成员，需要一系列的手续。不但要找人作保，而且还要通过属卡大会的讨论，如此才算完成角色的转换。属卡的正式成员又称"属卡正户"，他们领有份地并相应地承担国家或寺庙的租税和差役。老民即头人，有的地方也叫"伙头"，是属卡内部真正的管理者和掌舵人。要想成为老民，需经过一步步的锤炼。一般为属卡做一年公务，即被称为小管事；然后即按秩序排列，等待担任伙头，藏语称"百色"。当排在前面的人任百色期满后，轮到自己任职是不能推辞的。只要担任过一任百色，即可升入孛巴，孛巴除可提任一任百色之外，还须当上白格一任。白格同百色的职能相同，其名称的不同，只是表示已非第一任百色，而是具有一定资格和身份的百色了。百色和白格都属行政性职务，一般都要经大家推选。孛巴中任一次百色和一次白格后即有机会进入老民的行列，但能否正式成为老民，还需经属卡成员全体大会讨论才能确定。② 进入老民行列后，其内部也严格地按资排辈，分为大老民、二老民和三老民三级，以担任百色和白格的时间早晚来决定。如无特殊情况，只有在上一级老民去世后，下一级

---

① ［美］马歇尔·萨林斯著：《石器时代经济学》，张经纬、郑少雄、张帆译，生活·读书·新知三联书店 2009 年版，第 156 页。
② 参见王恒杰《迪庆藏族社会史》，中国藏学出版社 1995 年版，第 118～119 页。

老民才可选补升级。

通过老民的晋升路径不难看出,他们是经过自身的努力,一步一个脚印走出来的,因此深得属卡百姓的信任和爱戴。民主改革前,瑟格·苏郎甲楚曾是中甸江边境天吉土把总。1950年,在中甸尼西境成立区一级人民政府时,他则转而担任区干事的工作。然而,在下乡宣传有关党的政策时,他却因为对老民的重要作用认识不足而险吃闭门羹。对此,他回忆说:

> 由于大家都是刚刚参加工作,对党的政策认识不足,只知道共产党是为穷苦人谋幸福的,只知道要遵守纪律、不拿群众一针一线,不知道要如何去了解当地的实际情况,联系群众,做群众的工作。所以最初大家下乡到自然村去宣传政策时,都带着背包伙食,看准最穷、房子最破烂的人户去住,结果反而联系不上群众,在村子里玩耍的孩子见我们来后,也说一声"甲向"(汉人来了之意)后各自跑开。主人因贫穷常常以种种借口拒绝我们进屋。后来,在上级的再三指导下,以及我们自己不断地总结经验后,得出一个正确的联系群众的工作方法:就是首先要团结好当地的三十老民,通过做好他们的工作,去向群众宣传党的政策。后来我们下乡进村,就住在老民家中,首先做好老民的思想工作,向他们说明来意,然后让三十老民在群众大会上宣传党的政策。这样,既团结了老民,又消除了群众的顾虑,我们也能很好地联系群众,了解情况。①

苏郎甲楚原来身为地方土把总,但在基层开展工作时仍需属卡老民的协助方能顺利推行,老民的地位由此可见一斑。马克思认为,内在封闭性是东方村社制度的典型特征之一,同时也正是这种内在封闭性特征造就了专制制度的牢固基础,它"使人的头脑局限在极小的范围内,成为迷信的驯服工具,成为传统规则的奴隶"②。由是观之,老民的权威可能正源于此。

---

① 瑟格·苏郎甲楚:《回忆五十年代工作生活的片断》,见中国人民政治协商会议迪庆藏族自治州委员会文史资料委员会编《迪庆州文史资料》(第5辑),1994年,第155~156页。

② [德]马克思:《不列颠在印度的统治》,见中共中央马克思恩格斯列宁斯大林著作编译局编《马克思恩格斯选集》(第2卷),人民出版社1972年版,第67页。

按照韦伯的划分，老民应当属于传统型权威。"老民如内地之耆老或绅士，其地位在伙头之上……凡各甲各村之任何公务，须经老民会议而后实施，大有乡参议员之意。"① 民主改革前，土司的任命和撤换甚至都要经过老民的同意方能付诸实施。对此，民国时期的《中甸县志》曾有记载："然各级土司，自来均系承袭而非世袭，故有不称职者，地方官得随时撤换，但须本夷众悦服之旨而拣选拔补之，不能任意进退。因补一土司，必据该管老民之职名保禀，始能得僧民之信仰。否则一般老民可惟提出否认……民国以来，亦必报请民政厅转呈云南省政府加委，尤必先取具该管老民之保禀与各级土司之负责切结，甫能列报。"②

根据当地人的回忆，老民的威望通常来自三个方面：一是家族兴旺；二是对村落中的仪式规范比较熟悉；三是行事公正，从公共利益出发，不局限于私人利益。他们在属卡内外的生活中都居于十分重要的地位，不但要保证正常的属卡秩序，而且还要恰当处理属卡与属卡、属卡与土司、属卡与寺庙，甚至属卡与国家之间的关系。属卡成员若发生纠纷，一般都是找老民予以调处。虽然他们有权上诉土司和后来出现的设治局或县政府，但绝大部分人并不会这么做。至于个中缘由，《云南傈僳族及贡山福贡社会调查报告》说得很明白："若经由乡公所或设治局及县政府审理，则傈僳原、被告之痛苦与损失，实一言难尽，如请人写状纸之费用、乡丁政警传案之旅费与招待，到达受审处所，因延宕而需用之伙食等开支，县府收发处及审案时之各种陋规用费。审判时又或因言语关系，或因审判官受贿舞弊，或因他人从中播弄，致多未能作公正合理、深惬民心之判决与执行；而败诉者所出之大批罚款，多卷入地方官之私囊。"③ 所以，从实际的操作层面来讲，纠纷仅达第一审即止，老民始终处于基层纠纷调解的中心。

民国以后，氏族或村寨头人摇身一变，多被任命为保甲长。头衔和称呼的不同只是表面现象，他们对基层社会的影响一直未曾减弱。下辖村民之间的纠纷仍要经由他们进行裁决，甚至他们自身的内部矛盾也从不上

---

① 段绶滋纂修：《民国中甸县志》（民国），见中甸县志编纂委员会办公室编《中甸县志资料汇编（三）》，和泰华、段志诚校注，1991年，第61页。
② 段绶滋纂修：《民国中甸县志》（民国），见中甸县志编纂委员会办公室编《中甸县志资料汇编（三）》，和泰华、段志诚校注，1991年，第58页。
③ 西南民族学院图书馆编：《云南傈僳族及贡山福贡社会调查报告》，1986年，第82~83页。

诉，多自行调解。

老民的影响还不止表现在纠纷调解上，作为基层社会的精英代表，他们要考虑为村民谋福利，甚至为此还会跟国家讨价还价。譬如，光绪三十三年（1907年）奔子栏老民上呈公文，要求减免当地民众所受的苛派及夫马之累：

> 具公呈下清〔情〕人，奔子栏火甲、老民……等，诉为情由：
> 今有来维差役苛派、夫马难挡，其前受累无比事，情因小的民工人民地居极边，山多田少，人民寒苦，不惟旧年兵燹，更受一层，今蒙各大宪爱民如子，恩施格外，得居而已。地方人民极贫极苦，各种国赋，难以支应，那〔哪〕敢抗违，家室早晚亦难糊口，照古规，自墩出中甸，差役夫马等亦头人共顾〔雇〕夫马，由奔送至中甸交界贤道地方止，由中甸去墩，自奔送亦头人顾〔雇〕送至阿墩子止。今有各大宪赏示过往差役夫马则例，每站一匹马赏给脚纹银一钱，差役好者，照示支给，惟恶者硬抗宪示，夫价不支给之外，逼勒苛打，实难支受，不惟照古规，不论公差出进，先行传牌，在地伺候，今天一纸一定，所到急逼，小的民人，实难支任，实叩恩仁恩施行作主，恩施格外，得照宪示，并照古规，则地方人民等顶祝公仆上宪大老人台前，赏给施行，则小的地方人民等，顶祝公仆地位千秋不朽矣。
> □若赏为顾〔雇〕夫马脚银不少，要多给。
> ……
> 具公呈人奔子栏一带地方番老民……等。①

伙甲、老民的出头得到了清政府的有效反应，曾出《告示》晓谕兵丁："倘该营兵丁仍前妄为，准民等扭送来辕，以凭讯明，按例加等治罪，决不姑宽。"② 虽然从长时段上看，《告示》的出台并未实质性地解决问题。但在短期内，对当地百姓的生活还是起到了一定的缓冲作用。

作为日常事务的主持者，老民大多主要处理的是生活琐事。一旦遇到较为重大的事件时，就要召开老民会议或全体村民大会共同商讨。老民、

---

① 转引自王恒杰《迪庆藏族社会史》，中国藏学出版社1995年版，第271～272页。
② 转引自王恒杰《迪庆藏族社会史》，中国藏学出版社1995年版，第271页。

老民会议和村民大会三者的角色可用国务院总理、常务委会员和全国人民代表大会作比。村民大会自然是基层最高的权力来源，不论是征调兵差，举办地方事业，轮派公役，还是征收粮税、贡物，都在这里决定。① 开会并无定期，较大的村落，每月至少一次，有事还可召开临时会议。会场一般设在田野里，每家都要有人参加，依年岁环列成一个大圈子，席地而坐，老民之类为当然主席。讨论事项最要紧的是核算本村差粮、徭役的分配和各项账目。与会者拿出念珠随时核对，账目算好，主席高唱数目，征求大家的同意。如有人反对，便须重算。此外，或商议祈祷、祭神大会的事情。若土司或汉官交有临时命令，本村是否遵从等事，也须交大会议决。辩疑讨论，往往需要很长的时间，最后取决于主席和耆老。②

俗话说，无规矩不成方圆。为了对人们的言行进行有效的限制，村寨老民会依据当地的传统习惯制定古律。如维西叶技（枝）乡若西洛村规定，犯偷者一两次，赔赃物并予以口头警告，第三次送往官署究办；凡打猎超过该家或该族山林之范围时，如有所获，应以一半分与山林之原主。又维西化普乡腊八山，村则规定凡与他人之妻通奸者，罚奸夫银币五十元做村中公益事。③ 后来，随着社会的发展，传统古律越来越多地被较为系统正式的村民规约所替代。以中甸独肯宗中心属卡为例，从康熙五十四年（1715年）到光绪二十一年（1895年）间所制定的村民规约主要有《关于差役共担之公约》《中心属卡汉藏公约》《本寨藏公堂布卷公约》《本寨老中表公民应遵守的公判布卷》《公众立约》及《本寨军民防火公约》等。光绪十一年（1885年），针对村民相沿成俗的大肆送礼之风，独肯宗中心属卡甚至还制定有《限制送礼公约》，规定送"班弟"出家礼、送秋收"乐堆"礼、送新旧乡约礼、送新生子祝礼、送外出经商送行礼、送迎请佛经礼、送缝制嫁妆帽子礼、送小孩满月礼、送温泉沐浴礼、送新居筑墙礼以及发生意外时礼节。以上送礼应根据各人门户大小，送多送少，如何送，自己有权利决定。其不论亲戚与否，如奔丧、新亡五七、新旧乡约交接，一律不准献哈达。又，远行礼、出征礼，不在此限。其余不能违

---

① 参见李明《西康风光》，载《东方杂志》1936年第33卷第4号，第105页。
② 参见谭英华《康人农业家庭组织的研究（续完）》，载《边政公论》1945年第4卷第4~6期，第34页。
③ 参见西南民族学院图书馆编《云南傈僳族及贡山福贡社会调查报告》，1986年，第82页。

反,如有违犯者,罚银洋五元,亦不减免,决不违犯。①

相互攀比的送礼之风只会劳民伤财,给徭役、租税就已十分繁重的人们更增生活压力。以公约的形式对此进行限制,不但起到了移风易俗的作用,而且还在一定程度上减轻了村民的负担。村民规约的产生,为人们的言行和相互关系设置了准绳,对基层社会秩序影响深远。

第三节 土司:中间的一环

土司制度起源于羁縻政策。②何为"羁縻"?《汉官仪》中说得很明白:"'马云羁,牛云縻',言制四夷如牛马之受羁縻也。"当然,这是站在封建统治者立场上的说法,带有歧视和侮辱之意。但不可否认的是,它把羁縻制度的精髓概括得淋漓尽致。相较于传统的羁縻政策,土司制度更加制度化、规范化和模式化。但它们的治理理念一脉相承,即所谓"修其教不易其俗,齐其政不改其宜",就是在不改变少数民族政治实体内部结构的前提下,通过加强政治、经济、文化等诸多联系的办法,来施加中心对边缘的影响。

一、从徼外到土司

三江并流峡谷区处处崇山峻岭,交通不便,且距离中央王朝和拉萨都较远,因此人头林立、教派纷争的小邦时代在这里延续了相当长的时间。③公元7世纪,崛起于青藏高原的吐蕃势力开始向藏东南方向扩张,凭借着"马背上的民族"的骁勇,吐蕃铁骑翻过万座雪山,蹚过千条河流,带着经卷,挥舞大刀,一直冲杀到大渡河流域。④唐调露二年(680年),吐蕃在今丽江塔城设神川都督府和"铁桥节度",整个滇西北地区完全在其控

---

① 参见王恒杰《迪庆藏族社会史》,中国藏学出版社1995年版,第121~122页。
② 参见龚荫《中国土司制度》,云南民族出版社1992年版,第1页。
③ 如果以金属工具的出现作为军事民主制时代的开端,那么小邦时代则有可能延续了400多年的时间,即从公元前10世纪到公元前6世纪,有的甚至一直延续到吐蕃"王政"统治建立以后。(参见王怀林《打开康巴之门:横断山腹地人文地理》,四川民族出版社2007年版,第104页。)
④ 参见陈焕仁著《走进康巴》,四川出版集团巴蜀书社2004年版,第2页。

制范围之内。自此以后，吐蕃、南诏及中原王朝在川滇藏边区展开了长达几百年的拉锯战。三方力量分分合合，此消彼长，谁都没有办法在此建立长期而又稳定的统治。频繁用兵削弱了各自的势力，从唐末至宋末，该区又回到了部落割据的时代，各个部落互不相属，彼此征伐，演绎了300年之久的部落纷争。

至元代时，中央王朝为了便于统治和治理川滇藏边区，采取了册封部落首领为官或授以贵族封号的"招徕"政策，土司制度便由此开端。因帮助元军征服大理有功，丽江木氏土司先祖阿宗阿良于至元八年（1271年）被授予"察罕章管民官"，管理滇西北广大地区。洪武十五年（1382年），前元丽江军民宣抚司副使阿甲阿得率众归降明朝。朱元璋认为阿甲阿得"率众先归，为夷风望，足见摅诚"①，遂赐以木姓以示嘉赏，并改元朝设置的丽江军民宣抚司为"丽江府"，令其世袭知府事。洪武三十年（1397年），鉴于吐蕃势力频繁东南下发动军事骚扰，明政府又改丽江府为"丽江军民府"，授给木氏土司管军的权力。自永乐二年（1404年）开始，为了加强对吐蕃的防御，明朝统治者先后在该区的澜沧江和怒江流域设置了喇和庄长官司、你那长官司和怒江甸长官司，分别委任当地的土酋长（头人）阿奴弟等人为长官司长官，管理各属部落及辖区。

正统二年（1437年）春，吐蕃再次大举发兵南下。不到几年的时间，滇西北大部便为吐蕃所据有。景泰二年（1451年），木氏土知府率兵抗击，正式拉开辖区争夺战的序幕。经过100多年的你争我夺，木知府不但收复了整个滇西北，而且还把自己的辖区扩张到了今四川巴塘、理塘和西藏盐井一带。

> 万历间丽江土知府木氏浸强，日率么些兵攻吐番地，吐番建碉楼数百座以御之。维西之六村喇普其宗皆要害，拒守尤固，木氏以巨木作碓，曳以击碉，碉悉崩，遂取各要害地，屠其民而徙么些戍焉。自奔子阑以北，番人惧，皆降。于是自维西及中甸，并现隶四川之巴塘、里塘，木氏皆有之。②

---

① ［美］约瑟夫·洛克著：《中国西南古纳西王国（译校本）》，刘宗岳等译，云南美术出版社1999年版，第62页。

② ［清］余庆远：《维西见闻录》，见于希贤、沙露茵选注《云南古代游记选》，云南人民出版社1988年版，第117～118页。

木氏土司为了巩固在扩张区的统治，每得一地都要建立起自己的管理机构。若所收复的地方海拔过高，气候严寒，不太适宜纳西人生产、生活的话，则将归顺之土酋封为"百色"或"木瓜"，让其代为管理。在那些海拔较低、气候较好的农区，特别是战略要地，则"徙么些戍之"，建立纳西人聚居的村寨。迁入新统治区的纳西人，平时为农，战时为武。其管理体制仍按军队编制，各级行政官员仍按军中职称：木瓜，指的是管军官员；阿寡，意即民政官员；佐瓜，又称总管，是保障后勤的筹粮官；百色，又称百强或埋色，指的是一个战斗队的小队长，后逐渐演变成对村寨头人的称呼。

康普是木氏土司进攻吐蕃的西路军的指挥部，战略地位十分重要。战争结束后，作为西路军的军事首领，禾妈吉和禾戩目的祖上留任于此，分别担任大木瓜和大阿寡之职。传至禾妈吉与禾戩目掌权后，两家不知何故发生了矛盾。随后，掌握军权的禾妈吉用武力赶跑了大阿寡禾戩目。20年后禾妈吉去世，木氏土司复令禾戩目回康普作管军。自此以后，康普禾氏土司身兼大木瓜和大阿寡两职于一身，成为三江流域势力颇大且影响深远的大土司。

顺治十六年（1659年），清军攻破昆明城，明朝彻底灭亡。木氏土司一如既往地审时度势，"（木懿）敬率父老、舍目、乡耆人等远出，恭迎焚香百拜叩首"①，又顺天应人归顺了清朝。清廷也因"西南诸省，山重水复，草木蒙昧，云雾晦冥，人生其间，言语饮食，迥殊华风……"②之故，继续委任木氏土司管理三江流域。康熙四年（1665年）始，吐蕃五世达赖喇嘛趁吴三桂率领的清军在云南立足未稳之机，联合青海和硕特蒙古固始汗，又一次派强兵南下。只用了三年左右的时间，除康普禾氏土司尚能苦苦支撑外，原属木知府所辖的川滇藏边区绝大部分便再次易手。蒙蕃占领滇西北以后，将之划归巴塘，由巴塘土官委派协碑、诺碑和得碑等进行层层管理。

雍正四年至五年（1726—1727年），在平定了罗卜藏丹津的武装叛乱后，清朝政府不但进行了川滇划界，而且还搞了大规模的改土归流。雍正

---

① 张永康、彭晓主编：《木氏宦谱》，云南美术出版社2001年版，第53页。
② [民国]赵尔巽：《清史稿》，卷五一二，列传第二九九，载《二十五史》（第12册），上海古籍出版社、上海书店1986年版，第1628页。

五年（1727年）春，居住在康普的原丽江木知府所委任的管军大木瓜禾娘代表属下各片土司及各族民众，上书鹤庆府，要求内附，接受改土归流。清朝政府委封禾娘为世袭千总职务，其下各大小头人，也都分别被委以官职、袭衣和顶戴。（见表5-1）

表5-1 澜沧江流域世袭土司人员

名　称	人　数	地　址	备　注
南路土把总	1	居仁村	未经承袭，前无廉俸
北路土把总	1	永安村	未经承袭，前无廉俸
北路土把总	1	永安村	未经承袭，前无廉俸
六村土弁	1	遵他村	未经承袭，前无廉俸
六村土目	1	由义村	未经承袭，前无廉俸
六村土目	1	循礼村	未经承袭，前无廉俸
六村土目	1	永安村	未经承袭，前无廉俸
沿江土把总	1	由义村	未经承袭，前无廉俸
沿江土目	1	腊普湾	未经承袭，前无廉俸
沿江土目	1	阿海洛古	未经承袭，前无廉俸
沿江土目	1	小维西	未经承袭，前无廉俸
沿江土目	1	小维西	未经承袭，前无廉俸
其喇土目	1	其宗	未经承袭，前无廉俸
沿江土目	1	江边	未经承袭，前无廉俸
沿江土目	1	康普村	未经承袭，前无廉俸
沿江土目	1	康普村	未经承袭，前无廉俸
沿江土目	1	叶枝村	未经承袭，前无廉俸
沿江土目	1	叶枝村	未经承袭，前无廉俸
其喇土把总	1	其宗	未经承袭，前无廉俸
其喇土目	1	喇普	未经承袭，前无廉俸
其喇土目	1	喇普	未经承袭，前无廉俸
其喇土目	1	喇普	未经承袭，前无廉俸
其喇土目	1	喇普	未经承袭，前无廉俸

续表 5-1

名　称	人　数	地　址	备　注
奔子栏土千总	1	设义村	承袭
奔子栏土把总	1	奔子栏	未经承袭，前无廉俸
奔子栏土目	1	奔子栏	未经承袭
奔子栏土目	1	杵泗	未经承袭，前无廉俸
奔子栏土目	1	洛右村	未经承袭，前无廉俸
奔子栏土目	1	塔城村	未经承袭，前无廉俸
奔子栏土目	1	拖顶村	未经承袭，前无廉俸
奔子栏土目	1	茂顶村	未经承袭，前无廉俸
阿墩子土千总	1	洛任村	未经承袭，前无廉俸
阿墩子土目	1	阿墩子	未经承袭，前无廉俸
阿墩子土把总	1	阿董村	未经承袭，前无廉俸
阿墩子土目	1	红坡	未经承袭，前无廉俸

来源：《中国少数民族社会历史调查资料丛刊》修订编辑委员会编《云南少数民族社会历史调查资料汇编（一）》，民族出版社 2009 年版，第 63～64 页。

通过表 5-1 不难看出，经过这次分封，共产生土千总 2 人，土把总 7 人，土弁、土目合计 26 人，基本奠定了此后澜沧江片区土司的分布格局。而这个时候，中甸的情形也是一样，只不过是将吐蕃所委派之协碑改为土守备，诺碑改为土千总，得碑改为土把总，而原辖区维持不变。

雍正年间的这次封赏基本上奠定了该区民主改革前的土司分布格局。此后，除了极个别因立功而被委任土官职的平民外，再没有大规模地分封过新的土司官。

站在中央王朝的立场上，作为一种折中的地方政权形式，土司具有浓厚的封建割据性。"土司不论其官爵之大小，辖土之广狭，莫不自成一区域，于其领土之内执有莫大之威权，人民财产皆视为私人之所有物，实一区域中之土皇帝也。"① 自雍正朝以降，不管是清朝皇帝还是国民政府，为了在当地建立直接、有效的统治，都采取了抑制土司而抬高流管政府地位的策略。但遗憾的是，绝大多数的改土归流只是革除了土司的上层，其属下的土目、土舍多未触及；甚至有些就只是简单地变换了一下职称，土

---

① 顾颉刚、史念海：《中国疆域沿革史》，商务印书馆 1999 年版，第 215 页。

司摇身一变又成了流管政府在当地的合法代理人。从实际的操作层面来讲，大部分地方仍是施行所谓的"以土目管土人，以流官管土目"的羁縻之策。尽管有上层的流官把政，但建立在土官、土目之上的流官体质实际上也成了空壳，依旧"非中央政府权力所及"①。一般来说，变相的土司头人仍旧还是乡村中的统治者，他们占有大量的土地和牲口。一般民众对于县府漠不关心，而对于土司，则唯命是听，绝不反抗。②雍正八年（1730年），原属康普禾氏土司所管辖的怒俅两江流域民众，听说清朝在维西、中甸地面改土归流，便共赴女千总禾娘处，"贡黄蜡八十斤，麻布十五丈，山驴皮十（张），鹿皮二十（张），求纳为民，永为岁例"③。既然是内附清朝，本应直接与流官政府进行交涉，但怒俅百姓第一个想到的仍是地方土司。鉴于民众的政治认知，清廷也只好将怒俅的大片地区划归禾娘兼管。这种强龙不压地头蛇的权力格局在民主改革前一直如此，未曾出现过剧烈的变动。1947年，江应樑在《云南土司制度之利弊与存废》一文中发出这样的感慨："在若干土司势力较大的区域，县政府设治局有如土司衙门的附庸，不得其同意，纵呼使一个工役也不可能。"④可以看出，民主改革前土司在地方社会中始终处于核心地位，对地方秩序的影响无疑是巨大的。

二、土司及其统治

民主改革前，不管有无改土归流，土司的地位一直未曾有大的变动，始终是影响地方秩序的一支重要的社会控制力量。下面，我们将对其社会控制手段进行逐一分析，看看它如何在保护自己的权益的同时实现对社会秩序的维持。

（一）行政：层层分封

土司在自己的辖区内权力甚大，他们甚至可以像中原王朝的皇帝一样委官派职，分配并授权他们的亲信和军官管辖某一行政区。整体而言，川

---

① ［英］Paul Huston Stevenson 著：《西康人文地理述略》，源泉译，载《清华周刊》1933年第40卷第7～8期，第156页。
② 参见李明《西康风光》，载《东方杂志》1936年第33卷第4号，第105页。
③ ［清］余庆远：《维西见闻录》，见于希贤、沙露茵选注《云南古代游记选》，云南人民出版社1988年版，第126页。
④ 江应樑：《云南土司制度之利弊与存废》，载《边政公论》1947年第6卷第1期，第28页。

滇藏交界带的土司主要分为两大系统：一是丽江木知府所分封的纳西族土司，二是受吐蕃遥控指挥的藏族土司系统。

明万历年间，在把吐蕃势力赶出滇西北以后，为了巩固自己在该区的统治，丽江木知府采取了屯兵驻防的策略。如此一来，在战争中发挥了巨大作用的管军大木瓜和管民大阿寡自然又成了控制地方的最大土司。如禾妈吉和禾戢目两家的祖父，即受木氏土司的委派，驻防在姑纳（腊）、昌波（康普）地方，管辖金沙江以西，澜沧江、怒江流域一带的大木瓜和大阿寡。作为木氏土司在当地分封的第一级组织，大木瓜和大阿寡又可以委派他们自己的属下和亲信到各军事要地留守驻防，任木瓜、阿寡、佐瓜等职。原你那片永安村（今本村）的王姓土司、遵化村（今那哈村）的何姓土司、阿墩子片阿陶村（今阿东）的禾姓土司及阿墩子的桑姓土司等，都属姑纳、昌波的大木瓜和大阿寡分去的土司官。依次类推，这些中层的土司官则又可以直接任命各村寨头人，把自己的统治力量延伸至社会的最基层。清朝初年，吐蕃再次南下占领滇西北以后，为了尽快建立起自己的有效统治，第一步便选择在行政上进行改革，派遣藏族人担任协碑、诺碑和得碑等分层管理，以替换原木氏土司所构建的木瓜分封制。

> 考协碑又称底哇，为管理设塘全境之官，其职为丹家丹东，即管辖百姓七千七百户之意；诺碑又称神翁，为管理本境内地之官，其职为卓家卓支，即管辖百姓六百六十户之意；得碑为管理自己区域之官，其职为打马卓支，即统带马队六十名之意。①

改土归流后，该区内的各大小土司都不再通过其他大土司间接委任，而是直接由中央政府按其原来的官职大小，分别授予守备、千总、把总、外委、目等职衔。为了与正规清军中的同级官衔相区别，在其职称前都冠以"土"字以示区分，并统称为"土弁"，又称为"头人"。关于武职土司职衔的品级，《大清会典》卷四十六有载：土弁八种，土游击，从三品；土都司，正四品；土守备，正五品；土千总，正六品；土把总，正七品；土外委千总，正八品；土外委把总，正九品；土外委额外，从九品。

---

① 转引自《中国少数民族社会历史调查资料丛刊》修订编辑委员会编《云南少数民族社会历史调查资料汇编》（第1辑），民族出版社2009年版，第70页。

另,土屯四种,土屯守备,正五品;土屯千总,正六品;土屯把总,正七品;土屯外委,正九品。百长、土舍、土目等均不入品级。① 土司辖区内的行政建制虽较为原始简单,但它意外而巧妙地避开了因机构冗杂、人浮于事而产生的"行政内卷化"现象,足以应付各种日常或突发的地方性事务。

(二) 军事:守土保民

土司无职业部队,一般在伙头管辖的村寨范围内设一名百长,遇有战事,征召管内百姓及奴隶、农奴,组成100人的武装队伍,听命于土司的指挥调遣。雍正二年(1724年)起,中甸、维西先后设治,各县有了流官政府及所属武装。但流官等同虚设,土司职权依然很大,仍可调动临时性部队。清朝末年,县厅以下奉命办团练,维西厅下各座②都办起了团练,各座的千总、把总土司都分别担任了团总。土练由土司辖区内的青壮年随时充任。他们平时不脱离生产,每年酌情由土司署集中训练,通常每年集中一次,进行一个月的训练,平时从事生产,战时听从土司驱调应征,战后除少数听候土司差用外,其余解散回乡重操旧业。③ 民国元年(1912年),中甸、维西、德钦、贡山等县(设治局)设区、乡,仍由各千总、把总治理,武装体制与清朝大体相同。民国十六年(1927年),各区又办起了民团,清朝遗留的千总、把总摇身一变,又分别担任起区分团总,军事指挥大权始终操纵在土司手中。

对中央王朝来说,土司武装一直是稳定地方秩序所必须依仗的中坚力量。这从大批土司的发家史即可看得很清楚,如中甸土司翁氏更吗得升本"系土著夷人",因参加了清朝对大、小金川的战争,"蒙恩赏给候补土守备";其子隆布在恒乍绷农民起义时,为清朝统治者在"康普、叶枝、阿墩子等处巡防截堵,立功有案",得云贵总督觉罗琅玕"恩赏蓝翎,得升土守备";隆布子康珠喇九,亦奉督部觉罗琅玕饬委,代办土守备事;道光二年(1822年),喇九子翁杰三珠拔补土守备;三珠子农布恩朱,攻剿

---

① 转引自龚荫《中国土司制度》,云南民族出版社1992年版,第116页。
② 维西设厅后,在其辖区内又分设五座,作为次级的小型管理机构。当时的五座为:一座临城,二座康普,三座阿墩子,四座其喇,五座奔子栏,都分别由当地土千把总分管,统一接受维西厅通判的节制。
③ 参见怒江傈僳族自治州地方志编纂委员会编《怒江傈僳族自治州志》(上),民族出版社2006年版,第509页。

仰弄有功，蒙保赏五品蓝翎，"得署土守备"；光绪七年（1881年），其后七里培初、翁杰得实又因参加镇压杜文秀起义"案内有功"，被分别委以土守备和土千总之职。① 翁氏一脉的发家缘由并非个案，通过后文有关中央王朝对土司奖惩的论述即可发现该区土司的升迁多与军功密切相连。

除了对外参与大规模战事外，土司武装也是解决内部矛盾的有效工具。在《回忆往事 倍感党恩》中，赵正雄就记载了其父贡水赵伙头利用手中的武装力量解决纠纷的案例。

> 父亲挑选了一百个壮兵丁，编为百兵官、五十兵官、二十五兵官、十五兵官等级别，父亲是总兵官。……当时，升平镇有一个驼老爷（马绍武）家里很富，他的老婆是（阿东）劳因千总（即禾尚忠）的姘头，因此，他十分仇视禾尚忠，但因势力不及劳因家，只好怀恨在心，不敢有任何举动。后来他到四川巴塘请拉司迪吾的人马，并来信与父亲联系，父亲复信劝他：你与劳因千总没有什么更大的矛盾，有什么问题是可以与他讲道理的，千万不要动武，更不能请兵来我们地方，再说我既受命于县长及其他长官之托，有保卫地方安全之责任，请你好好想一想。但驼老爷不听，终于还是从四川巴塘请来了拉司迪吾的人马。父亲听到消息后，抢先带兵到下阿东山口埋伏，把驼老爷请来的人赶走。②

除此之外，土司武装在国防建设上还具有一定的积极意义。20世纪初，以英、法、俄为代表的帝国主义对我国西南地区虎视眈眈，伺机而动，边疆危机日甚一日。经过两次赴怒俅边界的考察，夏瑚就曾表达过这样的忧虑："前数十年，有洋人率多人自汉地来者一起，即法国亲王。住三日。经龙最雪山达南闯，往缉捕去讫。又有自漾共来者一起，自南闯来者先后二起，均各由原路折返去讫。每起到境，无不登山涉水，到处绘图照相……闻洋人每至其地，无不厚赠其衣饰枪马等件，意在收心……"③

---

① 参见王恒杰《迪庆藏族社会史》，中国藏学出版社1995年版，第166页。
② 赵正雄：《回忆往事 倍感党恩》，见中国人民政治协商会议迪庆藏族自治州委员会文史资料委员会编《迪庆州文史资料选辑》（第5辑），1994年，第48页。
③ [清]夏瑚：《怒俅边隘详情》，见方国瑜主编《云南史料丛刊》（第12卷），云南大学出版社2001年版，第160页。

1913年，英国军事勘测队自片马闯入独龙江。独龙族头人遵照土司通知立即组织民众与勘测队进行斗争，处死了英军头目布里查上尉，将侵略军赶出了独龙江。1938年，为明确辖区边界，叶枝土司王嘉禄铸造铁质界碑一批，上铸"北路土司界"字样，派遣维西商人钱国珍秘密运往独龙江等地，在土司辖地内埋设。①

虽然某些时候土司武装会充当私人打手的角色，但这并不会削弱它在维持地方社会秩序中的积极影响。尤其是在国家权力尚未能完全掌控地方之时，土司武装无疑是维持社会治安，促进社会稳定的中坚力量。

（三）法律与纠纷调解

土司辖境的刑律，多依据习惯制定，其设计范围很广，包含了政治、经济、文化乃至人们的日常生活等各方面的限制。黄举安曾对土司制度下的犯罪受刑种类进行过概括和总结，认为犯罪受刑种类主要包括以下几种。②

1. 侵害个人利益之罪刑

（1）侵害生命之罪刑：一般杀人罪，死刑或罚金与监禁；故意杀人罪，死刑；过失致死罪，罚金或监禁；教唆他人自杀罪，罚金或监禁。凡决斗、堕胎、自杀及帮助决斗、堕胎，不成罪。

（2）伤害身体罪：一般伤害罪，罚金或监禁；过失伤害罪，同上；私擅逮捕罪，同上；强奸妇女罪，同上；妨害安全罪，同上。凡侵他人住宅，妨害秘密，妨害名誉，妨害信用，及和诱均不成罪。

（3）侵害财产法益之罪：单纯偶盗罪，公布或赔偿；单纯强盗罪，赔偿或罚金；准强盗罪，监禁或罚金；强盗杀人罪，死刑或罚金。凡未遂者不成罪。

（4）侵占罪：一般侵占罪，赔偿；业务上之侵占罪，赔偿；毁弃公文书罪，死刑或监禁；毁弃私文书罪，罚金或赔偿；毁坏公共建筑物罪，赔偿。

（5）欺诈罪：一般欺诈罪，赔偿；一般背任罪，罚金；收受赃物罪，

---

① 参见李道生《维西康普、叶枝等土司管理怒江始末》，见中国人民政治协商会议云南省维西傈僳族自治县委员会文史资料委员会编《维西文史资料》（第3辑），1995年，第157～158页。
② 参见黄举安《西康风俗丛谈》，载《开发西北》1934年第2卷第2期，第69～70页。

罚金。

2. 侵害社会利益之罪

（1）妨害秩序罪：公然煽惑罪，监禁；妨害农工商业罪，罚金或监禁聚众强暴胁迫罪，监禁。

（2）放火决水罪：放火伤害他人或财物罪，赔偿；决水伤害他人或财物罪，赔偿。凡放火烧山，无故纵火，决水，均不成罪。

（3）掘毁坟墓及亵渎祀典罪：掘他人坟墓罪，叩头；掘他人坟墓而损坏遗弃尸体罪，叩头及赔偿；妨害说社教及害教会合罪，罚金及监禁；对寺庙不敬罪，罚金、监禁或死刑。凡赌博、吸鸦片烟，重婚，伪造文书证据，伪造印章，伪造货币，妨害卫生，妨害饮料，妨害交通危险物均不成罪。

3. 侵害部落法益之罪

（1）内乱罪：内乱罪，死刑；内乱预备防谋罪，死刑；内乱帮助罪，死刑。凡谋害土司个人，亵渎土司个人，损害土司个人之财产者，均照内乱罪处刑。

（2）外患罪：通谋敌人与本部落开战罪，死刑；利敌害部罪，死刑；外患预备防谋罪，死刑。凡官吏渎职，泄露机要公务，妨害公务，监禁人脱逃等罪，均由执行处分之土司长官任意判决，为刑极重。

上述条款虽有维护土司统治阶级利益的倾向，但毕竟最终还是成为人们所共同信奉的社会规范。这从改土归流后乡民有案多避开流官政府而仍求助土司衙门的现象即可看出。"各县虽设有地方官吏，而一切诉讼，大半皆在土司处起诉投审，理之曲直，听凭土司裁判，设有万不得已之事，则控诉于地方官吏，然准理后而传讯时，又生出种种弊端，或因土司头人之袒护而抗传不到，或因通过翻译之贿串，而颠倒是非，地方辽阔，语言隔阂，致使传讯与执行，遂多滞碍之虞。"①与内地的汉族一样，该区的各少数民族也同样持有无讼的价值理念。一般而言，到土司或流官衙门进行正式的司法审判大多是迫不得已而为之的无奈之举。与此相伴生的是，有第三方参与的调解成为人们消弭纠纷的首选。土司是地方社会的传统权威，在民众中本就享有很高的威望，再加上又得到官方的认可，具有官方的身份，因此在僧俗两边都具有很好的沟通作用，成为纠纷调解的核心主

---

① 黄举安：《西康风俗丛谈》，载《开发西北》1934年第2卷第2期，第71页。

体。尤其当涉及较为重大的案件时（譬如草场纠纷），土司的斡旋能起到至关重要的作用。如民国二十八年（1939年），奔子栏区牧民与西藏属之牧民，为争夺草场械斗，打死藏属牧民而起衅端，双方即将开战。奔子栏土司派其弟王绣阑前往藏方谈判言和，才算了结一场恶战。①

有时，土司还出面调解不同民族之间的纠纷。怒江上游地区开发较晚，清代以前从未设治，民众处于原始蒙昧状态，各民族之间以强凌弱，械斗不断。相比之下，独龙江地区的独龙族最为弱小，时常受到恩梅开江和怒江流域蓄奴主的掠夺。在走投无路的情况下，独龙族派代表于同治九年（1870年）翻山越岭到维西叶枝土司处诉说苦情。听闻此事后，叶枝土司即派亲信把怒江上游地区的怒族、傈僳族蓄奴主、头人等召集在一起进行谈判，最后达成了三条协议：第一，禁止对独龙族的侵扰仇杀活动；第二，禁止虐杀、掳掠、买卖和奴役独龙族人口；第三，各民族互相通婚，友好相处。此外，叶枝土司还向独龙族、怒族和傈僳族代表颁发了一袋"千总铁箭头"，宣布说如有一方违约，受害一方可以联络另一方，对违约者进行惩罚，并会得到叶枝土司的援助。同时，为了表示对协议信守不渝，协议三方还在普拉河岸的岩石上刻下三道刀纹，对天发誓，勒石为盟。独龙族代表回到独龙江后，又向拉打阁蓄奴主传达了叶枝土司的意思并出示了"千总铁箭头"。摄于土司威力，拉打阁蓄奴主也与独龙族达成了结束侵扰的协议并同样勒石为盟，表示永不反悔。②自此，怒江上游地区各民族之间的仇杀、械斗现象得到明显遏制，社会也趋于稳定。

（四）宗教：精神安抚

为了巩固自己的统治，让人们从内心深处真正服膺封建等级制度，土司还极力支持和宣传宗教，使之成为他们的柔性控制工具。关于这一点，在木氏土司与藏传佛教噶玛噶举派之间的关系上体现得最为明显。

早在木氏土司崛起以前，藏传佛教就经由吐蕃传至滇西北地区。及至明代，在与吐蕃进行拉锯式的辖区争夺战中，丽江木知府越来越体会到藏

---

① 参见刘茂棣《维西土司》，见中国人民政治协商会议云南省维西傈僳族自治县委员会文史资料委员会编《维西文史资料》（第7辑），2008年，第12页。

② 参见李道生《维西康普、叶枝等土司管理怒江始末》，见中国人民政治协商会议云南省维西傈僳族自治县委员会文史资料委员会编《维西文史资料》（第3辑），1995年，第156～157页。

传佛教在地方民众中的影响力。为了抑制藏族势力，缓和民族矛盾，木氏土司遂采取了大力支持当时最具影响力的藏传佛教噶玛噶举派的策略。《历辈噶玛巴法王传记总略·如意宝树史》对木氏土司（木定）与噶玛噶举黑帽系第八世活佛弥觉多杰的会晤场面有详细记载，从中我们不难看出木知府的宗教态度。

> 是时，法王（弥觉多杰）应姜洒当结布（土司木定）之请前往……近地下榻……姜结布坐乘轿子，其叔父及弟弟各骑坐大象一头，侍仆牵引大象，众人骑马执举伞、幡、幢等供品簇拥而来，行至法王驻地，纷纷下马磕头，并由腊卡察美任翻译、向法王询安、献礼……姜结布即令于每日晚，在法王驻地四周跳舞献技，以庆法王大驾……接着盛大迎请，法王被请上轿子，与随僧官员一同驾往木天王宫大殿。姜结布行至宫殿大门之间，予法王恭献哈达，尔后，一同步入宫殿上金宝座，随僧或坐次座，或坐下座……继而，向法王敬茶，恭献珠宝、绸缎等一百件礼物。之后，敬献各种衣物饭茶，举行盛宴。其后，姜结布从库房取出神珠等"轮王七宝"、三妃所用诸饰品一同献上，甚为悃诚，且派人送礼至法王榻地。次日，复请法王入宫殿，款洽如意。①

在此以前，土司木定并不信奉佛教，然而，从此以后他对佛教尤其是噶玛教坚信不疑。在这次会晤中，木定甚至还允诺弥觉多杰"十三年内不发兵西藏，每年选送五百童子入藏为僧，且度地建一百寺庙"②等。事实也证明，虽然"十三年内不发兵西藏"的誓言未能兑现，但"度地建一百寺庙"的承诺一直被木定及其后继者们所践行。即使到了清代，在中央朝廷特意扶持格鲁派的环境下，木氏土司一系仍在为噶玛教捐地设庙。如维西康普寿国寺、喇普达摩寺、县城兰经寺、罗吉吉喇嘛寺和贡山普化寺等，都是在雍正年间由康普土司禾娘捐建完工的。乾隆五年（1740年）闰六月，康普千总禾娘，儿媳禾志明，孙王恩锡、王再锡、王那极，侄把总王布、王清、王丕礼生、王佩等，共捐送寿国寺阿罗、本业、罗通、汉

---

① 转引自余海波、余嘉华《木氏土司与丽江》，云南民族出版社2002年版，第166～167页。
② 转引自余海波、余嘉华《木氏土司与丽江》，云南民族出版社2002年版，第167页。

边、波罗楚、精里、溜筒、甸尾、罗空、罗良、出多洛、罗陀12个田庄，作为供养的庄户。乾隆十年（1745年），寿国寺因失火被焚毁，后还是在康普土司的大力支援下于乾隆三十五年（1770年）迁至现址重建。

要想让宗教成为自己的统治工具，光在物质上予以支持是远远不够的，还必须要在宗教里掌权，进行神权统制。"土司将自己的儿子送入喇嘛寺出家，是为了掌握寺庙中的大权。或树为活佛，掌握神权，或委为总管，掌握财政。就是中小土司的儿子当喇嘛，也要叫'争春'，比普通喇嘛要高出一等。如奔子栏千总东珠扎什的后代，即第六代孙王兆麟之子王秀阑（王庆阑之弟）就是东竹林寺的设义活佛；叶枝土司王国相之叔即是寿国寺的明觉活佛，王国相之弟登子出家，又为寿国寺的总管；把总王昌的长子仁木次即是活佛，其孙王浩、王治出家也为来远寺活佛；又如土目云永清的第三子、李姓土目、万姓土目的后代出家当喇嘛，一个叫云争春，一个叫拍古争春，一个叫万争春。"①

帕森斯认为，价值观的共同接受是社会秩序得以建构并维持的基础和保证，如果一个社会没有一套完整的价值系统，其所能够达成的整合也只能是机械性的而不是有机的。② 正是通过对宗教的大力扶持，人们的言行得以规范，各民族群体之间也找到了一个关联互动的桥梁，在不知不觉中维持了社会的稳定。

（五）经济：人身依附

民主改革前，该区的绝大部分民众一直处于"政教合一"的封建农奴制的统治之下。土司头人和僧侣贵族两大领主，占总人口的不到百分之一，但他们却是土地的最高所有者，别人不得侵犯；而约占总人口百分之八十七的广大农奴，或完全没有土地，或只有少量的土地，仅有简陋的生产工具和一两头牲畜。③

按照马克思的生产方式理论，生产资料的所有制形式决定生产关系。在"政教合一"的封建农奴制度下，对那些毫无生产资料，只剩下自身劳

---

① 刘茂棣：《维西土司》，见中国人民政治协商会议云南省维西傈僳族自治县委员会文史资料委员会编《维西文史资料》（第7辑），2008年，第6～7页。

② 参见［美］C.赖特·米尔斯著《社会学的想象力》，陈强、张永强译，生活·读书·新知三联书店2012年版，第23页。

③ 参见《迪庆藏族自治州概况》编写组编《迪庆藏族自治州概况》，云南民族出版社1986年版，第31～32页。

动力可以出卖的广大民众而言，唯有投寄于土司或寺庙庄园充当农奴，除此之外别无他途。一般情况下，农奴分为两大类：一类是有门户的农奴即正户，约占农奴的百分之九十七，可以向农奴主领种小块份地；另一类叫"羊巴"，即无门户的农奴，其地位低于正户，约占农奴的百分之三，无权向农奴主领种份地。① 农奴主在留下大量好地作为自营地后，把那些分散贫瘠的土地分给农奴正户作为份地。份地形式上是付给农奴的报酬，实际上是农奴主为驱使农奴耕种其自营地而采取的迂回策略。正如列宁所说的，"农民在自己的份地上经营的'自己的'经济，是地主经济存在的条件，其目的不是'保证'农民获得生活资料，而是'保证'地主获得劳动力"②。

除领种份地外，因借贷行为而产生人身依附关系的现象也颇为普遍。该区的借贷情形大致可分为两种：一种为借粮，另一种为借金。两者虽形式不同，但在本质上毫无区别。其中，借粮多在播种或青黄不接之时。有时是出于自愿，有时则由于受胁迫，而利率统一高达百分之五十至百分之百，有的暴利甚至会达几倍乃至几十倍。据1955年调查，中甸县布伦村共29户农奴，其中一户有一人从事小手工业未欠债，其余28户均欠寺院的债，仅债利负担就占全年粮食收入的百分之二十一。按宗教习俗，每年农历冬月举行"跳神"，借此收债，因此藏族群众中间流传着这样的歌谣："跳神的节日，是苦难的日子，不是跳神在跳鬼。"③ 到期若是还不清，则本生息、利滚利，日积月累，变成子子孙孙也还不清的"万年债"，结果有房地者，将居地抵偿，无房地者，则以人为抵偿，即众家人丁均去充当债权人的"娃子"（即奴隶），而听其自由支配使唤。

限于人身依附关系，农奴和奴隶毫无人权可言，他们会被当作物品一样买来送去，甚至连个人婚事也不能自主。当然，土司与其治下百姓之间的关系并非都如学者们所描述的那样"血迹斑斑"。换句话说，土司与手下属民之间，并不全是冰冷的、制度性的联系，也带有情感性的因素。"迪庆地区的土司均有较好的口碑，没有听到过因为交不上租而被打被杀

---

① 参见《迪庆藏族自治州概况》编写组编《迪庆藏族自治州概况》，云南民族出版社1986年版，第32页。

② 中共中央马克思恩格斯列宁斯大林著作编译局编：《列宁全集》（第3卷），人民出版社1984年版，第161页。

③ 参见《迪庆藏族自治州概况》编写组编《迪庆藏族自治州概况》，云南民族出版社1986年版，第33~34页。

的事情发生，即使是土司家的'娃子'，虽然与土司有严格的等级区分，但也没有听过虐待奴隶的惨闻"，"（甚至）每年去土司家拜年的时候，土司都会用好酒好菜招待他们一顿"。① 为了树立威信，巩固辖区内秩序，土司也会关注一些社会公益事业，甚至还会以代表的身份抛头露面，为人民争取利益。如光绪二十二年（1896年），中甸存城发生火灾，而时任存城把总之职的何珍非但没有派兵救护，反而趁火打劫，"将灾民庄兴发之铺盖一套藏匿"，遂引起人们的不满。于是，中甸土守备、千总松那汪杰、敦浓得实等联名上书，强烈建议将何珍革职查办，以安民心。② 先不说其结果如何，光是这一举动就能为他们赢得大片人心。

（六）联姻：消弭纷争

恩格斯在论述欧洲中世纪封建主之间的联姻现象时精辟地指出："对于骑士或男爵，以及对于王公本身，结婚是一种政治的行为，是一种借新的联姻来扩大自己势力的机会。"③ 木氏土司之所以历元、明、清三朝22代，传承470余年而不衰，多少与此有关。自被朱元璋赐木姓至清改土归流前，木氏土司共承袭了18代，其中有17代的正妻为其他州府所属子女；在娶进盟友女子的同时，木氏土司还尽量把自己的女儿或孙女外嫁。在木氏第四十八代嫡长木光所搜集整理出的《木氏土司政治联姻、文化和亲表》中，我们发现：木氏共嫁女51人进行有目的性的政治结盟，其中嫁给鹤庆土知府及土千户、土千总6人；嫁给北胜州知州、同知9人；嫁给兰州知州8人；嫁给通安州知州及千夫长、土酋12人；嫁给姚安府府、同知5人；嫁给邓川州知州2人；嫁给剑川州土千户2人；嫁给永宁府土知府2人；嫁给顺州土官1人；嫁给蒗蕖州知州1人；嫁给蒙化府知府1人；嫁给左所土酋2人。④

即使是木氏土司委任于滇西北的次级土司——各木瓜头人之间也是如此。清末民国时期，德钦范围内的政治结构一直处于"三家土司、三大寺庙和四十六伙头"的掌控之中。其中，三家土司分别是阿董村（今阿东

---

① 刘琪：《构建多民族共同体的"迪庆经验"：历史、现实与启示》，载《华东师范大学学报》（哲学社会科学版）2014年第5期，第125页。

② 参见王恒杰《迪庆藏族社会史》，中国藏学出版社1995年版，第268～269页。

③ ［德］恩格斯：《家庭、私有制和国家的起源》，见中共中央马克思恩格斯列宁斯大林著作编译局编《马克思恩格斯选集》（第4卷），人民出版社1972年版，第74页。

④ 参见木光编著《木府风云录》，云南民族出版社2006年版，第68～69页。

村)的禾家、升平镇(今德钦县城)的桑家和红坡村的吉家。三家土司同时崛起于雍正五年(1727年),当时三家的祖先都跟随康普禾娘要求内附接受改土归流,于是禾家被委封为阿墩子片土把总职,桑家和吉家也都受赏听封,被委以地方土目。嘉庆六年(1801年),维西地面爆发了轰轰烈烈的恒乍绷农民起义,并愈演愈烈,波及整个滇西北地区。在镇压恒乍绷起义的过程中,三家土司都奉调出征出力颇多,事后桑家和吉家由土目分别升为土把总和土外委,而禾家也相应由土把总升为世袭土千总。自此,德钦片区的权力格局最终形成。为了达到强化统治力量的目的,三家之间也随即建立了婚姻联盟。如在当地颇得民心的土千总禾文耀,事实上是桑家土司桑文煌的哥哥,后入赘到禾家改名换姓,撑起家业。婚后,禾文耀育有两男三女五个孩子,其中二女儿嫁到了吉家,而长子禾尚忠的老婆也来自吉家。如此一来,禾家与吉家也亲上加亲,结成了政治同盟。盘根错节的姻亲关系不但强化了诸土司各自的统治,而且在无形中也消弭了他们之间的利益纷争。

第四节 步步下沉的国家权力

若以政治眼光来审视该区的历史,由边缘向中心靠拢的趋势十分明显。改土归流前,该区的地方秩序主要由土司与寺庙联合维持;之后,国家权力开始有意识地下移,并逐渐掌控了全局。近些年来,为了充分调动地方民众的积极性和能动性,国家权力又选择了适度后撤,从事必躬亲转向宏观指导。

一、管官不管民

土司制度的存在是国家权力让渡的结果,其基本方式是国家在民族地区"管官不管民",即国家对当地社会的控制主要是通过管理土司来间接实现的。

(一) 严承袭,明赏罚

除元代土官一经授职即为世袭外,明、清及民国时期原则上采取的都是拔取递补制，只有对个别势力较大的土司才采取让步策略，明文规定准其世袭其职。然而，在实际的操作中，有没有书面承诺并无点滴差异。刘茂棣在《维西土司》一文中曾对这一现象做过一番精彩的说明："雍正初年以及后期委封、提拔的千、把、目三级土司中，只有千总和少数几个把总是委封的世袭职务，部分把总、外委、土目等都没有委其世职。但是，当第一任把总、外委、土目死后，又有谁敢去接替他们的管理职务，而且还要管得了。……因此，凡大、小土司逝世后，继承其职务的儿子，向官府呈一纸文书备案，说明老土司于何年何月逝世，只要得到上级官府认可，就算是袭职。有些边远地区的土司后裔，在老土司死后，就自动袭职，连一纸文书也没备案。"① 所以，在该区的历史上，一直流传有"土司之子恒为土司，伙头之子恒为伙头，村长之子恒为村长，百姓之子恒为百姓，奴隶之子恒为奴隶"的民谚。虽然结果早已预知，但"欲以示驾驭之权"，中央王朝对承袭程序的履行却毫不含糊。王恒杰的《迪庆藏族社会史》中收录有光绪九年（1883 年）维西抚彝府所发的催促阿墩子桑氏土司迅速申报袭职手续的文件一封，从中我们可以看出承袭的要求及经办、批准的过程。

  钦加提举衔，特授维西抚彝府加三级纪录四次……为扎饬遵办事。光绪九年四月二十四日案准丽江府积（按：原件"积"下空一格）移开为移催土职承袭事。光绪九年三月二十三日奉巡宪翁（按："巡宪"指云南巡抚，"翁"下原空一格）扎开。案查定例土职遇有事故、病故遗缺，定例六个月由地方官将病故、事故各日期详报，一面取具合例应袭之亲供、宗图，各项册结，同原领号纸，由府申道核转，若逾例限，即将……职名详参。盖因土司束约地方之责，不能久旷职守。迭奉吏部开单咨催，均经转行在案。兹查……自军务肃清后，各属土司缘事出缺者甚多，而办理承袭之案，颇属寥寥。案关承袭土职，未便再延，……此扎，仰阿墩子土弁遵照，所到迅即遵照宪扎指示情节，刻日……造具沿袭履历、亲供各册结，亲身赍送来辕，以凭核明，加结申送巡宪，转咨核办，毋得宕延，致干参究。切速！

---

① 刘茂棣：《维西土司》，见中国人民政治协商会议云南省维西傈僳族自治县委员会文史资料委员会编《维西文史资料》（第 7 辑），2008 年，第 32～33 页。

切速！

　　特扎。

　　计粘单一纸。

　　右扎阿墩子土弁……准此

　　　　　　　　　　　　　　　　光绪九年六月　　日扎①

在"土司之子恒为土司，伙头之子恒为伙头"的社会历史背景下，袭职手续的履行无非是走走形式，摆摆过场，但它对中央王朝来说却意义非凡，这不仅是因为呈文求赐是归顺和沉浮的标志，更重要的是它为中央王朝施展权力提供了最绝佳的通道。

如果说土司承袭是形式主义的话，那统治者依据自身好恶所进行的赏罚则是实实在在的权力指挥棒。改土归流前，中央王朝对该区的控制主要是通过木氏土司间接实现的。有明一代，木氏土司镇守滇西北，兢兢业业，恪尽职守，为此曾多次得到朝廷的嘉奖。如正统五年（1440 年），木森从黔国公沐晟征麓川有功，赐诰命，加授大中大夫、资治少尹；嘉靖三十九年（1560 年），木高进助殿工银二千八百两，诏加文职三品服色，给诰命；翌年，又进木植银二千八百两，诏进一级，授亚中大夫，给诰命；万历三十一年（1603 年），木增率兵擒贼首高兰，又助饷银二万余两，晋通奉大夫、布政使，升广西右参政、四川左参政，授太仆寺卿。② 除加官晋爵外，清朝皇帝还不断赐予田产和题字匾额以示优抚。其中，尤以题赠匾额的行为最能体现统治者的笼络之心：洪武十六年（1383 年）给"金花带"，永乐三年（1405 年）赐"金牌"，永乐十年（1412 年）再赐"金带"，皆镌有"诚心报国"四字；嘉靖十五年（1536 年）钦赐"缉宁边境"四字；嘉靖四十年（1561 年）又赐"乔木氏家"四字，准建牌坊一座；万历三年（1575 年）敕赐"西北藩篱"四字，并准建牌坊；崇祯十二年（1639 年）敕赐"益笃忠贞"四字，准于省城建坊。③ 清设治以

---

　① 王恒杰：《迪庆藏族社会史》，中国藏学出版社 1995 年版，第 162～163 页。

　② 参见［清］王崧《道光云南志钞》，见方国瑜主编《云南史料丛刊》（第 11 卷），徐文德、木芹、郑志惠纂录校订，云南大学出版社 2001 年版，第 598～599 页。

　③ 参见杨益群《明代丽江府的社会发展与木氏土司的统治》，载《丽江方志》1989 年第 1 期，第 64 页。

后，该区的各大小土司均受朝廷的直接节制。此后，在不同的历史事件中，根据其立功表现，又提拔和奖赏了一批地方土司官。如乾隆六年（1741年），"岩瓦洛白浪统一带"土匪作乱抢劫，百姓不能安居乐业。土目赵漠奉调带土练兵，跟随维西协驻军一同进剿土匪，后因"屡立战功"被委任为"世袭沿江土把总"。① 再如乾隆十九年（1754年），东旺同贼匪肆行邪法，扰乱中甸五境，夷民僧众尽皆惶恐。松氏后裔七里那结首创大义，亲自带兵冲锋赴敌，扫除妖邪，卓有功绩，升补土守备。② 相较于小股匪徒，农民起义更具组织性和煽动性，自然也更为封建统治者所仇恨。所以，在每一次农民起义被镇压下去之后，总会进行一番按功行赏。嘉庆六年（1801年），恒乍绷领导的傈僳族农民起义爆发。翌年，起义军即发展到万余人，影响遍及整个滇西北。面对突如其来、声势浩大的农民起义军，清政府手忙脚乱，官兵伤亡惨重。为了速战速决，云贵总督罗觉琅玕亲临石鼓指挥，并征调中甸、维西两厅各处土司带土练军四面围追堵截。战事平息后，中甸翁氏后裔隆布③、工龙商人喃珠④、阿墩子土把总禾良斗⑤、阿墩子土目桑上达⑥、红坡土目吉□□⑦（吉天赐的祖父）、临城土把总王仁⑧和临城土目王连⑨等，都得到不同程度的受奖升委。咸

---

① 刘茂棣：《维西土司》，见中国人民政治协商会议云南省傈僳族自治县委员会文史资料委员会编《维西文史资料》（第7辑），2008年，第50页。

② 参见王恒杰《迪庆藏族社会史》，中国藏学出版社1995年版，第165页。

③ "恩赏蓝翎，得升土守备。"——《新修中甸志书·翁氏土守备谱序》，参见王恒杰《迪庆藏族社会史》，中国藏学出版社1995年版，第166页。

④ "喃珠，由工龙土职带练从征栗（傈）匪有功，赏给土千总，准其世袭。"（《新纂云南通志·土司考一·丽江府》），参见龚荫《明清云南土司通纂》，云南民族出版社1985年版，第173页。

⑤ "禾良斗……奉调带夷练随征康普栗匪，以功赏戴蓝翎，世袭阿墩子土千总。"（《新纂云南通志·土司考四·丽江府》），参见龚荫《明清云南土司通纂》，云南民族出版社1985年版，第172页。

⑥ "桑上达……从征康普栗匪（？），以功赏戴蓝翎，授阿墩子土把总世袭。"（《新纂云南通志·土司考四·丽江府》），参见龚荫《明清云南土司通纂》，云南民族出版社1985年版，第175页。

⑦ 嘉庆八年（1803年），吉天赐的祖父参与镇压恒乍绷起义，立功后被封官晋爵，由土目升为外委。

⑧ "王仁，清雍正七年率众投城，授土把总。后随征栗匪（？）有功，奏准土把总世袭。"（《新纂云南通志·土司考四·丽江府》），参见龚荫《明清云南土司通纂》，云南民族出版社1985年版，第176页。

⑨ "王连带练助剿栗匪阵亡，奏准世袭西路土把总职。"（《新纂云南通志·土司考一·丽江府》），参见龚荫《明清云南土司通纂》，云南民族出版社1985年版，第175页。

丰六年（1856年），杜文秀率领回民在蒙化（今云南巍山）起义，同年便攻克大理，并在那里建立了农民革命政权。大理政权建立后，起义军打出"救民伐暴"的旗号，与清军在滇西北展开激战。清政府为镇压这次回民起义军，在此后的几年时间里，曾多次征调中甸和维西的土练兵前赴战场。以维西厅所属土司为例，因参与此次战事而立功受赏的计有阿墩子土千总禾文耀（赏戴五品蓝翎）、阿墩子土把总桑布工（赏戴五品蓝翎）、阿墩子土外委吉天赐（赏戴五品蓝翎）、临城土把总王霈（赏戴四品花翎）、西路土把总王荣（赏戴五品蓝翎）、沿江土把总赵朝漠（荫恩世袭云骑尉）、沿河土目钱富（荫恩世袭云骑尉）、沿江土目禾富（荫恩赏恤）等。

在慷慨赏赐的同时，清政府对那些有违圣意的土司也绝不心慈手软。他们或遭贬，或罢黜，甚至直接处死。在一定程度上可以说，土司的兴衰与中央王朝的赏罚之间存在着必然的紧密联系。以康普禾世土司为例，雍正改土归流之时，禾娘率众归附，被授予世袭土千总职，其管辖范围不只局限于澜沧江一线，而且还翻越碧罗雪山延伸至怒江、独龙江流域，可以说盛极一时。改流之前，康普土司有对怒、俅两江百姓收取例贡的传统。改流之后，清政府对怒、俅百姓的负担做了规定，宣布了条粮银、税秋杂粮及贡物量，明令所有从前的夷俗陋规、杂派，尽行裁革。然而，在实际的操作中，康普土司并未遵照办事，仍按改流前的旧规向怒江各寨怒子夷民征收各种例贡，同时又利用怒族及傈僳族的上层，带着沙盐、布货等物到独龙江派放债务，无力偿还者，即把家口折卖，抵为奴隶。康普土司阳奉阴违的行径导致民怨沸腾，乾隆十八年（1753年），清朝统治者对其做出裁决，宣布"除女土千总禾娘已故，禾志明系自新出首且年逾七十应免置议外，头人王芬、王芝、禾品、王永锡，保长和为贵，催头和可清、和志宏等各枷号一个月，满日责四十板并役……康普土千总名缺，永远裁革"。①

整体而言，在政治权力还不能真正触及基层的前提下，统治者对土司的处罚一直抱持宽宥的态度。但即使如此，该区土司也有被处死的案例。光绪三十一年（1905年）三月，由川边巴塘掀起的反洋人、洋教斗争传

---

① 参见李汝春主编《唐至清代有关维西史料辑录》，维西傈僳族自治县志编委会办公室1992年印，第273～275页。

至阿墩子,并在此与清军营兵展开激战。维西通判李祖祜闻报后,即率土练兵一营前来镇压。结果,李祖祜轻信由义村土目赵天赐谗言,认为阿墩子土千总禾文耀在这起事件中与巴塘僧俗有勾结,遂将他拿获就地正法,并把其头颅悬挂于德钦寺内示众,以达杀鸡儆猴之效。然而,这一举动所带来的结果却适得其反,"数千蛮人,一面围攻驻防阿墩镇北、达字、建威三营营盘〈及〉李厅行署,一面烧毁阿墩、次中两处教堂,杀伤教士蒲德元、余伯南并教友十余人。一围三月,水泄不通……声势滔滔,蛮人闻风响应"①。眼看战事愈燃愈烈,李祖祜畏势求和,斩杀通司赵天赐、厅属刑民文案汪如海,仇教的藏族群众才解围退去。在一次行动中可随意杀害两位土司,足见朝廷的控制力之强。

（三）驻军震慑

清设治以前,中央王朝对该区土司的控制主要体现在行政层面上,在军事建制上并无太大作为。虽说在若干地方设置了人马驿站,但其职责仅限于管理汉土官兵转呈谕旨奏折、解运粮饷等事,换言之,不过是维持中藏交通之政府人员,在政治上的作用至多也不过是对当地土酋之行动暗加监视而已。随着改土归流的进行,国家权力大幅度下沉,为适应这一转变,设营添兵遂被提上日程。

雍正六年（1728年）,经云贵总督鄂尔泰上奏并得清廷允准,于维西设绿营,调鹤丽镇兵士400名、永北镇兵士400名,剑川协兵士200名,总计1000名前来驻防,编制为参将一员、守备一员、千总两员及把总四员,其兵额分配如下：参将率千总一员、把总一员、兵丁400名驻扎维西营署；千总、把总各一员,带兵200名驻中甸；把总一员领兵150名住阿墩子；各以把总一员各带兵50名,分别驻澜沧江、奔子栏；其宗、喇普、格咱三汛各驻兵50名。乾隆十三年（1748年）,清廷听从云南提督藩绍周的建议,"维西营,密迩中甸,控扼炉藏,制驭蒙番,洵为极边要地,原设参将营制,未足以资弹压"②,裁营为协。改营为协之后,以左营兼中军驻维西厅,右营分防中甸及奔子栏。左营兵力分布如下：拉撒古汛,

---

① 李汝春主编：《唐至清代有关维西史料辑录》,维西傈僳族自治县志编委会办公室1992年印,第92页。
② 李汝春主编：《唐至清代有关维西史料辑录》,维西傈僳族自治县志编委会办公室1992年印,第204页。

驻外委一员，兵 100 名；鲁甸汛，驻外委一员，兵 100 名；阿墩子汛，驻千总、外委一员，兵 144 名；浪沧江汛，驻把总、额外外委各一员，兵 50 名；阿海洛古汛，驻把总一员，兵 100 名；其宗汛，驻额外外委一员，兵 48 名；喇普汛，驻额外外委一员，兵 48 名。除以上分防外，尚有 150 名兵丁存营。右营兵力分布如下：守备一员、千总两员、把总两员、外委四员、额外外委两员，领兵 531 名驻中甸厅城及分防奔子栏、格咱一带。其中，奔子栏有把总一员、外委一员，领兵 60 名驻防；格咱汛有外委一员，领兵 50 名驻防。①（见表 5-2）

表 5-2 塘卡的设置

设汛分防	塘 卡
存城兵丁分防	头塘、坡脚塘、栗地坪塘、楼梯凳塘、大栗树塘、喇普湾塘、神木多塘、阿罗多塘、桥头卡塘
鲁甸汛	头塘、新平塘、独树坪塘、大石头塘、快活园塘
拉撇古汛	头塘、吉利湾塘、哨牌卡塘
其宗汛	头塘、大石雄塘、出大汤塘、七汤塘、渡口卡塘
喇普汛	梅树卡塘
阿墩子汛	头塘、箐头塘、木龙树塘、三岔塘、一家棚塘、杵旧塘、中塔塘、棋子石塘、加别塘、雍资塘、色勒通塘、革勒塘、罗塘、换夫坪塘、南路卡塘、结衣坡塘、倮达塘、巴迪塘、岔路塘、马甲浪卡
阿海洛古汛	江内外由正、副头人分设管理
中甸汛	坡脚塘、拖木栏塘、三家村塘、红石哨塘、头塘、土官村塘、红石哨塘
格咱汛	松坡塘、喇塔塘、汤堆塘、尼西塘、铺上卡、翁上卡、梅子坪塘、拉咱古塘、木笔湾塘、箐口塘、翁书关卡、石窝蓬塘、吉仁塘、水磨房塘、北坡塘
奔子栏汛	奔子栏塘、桥头塘、纸坊塘、吉咱厂卡
澜沧江汛	阿东塘、梅里树卡塘

来源：《迪庆藏族自治州志》（上），云南人民出版社 2003 年版，第 456 页。

---

① 参见云南省维西傈僳族自治县志编纂委员会编《维西傈僳族自治县志》，云南民族出版社 1999 年版，第 653～654 页。

1912年，中华民国成立，遂又将维西协绿营中西防第九、第十两营①改编为中华民国政府中维游击队。队部设于原维西协署，1921年后又移驻中甸。中维游击队属连级单位，设上尉中队一名，少尉分队长两名，准尉分队长三名，军士一名，号兵一名，护兵两名，辖12个班，每班兵士十名（班长一名，一等兵三名，二等兵五名，伙头一名）全队编员130名。②除此之外，民国军第六营、阿墩子独立营、德钦独立自卫支队、云南省保卫二十七营及维西专属联常队等也都在不同的时段不同的地点发挥了应有的功能。③

（二）众建分封

在改土归流过程中，针对若干土司地大势强不易控制的事实，清朝政府采取了众建分封的策略，用以削弱土司的权势，使土司力小易制而就范。

康普禾世土司原是替丽江木知府镇守滇西北地区的管军大木瓜，势力极大，其辖区"东北至羊拉沿金沙江南下到其宗、腊普、栗地坪，与德荣、中甸接界，南至龙宝厂、日登、洛母底，西北至俅江（今独龙江）边菖蒲桶（今贡山），西至怒江流域"④。雍正五年（1727年）春，禾娘率众归附，清政府于其辖地内封赏了一大批土千总、土把总和土外委。康普土司管辖的区域实际只是东界云岭主峰，南下至阿普山东转，再沿阿拉古、格尼瓦、快活园等山脊向南经马厂、糯角山、撒支阿古山脊下到永春河；南界龙宝厂河至大宝山尖，顺山脊至雪龙山尖，西转顺山梁下至日登，过江至倮普咀山、拉嘎洛以多山；西界四蟒雪山、碧罗雪山；北止于红石岩山顶的澜沧江沿线一带。⑤雍正八年（1730年），怒、俅两江百姓内附禾娘，康普土司辖地又增大不少。时维西通判陈权恐禾娘权势太大，

---

① 西防第十营，官兵共计301名，由维西协副将姜德兴兼任管带，分防阿墩子、鲁甸、小维西、菖蒲桶、澜沧江外茨中等处；第九营分防其普、富川等处。

② 参见刘群主编《迪庆藏族自治州志》（上），云南人民出版社2003年版，第456～457页。

③ 有关这几支部队的成立时间及分防情况参见刘群主编《迪庆藏族自治州志》（上）（云南人民出版社2003年版，第456～457页）、云南维西傈僳族自治县志编纂委员会编《维西傈僳族自治县志》（云南民族出版社1999年版，第654～655页）。

④ 《迪庆藏族自治州概况》编写组编：《迪庆藏族自治州概况》，云南民族出版社1986年版，第27页。

⑤ 参见刘茂棣：《维西土司》，见中国人民政治协商会议云南省傈僳族自治县委员会文史资料委员会编印《维西文史资料》（第7辑），2008年，第92页。

难以管束，于翌年申报上级批准，虚设一个阿墩子土千总衔，将大石头村乍尼拉河以北的地段归其管辖，以削弱禾娘权势。此时，禾娘在澜沧江流域的辖地，就只剩下上至大石头，下至白济、忍根梁子这一狭小地带。雍正十年（1732 年），可能正是看到自己辖区和权势的大量削弱，已 73 岁的禾娘辞去千总职务，于寿国寺出家修行。

二、由"台前"至"幕后"

（一）分权：改土归流

滇西北地区的改土归流源于川陕总督岳锺琪的奏请：

> 巴塘系打箭炉之门户，久入川省版图。至中甸贴近滇省，久入滇省版图。附近中甸之奔杂拉（今奔子栏）祈宗（今其宗）、喇普、维西（今保和镇）等处，虽系巴塘所属之地，向归四川。而其界紧接滇省，汛防总通于阿墩子。阿墩子乃中甸之门户，请改归滇省管辖，设官防汛，与川省之里塘、打箭炉彼此犄角，足以控制番民。①

雍正四年（1726 年），经议政王大臣复议，批准了岳的建议。雍正五年（1727 年），中甸厅和维西厅相继成立，各设通判一名，并统归鹤庆府管辖（乾隆年间又划归丽江府）。

囿于更为偏僻的地理位置，中维两厅的设置并未对怒俅两江形成多么直接有效的统治，而仍旧由数家土司分段羁縻。光绪三十一年（1905 年），波及整个滇西北的维西教案爆发，多名西方传教士遇害，多处堂点被焚毁。两年后，为速平余匪，清政府特委派丽江知府彭继志的红笔师爷（秘书）夏瑚为阿墩子弹压委员并兼管怒俅两江事宜。怒俅巡视后，夏瑚还是一贯地按照土司羁縻的方式对地方社会进行微调。夏瑚本人也强烈感受到了在此设治的必要性，并在陈奏中提出了自己的建议：

> 拟请于怒江建设直隶同知一员，将维西、丽江、剑川、保山各厅

---

① 张其勤原稿、吴丰培增辑、《西藏研究》编辑部编：《清代藏事辑要》，西藏人民出版社 1983 年版，第 110 页。

州县所属之怒江地段，悉行划拨，归其辖治。又于曲江设一知县，管辖曲江及狄子、狄不勒两江；又于狄满设一知县，管辖狄满、脱落两江。其所设之两县，均归怒江直隶厅管辖。①

夏瑚的主张虽颇有针对性，但还未来得及付诸实践，便伴随着清王朝的覆灭而烟消云散。

国民政府成立后，为了适应新形势下管理的需要，开始大刀阔斧地进行建制改革。1912年，"怒俅殖边队"正式成立并兵分三路进驻怒江：任宗熙率领第一队取中路自富川出发至知子罗（碧江）；景绍武率领第二队自兰坪出发至碧江下段，为南路；何泽远率第三队自维西岩瓦出发至菖蒲桶（贡山）白汉洛，为北路。② 同年，在基本上控制住怒江局势后，云南督军府下令建立菖蒲桶、上帕（福贡）和知子罗三个殖边公署，并在兰坪营盘街设立"怒俅殖边总局"统一调度。至此，怒江流域才有了正式意义上的国家地方政权。1913年，将丽江府裁为丽江县，同时将其所属之中甸厅、维西厅等都改为县制。裁府设县的实施，使国家的直接控制权又得以向前迈出了重要一步。1916年，殖边公署改称"行政公署"，设置警备队，并正式划分了各行政公署的辖区范围。③ 1932年后，为了给改土设县做足准备，国民政府又下令将行政公署改为设治局，作为县制的过渡形式。

设置流官政府的初衷是为了改变原来土司和寺庙两家独大的社会结构，说得直白一点即是"收权"。主要采取了以下途径。

其一，限制土司和喇嘛寺权势。

光绪三十二年（1906年），丽江府曾颁布实施了《署丽江知府彭继志告示》④。从其第三条的规定中我们即可很清楚地看出这一举动。

---

① [清] 夏瑚：《怒俅边隘详情》，见方国瑜主编《云南史料丛刊》（第12卷），云南大学出版社2001年版，第155页。
② 参见国家民委《民族问题五种丛书》编辑委员会、《中国民族问题资料·档案集成》编辑委员会编《中国民族问题资料·档案集成（第2辑） 中国少数民族简史丛书（第5卷）：〈民族问题五种丛书〉及其档案汇编》，中央民族大学出版社2005年版，第270页。
③ 参见国家民委《民族问题五种丛书》编辑委员会、《中国民族问题资料·档案集成》编辑委员会编《中国民族问题资料·档案集成（第2辑） 中国少数民族简史丛书（第5卷）：〈民族问题五种丛书〉及其档案汇编》，中央民族大学出版社2005年版，第274页。
④ 参见李汝春主编《唐至清代有关维西史料辑录》，维西傈僳族自治县志编委会办公室1992年印，第319～332页。

中、维两厅各处喇嘛寺，从前有点资本，都是做生意赚利钱供众僧。近来尽是放账，重利盘剥，债主富实的，将账还来，你们不收，希图利上加利；债主穷苦的，锁拿到寺镣铐拷打，非刑逼勒。私设卡房，任意羁押，□掳债主家财牲畜，估拉人口，变卖为奴。还有恃着喇嘛势耀，估着债主的亲戚朋友，要他替债主还账的。只图账目收到手，不管情理合不合。这些情形，都是违条犯法的。你想，你们擒着一个债主到寺里拷打一回，这个债主出去，岂有不逢人遍传么？一人传十，十人传百，把你们喇嘛寺的声名，说得个稀烂。官长听了，岂有不生气的么？官长一生气，你们的罪恶通天了。加之你们平日常在抗官，那个罪恶更是彰明较著的了。一个官来，说你们不好；两个官来，也说你们不好；个个官来，都说你们不好。你们不好的声名，如此之大，官长焉得不恨？推其原故，总是你们自己不是。你想，你们的如来佛祖，原是大慈大悲，救苦救难，普度一切众生的。你们做喇嘛的，本是佛祖弟子，天天念佛讽经，不但不知救苦救难，反要盘剥人，吊打人，抄家产，拉人口，无恶不作，事事与佛祖相反。如此行为，不但官法不能容，抑且佛祖不保佑。从今以后，账不可乱放，不可恶收；纵有资本，还要做生意的好。寺中卡房，赶紧折（拆）毁，镣铐赶紧销化，万不可学从前的糊（胡）作非为。洗心涤虑，仰体佛祖慈悲，官长自然喜欢，寺庙自然兴旺。你们地方村寨，处处有个经堂，地方有甚事故，都到经堂报告。乡约、老民、伙甲人等，居然私设公堂，擅理词讼，擅用刑具，藐视官长，肆无□□。往年□□，□有镣铐土官重案。朝廷法律，佐贰等官，均不准理民情。你们乡约、老民，胆敢如此妄为，你想，官长能容不能容？这是极犯王法的事。以后□□地方，无论大小事件，都要报官，万不可再学从前的枉道，自干重罪。我这些话，都是为你们好的。你们地方约民并各寺喇嘛，须要谨谨记着。

实际上，流官政府的设置也的确在一定程度上起到了抑制土司和喇嘛寺特权的作用。正如独龙族群众为赞颂夏瑚的功绩而编制的民谣所反映的那样："夏大人，来自东方。他来后，独龙人才会算日历。夏师爷，来自东方，人心倾向东方，因为我们也来自东方。夏大瘤子，说话如刀劈，我们减轻了贡赋,土司喇嘛不敢抬头。"① 不难看出,夏瑚的怒俅之行不但改变了当地社会的权力结构,而且还激发了怒俅百姓的国家认同。后来,英帝国主义染指独龙江,头人们正是拿出夏瑚所发的委任状并声明自己是清朝的人,才迫使侵略分子退了回去。②

其二,插手民刑纠纷,收回司法权。

中甸厅同知吴自修在任期间曾作有《监衙》③诗词一首,内容如下:

> 携眷西来日已斜,荒城何处借停车?
> 楼台缥缈难如意,牢狱幽虚好住家。
> 古壁无风摇烛影,清宵有月照窗纱。
> 夷民也恤囹圄满,衙鼓高悬寂未挝。

诗词大意不难理解,简单几句话就把流官衙门前门可罗雀的情景刻画得淋漓尽致。甚至到了民国时期,这种情形也未得到根本扭转,"县府法庭异常寂寞,大有讼庭草青之慨"④。

造成这一现象的原因诸多,归纳起来主要有三点。一是文化上有差异。在政教合一的统治之下,土司和寺庙多以当地习惯法来处置人们之间所发生的矛盾和纠纷,而地方百姓也早已适应和认同了他们独特的文化模式。二是流官政府初设,组织过于简单,其影响尚不足以与土司和喇嘛寺分庭抗礼。以阿墩子设治局为例,"除局长外分为二股,设主任二人,主任以下仅有一等科员一人,二等科员二人,三等科员三人,雇员一人,工役三人,故组织颇为单简"⑤。再加上官员频繁调动,任期时间较短,更

---

① 余新:《夏瑚在独龙江的巡视活动》,见中国人民政治协商会议怒江傈僳族自治州委员会文史资料研究委员会编《怒江文史资料选辑》(第7辑),1987年,第135~136页。
② 参见国家民委《民族问题五种丛书》编辑委员会、《中国民族问题资料·档案汇编》编辑委员会编《中国民族问题资料·档案集成(第2辑) 中国少数民族简史丛书(第13卷):〈民族问题五种丛书〉及其档案汇编》,中央民族大学出版社2005年版,第427页。
③ 云南省中甸县志编纂委员会编:《中甸县志》,云南民族出版社1997年版,第969页。
④ 云南省中甸县志地方志编纂委员会编纂:《中甸县纂修县志材料》,见云南省中甸县志编纂委员会编《中甸县志》,云南民族出版社1997年版,第351页。
⑤ 李式金:《云南阿墩子——一个汉藏贸易要地》,载《东方杂志》1944年第40卷第16号,第45页。

导致了抚治功能的弱化。① 三是流官政府重利盘剥、鱼肉百姓的行为让人们对它丧失了信任。正如某土司直言不讳所说的，"人皆说土司刻苦边民，土司固然有取于人民者，但土司视人民为家人，土司亦自知子孙时代须靠人民生活，如自养牛马，一方面驱之工作，一方面也得喂饱它草料，汉官则如饿鬼夜叉，既吮民血，复嚼其骨，所以边民受得住数百年土司的统治，却受不了一任汉官的括削"②。

尽管如此，流官政府的设置毕竟还是为人们击鼓鸣冤提供了另外一种可供选择的路径。尤其是对于那些可能会影响地方稳定的政治性案件，流官政府更不会坐视不理，眼看司法权旁落。由于国际政治关系的缘故，但凡与洋人或传教士扯上边的大小案件，一律由朝廷出面进行审理或者调解。如 1905 年声势浩大的维西教案，就是由清廷亲自出面斡旋的。③ 除重大案件外，若干民刑纠纷也开始由地方百姓主动提交流官府寻求解决。根据段绶滋的记载，中甸五境平均每年受理民事案件 30 多起，多则至 60 起，刑事案件 20 起，多则可达 35 起。④ 前文提到的宣统二年（1910 年）中甸九村与乃日村的牧场纠纷案，即是由九村所在的属卡主动呈文上书至流官衙门，虽然他们的目的并非让清官府酌情处理，而只是出面饬令乃日村民前来"吃咒"，但也不难看出流官衙门在人们心中已占据了一席之地。

其三，读汉书，推行教化。

根据布尔迪厄等人的观点，教育是国家实施社会控制的一个重要组成部分，它具有再制社会权利和社会秩序的隐性功能。⑤ 相比政治与军事这两种"剑"，文化更像是一把小的"手术刀"。俗话说，"尺有所短，寸有所长"。若从社会治理的角度来看，文化仿佛后知后觉、软绵无力，但它具有其他强制性手段无可比拟的优势，即一旦它被确定下来并为人们所接受，就会形成一股无孔不入且根深蒂固的力量。所以，作为一种"软化"

---

① 以维西通判为例，自雍正六年（1728 年）初设至辛亥年（1911 年）废黜为止的 183 年间，先后有 66 人赴任，平均每两年就变动一次；再譬如中甸知事，在 1911—1939 年的 28 年间，共有 23 名，每人平均任期为一年零两个月。
② 江应樑：《云南土司制度之利弊与存废》，载《边政公论》1947 年第 6 卷第 1 期，第 29 页。
③ 有关维西教案的始末可参见王晓、高薇茗、魏乐平《滇藏澜沧江谷地的教派冲突》，中山大学出版社 2013 年版，第 71～79 页。
④ 参见段绶滋纂修《民国中甸县志》，见中甸县志编纂委员会办公室编《中甸县志资料汇编（三）》，和泰华、段志诚校注，1991 年，第 108 页。
⑤ 参见[英]马丁·因尼斯著《解读社会控制：越轨行为、犯罪与社会秩序》，陈天本译，中国人民公安大学出版社 2009 年版，第 72～73 页。

的社会控制手段，文教治理一直被历朝历代奉若圭臬。

　　改土归流前，寺庙一直是该区知识传承的担纲者。然而，入寺读书是一件耗时耗力且耗钱的大工程，非富裕人家不能供给，所以能真正掌握佛经并取得诸如格西等学位者寥寥无几，广大人民仍处于目不识丁，结绳记事的状况。由于文化落后，广大人民经常在受到土司和喇嘛寺的刻意盘剥后仍毫无察觉，即使明知有诈，却也无可奈何。为了教人民读书识字，讲习礼仪，设治后的流官政府即着手在人烟相对集中的村落开办义学。雍正九年（1731年），第一任通判陈权在临城永安村设置义学一所，首创维西学馆，劝民就学；雍正十二年（1734年），第二任通判孙光禄在其宗村、康普村和叶枝村开办义学；翌年，第三任通判郭治又继而捐建永安、其宗、康普、叶枝义学；乾隆元年（1736年），第四任通判汤涵又相继在阿墩子、奔子栏等处设置开办义学。此后，城内、居仁村、腊普湾、嘎嘎塘、白济汛、茨中、菖蒲桶等地也都逐渐兴办起了义学。① 乾隆三十二年（1767年），中甸亦设义学，分三个学馆，大、小中甸及江边境各一，"各就其地以课该地民间子弟。馆师亦不拘何方何人，凡有品行端方、学业精萃者，即可延请，馆中尊为西宾，每年修脯银二十四两，系向中甸厅请领"②。辛亥革命后，国民政府本着教育救国的理念，更加重视学校的建设工作。如菖蒲桶设治局委员陈应昌任上后即进行了大刀阔斧的教育整顿，不但添设了怒江一、二、三、四区民众学校四座，而且创办了俅江小学一所，同时斥巨资外聘师资，并规定各区小学汉夷学生的名额为30名，可增不可减，而夷学童之书籍、伙食、衣服、笔墨等项则一律由教育局供给。③ 然而，流官政府的良苦用心并未引起地方百姓的积极响应。他们普遍不愿意送子入学，甚至把它看成是政府强行摊派的一种差役。对殷实的家庭来说，为了完成"学差"，他们往往花钱雇用贫困人家的孩子顶替入学。与此相适应，"劝学所"的设立也就不足为奇了。

---

　　① 参见刘茂棣《维西史料》，见中国人民政治协商会议云南省维西傈僳族自治县委员会文史资料委员会编《维西文史资料》（第8辑），2011年，第47～48页。

　　② 何炳臣：《维西县志稿》（手抄本），转引自王恒杰《迪庆藏族社会史》，中国藏学出版社1995年版，第192～193页。

　　③ 参见菖蒲桶行政委员会署编纂《菖蒲桶志》，见政协云南省贡山独龙族怒族自治县委员会、政协云南省怒江傈僳族自治州委员会文史资料委员会编《怒江文史资料选辑》（第18辑），1991年，第32页。

阿墩子各区管理员钟为咨行事近奉

监督饬办学校成立公件催行再再亦应早复

贵辖各村有不弃置子弟于废途送入学校以期成材者，虽有而执迷不悟仍复退宿者不少，窃查学校为培植人材之基础，不惟国家为重要之机关，而于本身又岂可须臾而废弛乎？每凡治国安民，出将入相之材要，莫出道德文字，姑自不论。即以就近而言之，处事之人情世故，商贾之往来各件，亦莫出于道德文正。所谓学校，培植人才之础也。我国光复以来，五族共和，人民平等，我邑虽处滇边，亦系国家之一分子也。开一人之智识，即得一人之禅益；增一人之功课，即得一人之□□。况且，监督求学甚殷，所有教员备奉，笔墨课本均蒙劝筹巨费，以资弥补学家，惟供其穿吃。亦目前之虽费些，须将来之禅益何穷。敢烦贵土目慨切劝导所辖未来送学各村，即送来学，仍复因循谴责，岂止于民。恳乞贵土目即速照办，以便造册呈报，实叨公便。

此咨土目吉

管理员钟祖荫

民国四年六月八日①

这是德钦"劝学所"管理员钟祖荫于民国四年发给土司吉祥云的一份《劝学令》，从其内容不难体会到，与其说它是一纸饬令，毋宁说它是一封情词恳切的央求信，足可见当时人们对教育的冷漠态度和流官的无可奈何。1948年，刚满19岁的肖杰一被茨中伙头推荐到阿东禾土司辖地办学校。据肖杰一讲述，当时国民政府硬性规定，每个土司在其辖地内要必须办起一所学校，而土司所属的各个伙头每人至少要派出一名学生，并由其下村民全额负担起这名学生的衣食住行。肖杰一回忆说，即使学生的一切全免，也还是没有人家愿意让子女入学。为此，每个伙头不得不绞尽脑汁，经济诱惑不行，甚至还会动用武力。但当时正值解放战争胜利前夕，国民政府也抽不出精力他顾。所以在当地村民的一致央求下，肖杰一所在的小学只办了三个多月便宣布解散。

---

① 案卷号22-4-5，德钦县档案馆馆藏档案。

至于个中原因，经济无疑是最为关键的一环。因为子女在家不但可以帮助家里的工作，如捡柴、渔猎、牧畜等，而且还可以为别人工作获得报酬，一旦送入学校，家里就等于少了一个劳力。① 除此之外，土司的阻难与禁止也是一个重要的原因。"土司为求其世袭职位之巩固，相沿采取愚民政策，不愿人民有知识，土司衙门中例须请汉人教师教其子弟读汉书，但在民间绝对不愿人民入学校，人民不得土司之许可，则不敢冒然入学，是故在边地办学校，常苦无法招生，问之土司，皆曰人民怕读书，实际非人民怕读书，却是怕土司不准读书。"② 所以，要想推行教化，土司务必起到带头示范作用。为此，洪武二十八年（1395年），太祖谕礼部曰："边夷土官皆世袭其职，鲜知礼义，治之则激，纵之则玩，不预教之，何由能化？其云南、四川边夷土官，皆设儒学，选其子孙弟侄之俊秀者以教之，使之知君臣父子之义，而无悖礼争斗之事，亦安边之道也。"③ 然而，总体来看，土司的反应并不积极。清雍正年间，果亲王胤礼曾根据自己在藏族地区的见闻，作有《咏土司》一首："出入骅骝，惯做君家万户侯。世代承恩厚，顶戴儿孙有。凌阁表勋猷，荣华已够，何必执经，去向文场走。因此把金板题名一笔钩。"④ 从中不难看出土司对文教事业漠不关心的态度。

　　为了扭转这一局面，朝廷甚至采取了强制性的措施，对应袭子弟做出了不入学就不准承袭的规定。如《明史》卷三百十有载："以后土官应袭子弟，悉令入学，渐染风化，以格顽冥。如不入学者，不准承袭。"⑤ 改土归流后，这一限制性措施不但没有松动，而且更趋严厉。如光绪年间丽江府发布告示说："从今以后，土弁、土目，不识汉字的，不准承袭；民人不懂汉话的，不准做喇嘛。"⑥ 为了鼓励地方百姓主动接纳汉文化，对那些通汉语、"颇知礼教"的人甚至会委以官职。如中甸马氏土司"（本）亦系土著夷民……曾祖玉见齐礼为人忠厚，颇知礼教，虽属夷民，亦出类

---

① 参见周晓和《川康地质考察旅行杂记（续二）》，载《建设周讯》1937年第3卷第11期，第18页。
② 江应樑：《云南土司制度之利弊与存废》，载《边政公论》1947年第6卷第1期，第28页。
③ 《明实录云南事迹纂要》，见方国瑜主编《云南史料丛刊》（第4卷），徐文德、木芹纂录校订，云南大学出版社1998年版，第493页。
④ 任乃强：《西康图经》，西藏文古籍出版社2000年版，第425～426页。
⑤ ［清］张廷玉：《明史》（卷278～332），吉林人民出版社1995年版，第5246页。
⑥ 李汝春主编：《唐至清代有关维西史料辑录》，维西傈僳族自治县志编委会办公室1992年印，第328～329页。

超群之人也,明白晓事。于乾隆五十年内,派为驻□省西藏通事,夷缮汉语,驻省多年,勤劳不倦"①。软硬兼施的策略还是起到了一定的效果,"凡属夷人,咸知诗书礼义,文风有起色"②。在这方面,木氏土司表现得尤为突出。《明史》有载:"云南诸土官好礼守义,以丽江木氏为首。"③为博取功名,光耀门楣,木氏土司还将其子弟送往大理等地读书,参加科举考试。崇尚汉学的传统使得有明一朝的几代木氏土司在古典诗词上都颇有造诣。张含在为木公的《庚子稿》作跋时曾评价曰:"集中七言律朗润清越,布骤自然;五言律森蔚纷缛,音调有节;七言绝壮峻璀玮,间发奇句;五言绝独平稳耳,不逌七言多矣。然梗柟杞梓,夫岂细材?丹崖翠巚,时有爽气,均可以言诗也已。於乎!以守郡世臣之贵,而有才如此,是又可尚也。若此丰韵,固滇之世臣所绝无,非杰步千载者乎?"④足见其文学造诣之高超。

其四,行汉礼,移风易俗。

改土归流后,为了把边民真正改造成"我族",清政府加大力气移风易俗,以期与办学教民相配合,两路并进。移风易俗所涉及的内容较为广泛,凡与正统文化相异的习惯都被列入"陋习",主要表现在以下几个方面。

1. 禁械斗,止赔命价

由于第三方强势力量的长期缺席,使得该区在历史上逐渐养成了复仇式的私力救济机制。段绥滋曾经指出,"藏民械斗剽掠之案,多与仇杀报复相连,每每事出仓促,一时情势严重"⑤。光绪时,为了从根本上扭转复仇之风,丽江府特颁发告示,晓谕百姓:

> 你们地方百姓,有因小小仇恨,动辄约些党羽,杀人抄家,只图报仇雪恨。不知我杀他、抄他一回,他又杀我、抄我一回,冤仇越结

---

① 《新修中甸厅志书稿本·马氏土职序》,转引自《中国少数民族社会历史调查资料丛刊》修订编辑委员会编《云南少数民族社会历史调查资料汇编(一)》,民族出版社2009年版,第72页。

② 《新修中甸志书》,转引自王恒杰《迪庆藏族社会史》,中国藏学出版社1995年版,第192页。

③ 转引自〔清〕王崧《道光云南志钞》,载方国瑜主编《云南史料丛刊》(第11卷),徐文德、木芹、郑志惠纂录校订,云南大学出版社2001年版,第599页。

④ 〔明〕张含:《木公〈雪山庚子稿〉跋语》,载木光编著《木府风云录》,云南民族出版社2006年版,第146页。

⑤ 云南省中甸县志编纂委员会编:《中甸县志》,云南民族出版社1997年版,第352页。

越深。你们试想,杀到何年何月可以休息?这个冤仇,又何年何月可以解释?还是自抄、自杀一样。这们看来,你们就实在的蠢!至尔红、黄两教,同是佛门弟子,尤应弃怨修好。从今以后,无论僧俗,有什么仇恨,尽可到厅官衙门告状。官府将你们两造传案,讯明曲直,剖断清楚,令你们心平气和,释仇解怨,仍敦和好,彼此都得保全,岂不甚好?本府因你们心里糊涂,自相残害,特为你们明白晓谕,曲全你们。你们以后遇有寻仇的事,就将我这些话细细想想,自有无限的好处。僧家、俗家、土弁、土目,均要谨谨记着。①

械斗过程中如若出现人员伤亡,依习惯法不必抵命,也无须坐牢,只需赔偿命金了事,即所谓的"赔命价"。在藏传佛教毋杀生观念的影响下,当地百姓普遍认为在有意或无意伤害一条生命之后,不能以命抵命再去伤害另外一条生命。毫无异议,这种朴素的刑法观念与正统的国家制定法存在一定程度上的抵牾。光绪二十三年(1897年),中甸营兵陶瑶将杨氏妇女殴打致死。因主犯陶瑶为藏族,五境老民、伙头等均要求按照藏族的传统习惯以赔偿命价的方式结案。清政府一开始坚决不同意,后来还是做出了让步:"参以权宜之计,姑准将陶瑶免其按例招解,由该厅酌定年限,暂行监禁,微示惩儆,嗣后该厅无论民夷,有犯人命等案,罪应论死者,均应按例定拟招解,永不准以牛马银钱抵偿。"② 在这个案件中,清政府虽未随所愿,但从议结书的内容,也可看出其坚定的立场。

2. 废除其他葬式,推行土葬

农耕文化在死亡观上的突出表现,即人们尤为强调"入土为安"。《礼记·祭义》有言:"众生必死,死必归土。"而青藏高原及其周边地方是完全异于中原的游牧文化,再加上藏传佛教的推波助澜,土葬几近于无。设治以后,为了让人们从生至死都接纳和认同汉族文化,清朝政府处处讥讽当地的葬俗,甚至不惜采用武力手段强制推行。1862年,丽江军民府就曾用歌谣的形式发布告谕,推行土葬。

恨尔天葬,尸饱豺狼,恨尔水葬,尸浸汪洋,

---

① 《署丽江知府彭继志告示》,见李汝春主编《唐至清代有关维西史料辑录》,维西傈僳族自治县志编委会办公室1992年印,第324页。

② 王恒杰:《迪庆藏族社会史》,中国藏学出版社1995年版,第250~251页。

恨尔火葬，尸尽飞扬，更有甚者，解尸弃荒，
父母生前，敬爱傍惶，父母死后，残毁捐场，
斩决枭示，尔罪相当，今与尔约，土葬最强，
寿棺八尺，趁躯短长，生土归土，滋润汪相（洋？），
既得地气，子孙繁昌，功名富贵，永永无疆，
告尔耆民，各劝村乡，人生转舜，早谋遑遑，
各改土葬，以礼居丧，免得身死，自受害戕，
更有一术，释尔惑狂，五行生克，只取相仿，
乾坎离卦，牌挂棺傍，准天水大，最为吉祥，
尔地树多，木价非昂，再用小棺，惠及天殄，
设有乡愚，祸福鼓簧，逞其新说，欲变新章，
一访访拿，立毙公堂，此示之后，勉保天良。①

　　葬礼是人生礼仪的最后一环，具有盖棺定论和抚慰逝者之意，自然备受各民族的重视。所以，要想让一方百姓放弃沿袭已久的丧葬习俗并非易事。为此，光绪三十二年（1906年），丽江知府彭继志又颁发告示，用极其通俗的语言再次晓谕百姓。

　　　你们地方爸妈老死，与兄弟、妻子亡故，或用火烧，或弃水中，或砍做几块抛弃荒□，喂那些飞禽走兽。这个办法，大干天地之和……你想，你爸妈自把你们生下地来，直到死的时候，哪一个时刻，不在你们儿女头上耽心？何以你们一见爸妈死了，就把他尸身砍烂抛弃，任那些禽兽吃嚼，任火烧化，任水冲去，全不痛心，全不想爸妈在生的恩典呢？假如爸妈活着的时候，你们见野兽□着爸妈，张口要吃，你们定要拿枪提棒，将那野兽赶开，救护爸妈回家的。倘或家里失火，爸妈尚在火中，你们会不顾生死，将爸妈从火里救出来的。倘或爸妈行走水边，失足落水，你们定要不顾生死，将爸妈从水里救起来的。这是你们至性至情，大家都是晓得的。何以爸妈死后，你们偏要把他送与野兽吃，送到火里、水里去呢？……儒家圣人的教训，要"生，事之以礼；死，葬之以礼，祭之以礼"，事死还要如同

---

① 王恒杰：《迪庆藏族社会史》，中国藏学出版社1995年版，第252～253页。

事生的一样。……这爸妈死后，定要用衣衾棺木好好殡殓；择个地方好好安葬；做好坟墓，春、秋两季，逢年过节，拜扫一番，教导子孙，不忘根本，方尽为子之道，方不干犯天地佛祖。……从今以后，你们各处村寨，都要痛除这□伤天害理的事，责成弁目、伙头，先请木匠做些棺木搁在公处，遇有村中死亡的人，无论老少，均要叫他装棺安埋。……亡人得土如得金，这是亘古不磨的话。倘有不愿安葬，仍要抛弃水、火的，即由伙头报知，土弁、土目剀切开导，必要劝他激发天良，用棺安葬。如犹不从，尽可以送厅官衙门，或就近送弹压委员衙门，治以刑罚，使之畏惧遵行。①

禁令和劝导还是产生了一定的效果。譬如，怒江区的怒族在历史上一直都盛行火葬，不垒坟，不扫墓，后来却逐渐被土葬所取代。关于怒族为什么从火葬变为土葬，这里流传着一则民间故事。据说在很久以前，有一个名叫杨内的怒族女子在死后火葬时没有完全烧化，第七天还魂时，她脸上带着被火烧过的疤痕回到家，全家惊恐异常，小孩子也被吓死。从此，怒族就不再实行火葬了。② 传说是民族心理的曲折反映，怒族由火葬改为土葬，与国家的推行不无关系。

3. 改变婚姻形态，废止一妻多夫制

一妻多夫制是传统藏族最典型的婚姻形式，无论是在农业人口还是在牧民中，几乎到处都通行这一制度。③ 有关该区一妻多夫制的普遍程度，余庆远在《维西见闻录》中曾有记载："兄弟三四人，共妻一妻，由兄及弟，指各有玦，入房则系之门，以为志，不紊不争。共生子，三四人仍共妻，至六七人始二妻。或独妻，则群谓之不友，而女家不许。"④ 作为地方性文化的外在表现，一妻多夫本是人们在生产生活中经由实践建立起来的婚姻规则，但把"三纲五常"视为正统伦理的封建王朝把它看作违背人伦的禽兽行为。光绪年间，丽江知府彭继志曾如此痛骂和教导当地百姓：

---

① 《署丽江知府彭继志告示》，见李汝春主编《唐至清代有关维西史料辑录》，维西傈僳族自治县县志编委会办公室1992年印，第324～326页。
② 参见和福龙《小议怒族由火葬改土葬的原因》，见中国人民政治协商会议怒江傈僳族自治州委员会文史资料委员会编《怒江文史资料选辑》（第17辑），1991年，第140页。
③ 参见［法］石泰安著《西藏的文明》，耿昇译，中国藏学出版社2005年版，第87页。
④ ［清］余庆远：《维西见闻录》，见于希贤、沙露茵选注《云南古代游记选》，云南人民出版社1988年版，第123页。

你们地方，家里有几兄弟，除上门做喇嘛外，也有一夫一妻的，也有三兄两弟共个媳妇的。这个风俗，无论古宗、傈僳、摩挲□□□□□在你们想，几兄弟讨几个媳妇，养育必多，多则吃的穿的都难找；又怕媳妇不□□□得要分家，分做几家，房子不够住，田地不够种，必致大家为难，到不如□□□□好。就不想变成禽兽了。皆因你们不读汉书，不懂伦理，不知廉耻的缘故。你看那母狗起草的时候，这个公狗才扒过，那个公狗又来扒，还有几个公狗蹲在侧边等候。你们在旁见着，都也觉得害羞的。至于那些牛马畜牲，都是不知配合的，一个母的，几个公的跳。你们既受天地养育之恩，入了人道、得了人身，就要知道人伦。如皇帝主子只有一个，娘娘就有三宫，妃嫔还有六院。做官的人，常有三妻四妾的。百姓人家，男子三十无后，乃准娶妾。俗话说的，好汉男儿有九妻，从未闻一个妇人有几个男人的话。你们这个办法，就是禽兽一般，为人所不齿。我既做了你们的府官，不忍你们流于禽兽，特为你们讲说明白。从今以后，再不要兄弟同娶，效那猪狗行为。爸妈生你兄弟几个，除上门做喇嘛外，家里有几个，就要讨几个媳妇。要大□□□□□永远不消分家，所生男女不怕多，天生人，必有一路。俗话说的，有了人就有了世界，□□□俭为本，何愁没穿没吃。你们古宗，也有〈一〉夫一妻的□，你看那些人家，几多兴旺。你们能听我的话，把这个风俗改变，就成了人；若不改变，虽披人皮，还是禽兽。①

告示的内容读来不免让人啼笑皆非，在抨击、痛骂兄弟共妻的同时却还不忘为一夫多妻制辩护。南希·列维曾经指出，对物质条件的需求是一妻多夫婚姻模式大量产生的根源，它不但可以避免家庭财产因为分家而分散，而且还可以限制人口的增长。② 仅就这一点上来看，它适应了该区物质稀缺的状况，不失为一种"生存性智慧"③。

---

① 《署丽江知府彭继志告示》，见李汝春主编《唐至清代有关维西史料辑录》，维西傈僳族自治县志编委会办公室1992年版，第326～327页。
② Nancy Levine. *The Dynamics of Polyandry：Kinship，Domesticity and Populatioon on the Tibetan Border.* Chicago：Chicago Press，1988，p. 67.
③ 参见张清、王烨《一妻多夫：一种民间法视角的"生存性智慧"》，载《原生态民族文化学刊》2012年第4卷第4期，第62～73页。

除以上几方面外，就连在着衣上也要求与内地一样，改穿汉族服装。如民国二年（1913年）七月初三阿墩子县长董灿就曾发布过一份"改服令"：

> 查方令政建共和，五族一家，无论满蒙回夷，自应同一服制。……查开通风气，改良服装，均应有地方素有声望者或头目等为之先导，庶仿效速而进化易。该头目等久经办公，深知此事关系民国共和五族一家，所有夷民服装自应速改如汉制。但民间不知，须先由该土目及所管伙头家内男女，无论用毛布棉布，均须一律改成汉装，以使所管地方仿效。如有不遵，即是玩法，定即从严处治。切切此令。①

据当地老人的回忆，人们对"改服令"的颁布并没有太大的抵触情绪，但普通老百姓平时仍着藏族服装，只有那些与国家权力联系密切的上层土司和头人才会经常着汉族服装，并把它看成是一种政治资本加以炫耀。如当时德钦最大的禾土司，就特别喜欢穿汉族服装招摇过市，但凡有抛头露脸的机会，他都刻意穿着汉族服装、戴着眼镜，甚至还讲汉语。风尚中蕴藏着权力关系，能够让人们产生以穿汉族服装为荣的心态，足见国家力量在当地已经形成了巨大的影响力。

（二）下沉：编练保甲

对于政府来说，更为有效的方法似乎是直接和人民打交道，而不是样样事情都要经过地方组织。② 而要"直接和人民打交道"，权力下移至基层是必然的选择。为此，在设治和壮大地方流官政府的同时，清廷及后来的国民政府都加紧向基层进行权力渗透。其中，保甲制度的推行是连贯如一且影响较大的一种基层社会控制手段。虽然保甲制度盛于民国时期，但其实早在改土归流之时，它就已经被清政府移植于地方基层。

光绪末年，社会矛盾加剧，为了能更好地稳定辖区内的基层社会秩序，清政府命令由土司、属卡和商会组成的"三行"编练保甲，同时整顿团练，并制定出相应的《团规》③，主要条款如下：

---

① 案卷号22-2-12，德钦县档案局馆藏档案。
② 参见费孝通著《中国绅士》，惠海鸣译，中国社会科学出版社2006年版，第54页。
③ 转引自王恒杰《迪庆藏族社会史》，中国藏学出版社1995年版，第254～255页。

一、保卫身家，弭防盗贼之为要也。凡我本城之内，安设团总、十长，约束团丁，无事则各安生业，不许无故生事滋扰，如有藉团名色，三五成群，夜聚晓散，惹是生非，违者责成团总查，轮则沦办，重则送官究治，倘有不法之徒，夜入室行凶抄抢者，以鸣锣为号，集团兜拿送官，按律重究，务须守望相助，不得畏缩。

二、齐团原系保卫地方起见，各团总务须同心合意，实力奉行，和衷相办，不得各怀异心，互相猜疑，以私严公，挟嫌生事，违者禀官撤换。

三、团丁务须遵听团总约束，不得轻举妄动，固执己见，藉事生风，阳奉阴违，里应外合。勾接匪党，入境滋扰者，一经察觉，送官究治。

四、凡于兵民商贾，除鳏寡孤独及因事出外不计外，如有躲缩不前者，送究办理。

五、本团内凡遇大小事件，先由团总八人，会同三行绅耆、老人商议妥实，方准应为，不得自专。

六、账目之事，各自抵搪，不得以团骗，团内亦不能经理。

七、婚姻之事，凡有求亲者，俱以媒约许允之后，必须央请月翁求请，速为完娶，或小或大，量力培植，女家不得任意扣勒为数年，以及嫌贫爱富，倘有估霸抢夺，由州严拿，送官按律究办。

八、凡有盗贼入于附近地方，抢劫团内之人什物者，报团点壮，跟踪缉拿，送府究办。又有窃劫偷盗者，一体严拿送究。

九、凡外匪黑夜持械，入户抢劫行凶者，兜□若敢拒扑行凶，重伤团丁者，给银三两，二伤者，给银二两，捐躯者，给银三十两，杀获贼匪者，众团抵搪、壮丁奋勇取获贼首者，赏银三两，并禀官给予奖励。

十、凡每年五月十三，庆祝圣会，共同虔意祈祷，共祝升平。

光绪二十五年（1899年），为使《团规》的条文更加精细化，三行头目又公议推出《乡约》① 作为补充条款。其内容如下。

---

① 转引自王恒杰《迪庆藏族社会史》，中国藏学出版社1995年版，第255～257页。

一、口角相闹，不准持刀，犯者不论曲直，先罚持刀人银三两，杖三百；

二、口角相争，不许伙众打架，……查街巡栏头目或乡老民士讲理，若伙众打上门者，按罚银三两，责三百；

三、或有打架，邻舍前后七家出来劝解，若不劝，出事定即代累，按家罚银一两责免；

四、有口角打架者，不准年青子弟伙众瞧人，出事定即代累罚银一两，责一百，劝架者免；

五、口角打架，查街巡栏头目，老人见者，不劝不教，罚银一两；

六、口角打架，出人命者，照律抵罪，伤重伤轻者，论曲直定罪，罚银重十、轻五，两情有可原者，三行自当公议，照旧惩办；

七、婚姻有儿女活夺生妻者，男女裁开充出，永不准入境；

八、婚姻未娶，活夺者，男女裁开，男女罚银十五两，男女重责枷号；

九、婚姻未许、未娶，两下私逃者，治家教不严，男女治罪，罚银五两；

十、婚姻有聚众抢夺者，禀报兜获，以盗贼首罪，首罚银十五两，助夺者，每人罚银五两，责五百；

十一、对兄弟办东道者，除红、白事帮忙，不准议论婚姻了〔聊〕事，出事者，按每人罚银五两，责二百；

十二、男女不准私约、相换什物、咬骗言语等弊，罚银三两，责一百；……

十三、临城街不准放枪，每枪罚银一两；

十四、夜晚背水，不准唱曲，犯者按名罚银一两，有子弟游手同行者，查出罚银一两，男女各责一百；

十五、男女不准约各七月马日姑，犯者罚银三两；

十六、男女不准私约朝山，犯者罚银五两，责二百。

从以上内容不难看出，这完全是一部强制性维持地方社会治安的严刑峻法，就连人们的日常习俗也都受到了多方限制。

抗日战争爆发后，为了应对急转直下的社会形势，国民政府在各统治区内又掀起了一场保甲联防的运动。当时，中甸五境分为五区，第一区本寨乡有2保、21甲，大甸乡3保、51甲；第二区小甸乡有2保、28甲；第三区良美乡有6保、82甲，吾车乡有4保、76甲，木笔乡有6保、79甲，三坝乡有7保、96甲；第四区尼西乡有2保、25甲；第五区格咱乡有2保、24甲。① 从数字统计不难看出，保甲制度在该区的推行并不十分理想，"竟有一区仅一乡，而一乡仅一保者"②。而且，在编联保甲的过程中，土司、头人摇身一变，又分别就任了各区、乡、保、甲长，以至于人们仍"只知有千总、把总，不知有区乡长"③，既有的社会结构丝毫未有松动。但不可否认的是，保甲制度的推行不但改变了原来县以下行政机构杂乱无章的局面，而且让国家在基层开始有了话语权。

（三）掌控：刚性维稳

对该区的各少数民族而言，新中国成立伊始所进行的民主改革具有划时代的历史意义，它使地方社会的权力结构和生产关系都发生了翻天覆地的变化。其中，土地改革是整个民主改革工作的基础和重中之重。也正是经由土地改革，国家权力才得以迈出实质性的一步。

民主改革前，绝大部分土地都被土司和寺庙所占据，而广大人民则只能靠租种份地来糊口度日。在"政教合一"的统治下，土地是土司和寺庙控制和奴役人民的经济基础。柯象峰在抗日战争爆发后第一年曾率领团队远赴西康考察，根据每日见闻写成《西康纪行》，其中就曾谈到当地的土地问题：

> 治康问题，为一土地及经济政治问题。其中尤以差地问题为最。差地，本所谓大皇帝之土地或公有地，差民领种，在昔日上粮与土司，土司取消后，上粮与政府，且有乌拉差及汤打役。但近年来土司头人，名目虽去，而潜势犹存，例如目前保正村长，虽由选举产生，

---

① 参见段绶滋纂修《民国中甸县志》，见中甸县志编纂委员会办公室编《中甸县志资料汇编（三）》，和泰华、段志诚校注，1991年，第81～85页。
② 参见段绶滋纂修《民国中甸县志》，见中甸县志编纂委员会办公室编《中甸县志资料汇编（三）》，和泰华、段志诚校注，1991年，第81～85页。
③ 云南省中甸县志编纂委员会编：《中甸县志》，云南民族出版社1997年版，第253页。

且有任期，但当选者，在人民心目中，仍须为地方之贵族或有地位者。所谓贵族又多系昔日之保正头人，结果换汤不换药，其实际情形，并无多少改易。且任保正村长（即头人之变象）者所获之酬劳，有时可免差役，有时可选取优良土地一二块，且可免差，遇差民领有此块良地，经保正村长索取，不予时辄遭放逐。差民只好忍受，敢怒而不敢言。故该保或该村之良地，日为此辈强梁侵蚀，且享免除差徭之权利，而该领域对于政府共摊之差役，则并未减轻而转嫁于其他差民，结果差民之担负分摊额，日趋烦重，以致酿成数种恶果：（一）差民逃避他迁。……（二）差民对政府之恶感日深。（三）政府并未有亲民政治之实，受变象土司上下其手之种种蒙蔽及隔阂，均不利于治康，且常为民变之造因。（四）土地兼并日广。因土地虽云公有，而实际上系土地私有，其占有重大势力者，为土司及喇嘛寺。……根据以上观点，治康问题中之土地问题，实为一政治经济之核心问题，因土地权一日不收回，而由中间人操纵，是治康之经济基础未立。①

在柯象峰看来，整个康区的土地问题不只是一个经济问题，而且还是一个政治问题，改革势在必行。遗憾的是，当时忙于战事的国民政府根本无暇西顾。直至1953年，党和国家在西南边疆才真正确立起和平协商的"土改"政策。和平协商的土地改革，是党在人民民主专政条件下，根据边疆民族地区阶级斗争的特殊情况而提出的一种适应性改革方式，即采取自上而下地协商，自下而上地发动群众的方式解决土地问题。② 为了最大化地减少阻力，该区的土地改革首先是从缓冲地带开始的。所谓缓冲地带，是指维西与中甸之间的地带，即今天的保和镇和永春、攀天阁、白济汛三个乡，是傈僳族、纳西族、白族、汉族等民族聚居区。缓冲区"土改"的指导思想，是既要坚持充分发动群众，彻底消灭封建势力，又要注意政策和策略，要有利于发展生产，有利于民族团结，有利于边防对敌的胜利和边疆的稳定。③ 在改革路线上，工作队始终坚持"团结的原则"，对那些可划可不划的地主不划为地主，可划可不划的富农不划为富农，即

---

① 柯象峰：《西康纪行（续完）》，载《边政公论》1942年第1卷第9～10期，第86～87页。
② 参见刘群主编《迪庆藏族自治州志》（上），云南人民出版社2003年版，第382页。
③ 参见《怒江傈僳族自治州概况》编写组编《怒江傈僳族自治州概况》，民族出版社2008年版，第100页。

使一定要划地主、富农成分，也必须通过本民族自觉同意才行；此外，对已划分成地主或富农的土地、房屋、耕畜、农具及多余的粮食等主要生产、生活资料，是否没收及没收多少，也都要经由本民族代表决定。① 继缓冲区"土改"后，临近区、乡的土地改革也如火如荼地展开。在此过程中，不愿意放弃封建特权的上层土司和寺庙喇嘛千方百计地阻止和破坏"土改"工作。他们不但散布"汉人像歇在树上的乌鸦，叫了几声以后就会飞走；藏人是树桩，根子烂了也是要在这个地方。你们不要跟着乌鸦乱叫"的流言，还威胁说，谁要是听汉人的话背叛了藏族，就要受到全家投河、没收家产的惩罚。② 伴随着"土改"的深入，他们甚至公然组建叛乱武装与政府为敌。如1956年4月间，德钦县云岭区的红坡寺就以荣巴格色为首，脱下袈裟，换上藏装，暗中搜集了十七八支短枪，以"金里活佛从永芝村回红坡寺时被燕门荣仁村的民兵阻拦在羊咱村江边溜索旁"为借口，造谣惑众，挑起武装叛乱。当德钦县人民政府派专人与之谈判时，荣巴格色更是大言不惭地叫嚣道："我们喇嘛死了，丢一个木碗就完事，一点后顾之忧都没有。政府口头说宗教信仰自由，实际上我们一点自由都没有。过去我们红坡寺从维西拖枝以上可以收高利贷，有佃户，在国民党时，每年秋季百姓就赶着牲口，驮着酥油、琵琶肉和各种粮食，交租交税。现在呢？我们喇嘛寺没有人来交一粒粮、一两油，我们饿着肚子谁来管？农民不给我们交租纳粮、奉送酥油，我们饿起肚子怎么念经？"③ 为了保卫"土改"顺利进行，党和政府持绝不姑息的强硬态度，一边平叛，一边改革。至1958年年底，该区的和平协商土地改革工作基本结束，延续了近800年的封建农奴制度被彻底摧毁。广大农奴翻身做主，对新中国表现出了极大的认同。

然而，受到苏联经验的启示，"土改"之后刚形成的土地农民所有制并没有持续太久，就被随之而来的农业集体化所取代。④ 1958年8月29日，中共中央发出《关于在农村建立人民公社的决议》，全国各地遂掀起

---

① 参见刘群主编《迪庆藏族自治州志》（上），云南人民出版社2003年版，第381页。
② 参见益措拉姆《血洒高原的土改工作队员》，见迪庆藏族自治州政协文史资料委员会编《迪庆文史资料》（第8辑），2010年，第328页。
③ 杨裕后：《德钦县及周边地区剿匪平叛斗争回忆片段》，见迪庆藏族自治州政协文史资料委员会编《迪庆文史资料》（第8辑），2010年，第140页。
④ 参见［美］李侃如著《治理中国：从革命到改革》，胡国成、赵梅译，中国社会科学出版社2010年版，第104页。

了公社化的浪潮。以迪庆州为例，当年11月份就组建起了13个人民公社，入社21791户，涉及人口104949人，入社户和入社人口分别占总户、总人口的69.64%和63.96%，平均每社1676户、8073人；及至1969年，全州共有人民公社23个，入社40527户，人口达194885人，占农村总户数、总人口的99.97%。① 人民公社是集政治、经济、文化乃至军事为一体的组织体系，其典型特征是政治权力的高度集中与统一。然而，人民公社既是国家权力延伸至基层的顶峰，同时也是后撤的起点。自此以后，废弃已久的民族区域自治制度得以恢复和发展，村民自治也方兴未艾。当然，由于民族宗教的敏感性问题，维稳仍是该区政治工作的重中之重。当你来到这里，看到每家每户大门前悬挂的国旗、党旗，你就能真切体会到"国家的在场"。

---

① 参见刘群主编《迪庆藏族自治州志》（上），云南人民出版社2003年版，第385～386页。

结论与思考

在本书的前面几个章节里，笔者从共时性与历时性两方面，已经尽可能地对当地社会秩序的建构与维持机制做了系统的考察。行文至此，势必要从就事论事的描述工作中跳出来，而用更大的学术关怀的眼光对其进行重新审视和提炼。如此，既可验证自己的田野工作，也可与前辈学者展开学理探讨。然而，要实现这一目的，又不得不回到本书绪论中所提出的三个关键问题，即建构并维持三江并流核心区社会秩序的动力源问题及它们各自的运行逻辑和历史变迁。

就经济基础来说，由于该区地处西南边陲，自然环境恶劣，所以历史至今一直处于物质稀缺的状态。同时，也正是基于这样的经济基础，才使得互惠互助的传统得以延续至今。互惠虽是每个社会都有的现象，但直到博厄斯以礼物交换的视角介绍了北美西北海岸夸扣特印第安人中盛行的夸富宴后，它才真正开始引起社会人类学家的积极关注。从功能论的角度来看，互惠是维持人际关系的纽带，它使人与人之间发生互动，以此实现社会整合。然而，在具体的生活实践当中，由于亲密程度的不同，互惠又会呈现一定的差序格局的特征。

就该区的情况而言，其中由婚姻所形成的血缘关系和由认寄与结拜行为所建构的拟血缘关系是实现家庭整合的关键。萨林斯认为，亲属之间的关系倾向于慷慨互惠，而且越是近亲的群落主人越是慷慨。前文有过交代，该区自然环境恶劣，物质极度稀缺。尤其是民主改革前，如若再碰到天灾人祸，人们多半只能听天由命。此时，亲属之间的互惠互助功能便凸显出来。历史至今，该区一直保持的分享"年猪宴"的习俗即是亲属之间互惠互助行为的典型表现。分餐是典型的"再分配"交换，不难看出，在物质极度稀缺的该区，适度而关键的再分配机制无疑成了村民最低限度的生活保障。如今，随着社会与经济的发展，人们的生活不再需要这样的平均主义，但它仍以象征性的纬度继续存在，而且也无法否认，像"年猪宴"这种周期性的家族聚会一定程度上起到了润滑家庭关系的作用。在地缘村落中,人们之间的"日常性互助"和"仪式性相帮"则起着无与伦比的整合功能。所谓"日常性互助",指的是人们在日常生活、生产和交往中的相互支持与合作。由于该区地处崇山峻岭之中,大型机械无用武之地,虽然人均耕地面积不大,但一家几口仍难以胜任。所以,农事换工的传统得以保持至今。不管是拉肥料、春耕和下种,还是收割和脱粒,都是农事换工的关键点。其时,几个家庭的劳力会集合起来相互帮忙,一家接一家,轮流劳作。当然,日常生活中的换工并不只体现在农活上,大到建房铺路,小到轮流放牛,都广泛存在着换工行为。除了劳力换工外,村民在日常生活当中还会自发成立经济互助组(以賨会为代表),它既能使某人的生活在短时间内得到改善,而又不至于产生任何使他人过得更坏的结果。可以说,经济互助不仅是一个经济制度,而且还是加强全村团结的社会机制。除了日常性互助外,婚丧嫁娶等仪式性相帮也为村民的交流互动提供了平台。尤其对于葬礼,在得知消息后村民要不请自来,不仅要为死者家庭提供物质和劳力上的援助,而且还要为死者家属带去同情和精神安慰。依照罗兴佐的划分,不管是劳力换工、经济互助,还是仪式相帮,都属于"内生型合作",它不但能够缓解个体农户在生产、生活中遇到的困难,而且在"欠"与"还"的过程中还强化了彼此之间的联系和道德约束。若扩展至整个地域,互补性的商品则无疑充当了社会联结的重要媒介。该区不仅位于卡瓦格博转山贸易圈内,而且茶(盐)马古道也贯通其间。此外,寺庙和沿江分布的集市也成为人们互通有无,调剂余缺的主要场域。如果我们把转山贸易看成理想化的逐层外扩的圆,把茶(盐)马古道看成一条条的线,而把庙会和集市看成一个个的点,如此点线结合便形成了一张商品交换的贸易网络。交换是互惠的延伸,正是在持续不断的往来互动和物资交流中产生了源源不断的情感,而情感犹如黏合剂般将一个个孤立的个体、家庭乃至民族联结在一起,并持久地维持着他们之间的认同与团结。

此外,由于该区几乎全民信教,是典型的"宗教支柱化"社会,所以宗教对当地社会秩序具有深远且持久的影响。按照涂尔干的观点,"信仰"和"仪式"是宗教生活的基本形式。依据信仰圈的大小和仪式活动的范围,当地的宗教信仰在血缘家庭(家族)、地缘村落和区域三个层次中形成了逐渐外扩的整合性力量。由于该区地处横断山脉腹地,人们的生活无时无刻不与山发生着关联。所以，在三个层级的整合中，对山神的信仰及其献祭仪式是贯之如一的力量。对世居于此的民众而言，山不再是具体的自然之物，而是上升到神的高度。它具有一种无形的力量，既可以施恩于人，又可以降灾罚民。神山出现的具体历史不可考，但一般而言，在藏传佛教信仰圈内，哪里有人居住，哪里出现村落，哪里就会出现神山。神山的力量和等级大小有别，自上而下可粗略地划分为三等，即区域神山、村落神山和家族神山。家族神山虽然处于神山体系中的最边缘，但对于一个家族来说，它无疑是一个最明显的标志和认同载体，是每个家族把自己与其他家族区分开来的可见符号。与此一致，村落神山对所属村民而言也是独一无二的，每一座神山都管辖着一片区域，而每一个村落也都隶属于一座神山。作为最高等级的神山，卡瓦格博为该区人们所共同信奉。除日常煨桑外，人们每年还利用农闲时节绕转卡瓦格博，以求功德完满、神恩普照。在这里，神山是对社会的形象表达，其表面虽然指的是信徒与神山之间的归附关系，但实际上强化的是作为社会成员的个体对其所属社会组织的依附与认同。在三个层级的神山信仰体系中，虽然低层级的神山信仰（家族神山信仰和村落神山信仰）会造成一个个相对独立且封闭的信仰共同体，但位于最高阶位的卡瓦格博信仰却又消弭了它们之间的张力，于是便形成了三者层层相扣，逐渐外扩的倒金字塔式的整合体系。（见图6-1）

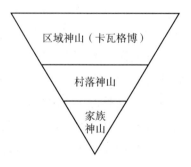

图6-1　神山信仰的三级整合体系

　　神圣与世俗是宗教的一体两面，它既可以用信仰和仪式潜移默化地影响人，也会通过相应的世俗手段实现自己的权力建构。在政治上，该区经历了长时期的"政教合一"的统治。寺庙虽然名义上不在政权机构之列，但它们却是实际上的统治者，不但与土司互为表里、相互支持，而且还拥有势力极大的武装力量。喇嘛无事念经，有事则骑马作战，俨然一军事集团。在经济上，缘于人们近于疯狂的布施和宗教对"经济租"的孜孜追求，使得社会财富源源不断地向"中心"流动。这一流动趋势不但能够起到吸引人们出家入寺，从而间接抑制人口增长，适应该区物质稀缺现实境况的作用，而且还为宗教的慈善反哺行为奠定了经济基础。仅就慈善行为来说，该区的宗教组织与萨林斯笔下所描述的美拉尼西亚社会中酋长的角色一样，在一定程度上承担了蓄水池的功效，甚至有的时候还部分地取代了政府部门的社会管理职能，最大限度地避免了人们流离失所、无处可依窘境的发生。在法律上，缘于人们对宗教的虔诚信仰以及宗教自身所携带的政治权力，宗教组织和宗教权威一直是该区私力救济解决纠纷的重要媒介。其中，由宗教权威作为第三方调解主体的"说事"是该区历史至今一直延续下来的纠纷解决方式。小到夫妻拌嘴、打架斗殴，中到家族生隙、村落械斗，大到土司纷争乃至区域性战争，都有宗教权威积极介入的身影。虽然在参与审理纠纷案件时，宗教组织或宗教权威有欺压百姓、作奸犯科的劣迹，但它毕竟在实践层面上设置了诉讼中心，在一定程度上起到了平稳社会秩序的功能。此外，宗教还利用一系列正式的和非正式的教育手段将自己的一套价值观施加于人，进而达到影响人们的外在行为的目的。该区虽然是多元宗教并存，但它们的价值取向是一致的。正是通过长期的宗教伦理价值濡化，使该区人们养成了"注重和善"的思想意识。它要求人们之间相互关心，相互帮助，以诚相待，和睦相处；凡事秉心正直，诚实恭让，处处为他人着想，时时力戒私欲；对待父母必须敬重孝奉，知恩图报，鄙夷忘恩负义的行径；等等。而所有这些对人际关系的改善无不起着巨大的润滑作用。

　　谈及社会秩序问题，政治权力的影响无疑是直接而又明显的。虽然站在中原王朝的立场上看，该区在历史上长期处于权力的边缘，但当地百姓如同沃尔夫笔下那些"没有历史的人民"一样，虽远离"中心"，但依然有自己的精彩生活，同样创造着属于自己的地方性文化。改土归流前，历代王朝对该区采取一以贯之的羁縻策略，只管官不管民。这一阶段，由于少了国家权力的直接干预，地方秩序主要由土司与头人联合治理。"头人"在这里是一种泛称，不仅包括氏族中的族长，而且还包括村寨聚落中的老民。按照马克斯·韦伯的划分，该区的头人应当属于典型的传统型权威，他们多依能力自然产生，因此深得人们的信任，是民主改革前该区基层社会的实际掌控者。族长和老民虽称谓不同，但职责相仿，主要都是对内管理日常事务、排解纠纷，对外则带领群众适时进行外务交涉。头人之上为土司，它处于国家和基层的中间一环，起着承上启下、上通下达的作用。整体而言，土司对其辖区内社会秩序的维持主要是通过在行政上层层分封，在军事上守土保民，在法律上参与纠纷解决，在宗教上奉行精神安抚，在婚姻上结成政治同盟以及在经济上直接进行人身控制来实现的。需要强调说明的是，作为民主改革前维持地方秩序的重要力量，土司对其辖区内的统治不全是人云亦云的"剥削和压制"。他们也会打击盗匪，广做慈善，甚至为民出头，伸张正义。所以，该区土司在民众当中大多具有较好的口碑，他们与手下属民之间并不是冰冷的、制度性的联系，也带有情感性的因素。

改土归流是国家权力开始下沉的标志。之前，该区的地方秩序主要有土司和寺庙联合维持，人民就如同埃文思－普里查德笔下所描述的努尔人一样，日复一日、年复一年地过着封闭但勉强自足的生活，而所谓皇帝（国家），在他们看来仅仅是一个象征性的符号，并无太大的实际意义。然而，随着改土归流的深入，尤其是在边疆危机日趋严重的情况下，国家权力开始有意识地下移，不但通过行政、司法手段对土司和寺庙的权势进行限制，而且又在基层编练保甲并出台《团规》和《乡约》，与此同时还强迫当地民众读汉书、行汉礼，试图通过柔性的手段在人们的观念中建立自己的权势地位。

相比改土归流，新中国成立伊始所进行的民主改革在该区的历史上具有颠覆性的意义，它使当地社会的权力结构发生了天翻地覆的变化。自此，土司和寺庙的权力被推翻，国家权力开始全面接管地方，直至人民公社时期达到顶峰。20世纪80年代，国家权力开始在全国范围内全面后撤。但囿于民族宗教的敏感性问题，国家权力在该区的后撤力度并不显著，维稳仍然是该区政治工作的重中之重。由于村委会是国家权力的神经末梢，且与村民之间是面对面的关系，易于掌握村民心理和他们的行为动态，遂成为维稳工作推行的重点场域。今天，该区的所有村寨都设有维稳工作联络员，多由村主任或社长担任。他们人手一部由上级派发下来的数据终端，每天有事必须上报，即使无事也要汇报平安。除了行政上的严管控之外，经济上的高绩效也是国家权力实现社会稳定的重要手段。不管是架桥铺路、民生补贴，还是高考加分，都是经济高绩效的典型表现。可以说，在无其他经济项目可做的情况下，维稳甚至成了基层村社的全部工作重心。

通过以上对互惠链条、宗教信仰和政治权力这三种"力"的再次审视，不难看出，以头人、土司和国家为代表的政治权力同与人们生活水乳交融的宗教信仰以及村民间自发的互惠性交往是维持当地社会有序运作的基础。这一观点跳出了以往在社会秩序研究中只注重政治权力的弊端，更多地关注到了地方性文化所具有的黏合功能。在这里，我们可以对它们三者各自的特征及相互关系进行理想化的提炼，并制出如图6-2所示的动力模型。

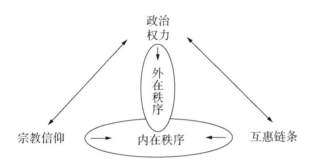

图6-2 整合与约制：三种力的交互关系

三者互有分工，阴阳交割：其中以头人、土司和国家为代表的政治权力较为强调"控制"与"绩效"，是一种刚性的力，从而实现的是刚性的外在秩序；而宗教信仰和村民互惠则更多地关注"价值"与"情感"上的整合，是一种韧性的力，相应实现的是韧性的内在秩序。刚性秩序以社会的绝对安定为管治目标，需要强大的资源和暴力作为后盾。虽然它可以把人们的外在失范行为限制在一定的秩序范围之内，但它无法解决人们的失范动机问题，也无法为人们提供所需的情感支撑。如果某一天国家权力在行政管制上稍有疏忽或者经济承诺不能兑现时，就会有爆发群体性事件的可能，从而对当地社会秩序造成破坏。譬如，笔者在茨中村做田野调查的那段时间，人们茶余饭后谈论最多的莫过于乡政府要搬迁至此而需征收大片水田的事情。燕门乡政府之所以要搬迁至茨中，是因为上级政府打算在附近澜沧江上建设一座水电站，而乡政府所在地恰好位于淹没区内。其实，茨中村民对乡政府搬迁至此和征收水田的事实并无太大异议，但双方在赔偿补贴的意见上一直未能达成统一，甚至因此还一度爆发了村民围攻村委会的群体事件。直至目前，这一事件不但未能得到妥善的解决，相反事态又进一步恶化了。据当地朋友电话讲述，茨中村民为争取经济利益，甚至还联名写了一封《还老百姓一个公道》的公开信，广为散播。在此，笔者无意指出孰对孰错，只想点明过分倚重"绩效"或"控制"的弊端。一定程度而言，外在的刚性秩序就如同一面玻璃一样，看似坚硬，其实极易破碎。而经由宗教信仰和村民互惠所建构出的内在韧性秩序恰好能够对其进行有效的补充。内在韧性秩序是村民在日常生产、生活当中通过交往互动所践行出来的一种"自生自发的秩序"，韧性强、弹性大，因此具有极强的整合和修复能力。历史至今，也正是通过三者的交互补充，才共同建构并维持了当地社会的稳定和有序。

附　　录

圣俗之间：茨中教堂的周日礼拜

今天是 2014 年 5 月 25 日，星期日，笔者在茨中天主教堂参加了由姚飞神父主持的复活期第六主日弥撒仪式的全过程。

一、仪式准备

9：00　在教堂外等候多时的教友开始陆续步入教堂，在门口圣水池中沾圣水①后面向祭台鞠躬，并于胸前画十字、合掌，男右女左自然分开坐定。

9：07　坐念藏语《圣好经》《伏求圣神降临经》《天主经》《圣母经》及《信经》部分片段。

9：09　跪念藏语《认罪经》。

9：11　站念藏语《洒圣水经》。

9：13　坐念藏语《天主诚经》。念经期间教友胸前画十字一次（9：16）。

9：20　坐念藏语《圣会四规》《信德经》《望德经》《爱德经》及《忏悔经》部分片段。期间教友双手合十低头两次（9：21）。

9：22　专职敲钟员（甲）起身离座，面向祭台鞠躬、胸前画十字、合掌，缓步退而到钟楼。

9：23　钟声敲响，教友站念藏语《复活节三钟经》。

---

① 据姚飞神父讲述，圣水主要具有三方面的功能：一是除魔，二是祛病，三是保平安。所以，在出入教堂之时，沾圣水并在胸前画十字成为每一个教友的必行仪式。

9：25　跪下祈祷。祈祷期间教友胸前画十字、合掌低头均两次。

9：29　领唱肖老师起身面向教友，领唱汉语《耶稣复活歌》。唱歌期间胸前画十字低头一次。

9：37　教堂会计（乙）起身面向教友，汇报当日收入细目。

9：44　汇报完毕，接念藏语平安经之《圣若瑟祷文》。念经期间教友胸前画十字、合掌低头各三次。

有教友在办告解仪式，弥撒等待中……

二、进堂仪式

10：02　神父进堂，教友站念汉语进堂咏之《我们来到上主的圣殿》。

10：05　神父致候词，交代教友求弥撒情况。

10：09　神父举手上扬，合掌鞠躬道："各位教友，现在我们大家认罪，虔诚地举行圣祭。"众教友下跪，静默片刻后诵念："我向全能的天主和各位教友承认我思言、行为上的过失（搥胸），我罪、我罪、我的重罪。为此，恳请终身童贞圣母玛利亚、天使、圣人和你们各位教友，为我祈求上主，我们的天主。"神父合掌，转向祭台鞠躬，请求天主赦免教友罪过；众教友起身鞠躬，与神父应答诵念藏语《求天主垂怜经》。

10：11　神父领唱藏语《光荣颂》。唱歌期间教友合掌低头一次。

10：13　众教友集体祈祷。

三、圣道礼仪

10：14　读经员（丙）行屈膝礼上，宣读《宗徒大事录》。

10：17　读经员（丙）行屈膝礼退，（丁）行屈膝礼上，宣读《圣伯多禄前书》。

10：18　坐唱藏语圣歌《阿肋路亚》。

10：19　读经员（丁）行屈膝礼退。神父从祭台一旁走上祭台，高举并亲吻福音书，宣读《圣若望福音》；教友站立聆听，期间胸前画十字合掌一次。

10：21　教友坐定，神父走下祭台讲道。首先对自己去大理进修十多天不在堂，没能带领大家做弥撒表示歉意；接着对教友讲述了自己在大理的学习成果和所见所闻；最后也对此次主日弥撒来人太少，大家信心力不足提出了批评，神父认为现在正值农忙时节，白天因赶农活不能前来可以理解，但对周一、周三、周五晚间弥撒来人太少感到匪夷所思。

10：37　站念藏语《信经》。期间合掌低头一次。

10：41　读经员（戊）起身在原位宣读教友祈祷词，每说完一项内容，教友则鞠躬答"求主俯听我们"。

四、圣祭礼仪

10：43　坐念奉献咏之《请接受我们的礼品》，神父在祭台准备。

10：44　神父将圣盘和圣饼稍微举起默念，将圣血倒入圣爵内，稍微举起默念，双臂展开、合掌，举手向上。教友起身诵念祷文。

10：46　祈祷完毕，教友坐念藏语《领主咏》。

10：47　神父合掌对圣饼和盛有圣血的圣爵画十字，后依次拿起圣饼和圣爵略略举起，稍微欠身，最后再分别高举圣盘和圣爵置于圣体布上，众教友跪请安。

10：49　圣体、血备好，教友起身，双臂张开，目光正面仰视，诵念藏语《天主经》。

10：52　教友诵念汉语《平安经》，相互鞠躬、握手，互道平安。

10：54　众教友跪念藏语《求主羔羊颂》，后仰视圣体诵念："主啊，我当不起，你到我心里来，只要你说句话，我的灵魂就会痊愈。"

10：55　神父手拿圣体走下祭台，众教友起身，一边诵念藏语《赞圣体歌》，一边按前后顺序依次屈膝上前领受圣体，后返回原位坐定。

11：00　教友再起身，神父举手上扬、合掌，领诵经文。诵读期间教友胸前画十字、合掌低头一次。

五、礼成仪式

11：02　教友起身面向祭台，鞠躬，神父举手上扬画十字降福大家，宣布"弥撒礼成"，后亲吻祭台，拿福音书转向祭台鞠躬行屈膝礼退。

11：03　众教友跪念藏语《万福玛丽亚》，并以胸前画十字、合掌低头结束弥撒礼仪。后起身离座，缓步退到教堂门口，沾圣水面朝祭台胸前画十字离开。

苏联学者乌格里诺维奇曾以礼拜仪式为考察对象，瞭望过信徒们的情感变化。他把整个礼拜过程分为三个阶段。第一阶段的特点是情感渐渐地紧张。神父或传教士要求人们忏悔，认识自己的"罪过"，并通过一系列生理和心理作用的手段来加强感化作用，这种感化作用常能激发起祈祷者的宗教忏悔、眼泪、请求互相宽恕罪过等。第二阶段是情感激动的最高潮，同时又是缓解的时刻。这种高潮时刻在外表表现为流泪，在内心表现为消极体验转向积极的体验，从恐惧和罪恶感转向愉快和"清醒"，仿佛内心的一切都融化了。第三阶段即最后一个阶段，由于礼拜和祈祷，开始出现心灵的清醒、精神的放松，人也变得轻松、愉快、开朗。其实，乌格里诺维奇的三阶段划分与特纳对过渡礼仪的分析颇有异曲同工之妙。礼拜仪式中的准备、进堂和圣道宣讲三步可以看作"阈限前"，其目的是营造气氛，使教友在不自觉中缓缓进入"阈限"状态。其中，已经固定化、模式化和重复化的仪式语言和动作（如站、跪、坐、屈膝、弯腰、低头）为教友们的迅速"入境"起到了巨大的推动作用。帕累托曾经说过，重复，尽管它没有半点逻辑，但它却比最好的逻辑——经验论证更为有效。人的肉体是短暂的，但一些固定下来的仪式姿势能够通过身体的均质化得以长期延续，无论何时何地，它都指涉其纪念的内容，呈现其集体象征文本。就整个礼拜而言，圣祭礼仪无疑是其最高潮。此时的教友已达"阈限"状态，在他们看来，做弥撒用的麦麸饼和葡萄酒不再是简单易得的世俗食物，而是耶稣的躯体和血液。在从神父手里接过圣体、圣血的那一刹那，教友们屈膝弯腰，毕恭毕敬。（见附录图1）

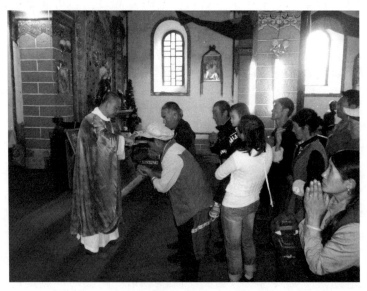

附录图1　依次接受圣餐的教友们

礼拜结束后，笔者与跑短途客运的教友张宏生闲聊了一番。当笔者问及为何不跑车挣钱而每个周末都要前来做礼拜时，他告诉笔者："你知道，我是跑客车的，越是到周末的时候坐车的人就越多，生意也就越好。但基本上每次周日礼拜我都会放下手中的活来教堂参加主日弥撒。我觉得参加了聚会之后，人的心就会变得特别安静。尤其是像我们这种跑车的，生意时好时坏，有时候好几天都拉不到一个人，心情会变得很糟，但只要到了教堂，跪在天主面前，跟他说说话，心情一下子就能舒畅起来。对我而言，天主就跟亲生父母一样，有什么难处就告诉他，他必定想方设法给你解决。只有心情好了，生活才能算得上是生活。"

张宏生的回答并未出乎笔者的意料，通过访谈其他教友，得到的答案也是一致的，都在强调人神沟通的重要意义。在弥撒仪式中，通过忏悔、祈祷和接受圣体、圣血，的确能够起到情感升华的作用。但在笔者看来，完成人—神沟通远不是人们前来参与礼拜的唯一原因，除此之外，还有一个连教友自己都不为察觉却一直被他们践行着的原因——人际交往的需要。其实，在田野调查的这段时间，笔者不止一次参与到教堂的周日礼拜。每次仪式开始前，教友们多集中在教堂外面的院子里，基本上是三五成群围拢在一起，有说有笑，先到的看到刚走进来的都会热情地打招呼，男教友还会彼此递烟，相互之间的情感表达既符合习惯又自然得体。大家在此畅所欲言，尽情地展示各自丰富多彩的内心世界。聊天的内容非常广泛，话题也在一直变换，比如一开始还是外出务工问题、子女教育问题，随即就有可能转到婚丧嫁娶的消息上来。此外，有关教堂的重大决策也多在这里讨论决定。在礼拜中，笔者还观察到，与神父的严肃认真形成鲜明对照的是，教友们在私底下交头接耳、打打闹闹，妇女之间多相互逗对方的小孩，男教友则时不时退出教堂到院子里抽烟聊天。对于这种"失范"的现象，姚飞神父没少向笔者抱怨，说教友不够虔诚，屡禁不止。姚神父的担忧不难理解，因为他的关注点全都集中在人神交流上。然而，对村民而言，参加教会礼拜沐浴身心是真，但找人聊天倾诉情感也是另一迫切需求。（见附录图2）根据笔者的观察，很多教友，尤其是年轻人甚至连圣歌都不会唱，但他们仍然坚持每个星期必到教堂参加礼拜。在一定程度上，对教友而言，与其说他们是前来参加礼拜的，不如说是来强化社会关系、寻找归属感的。有时候，教堂甚至还成了择偶的舞台，不时有青年男女在礼拜仪式中彼此熟知、彼此关照、彼此相爱而情定终身。马克思说过,越往前追溯历史,个人就显得越不独立,越从属于一个较大的整体。对教友而言,围绕宗教生活所建构起来的共同体无疑有着家的感觉,它不但能为教友遮风挡雨,而且还是他们获得归属感和认同感的重要源泉。

附录图2　作为公共空间的天主教堂

署丽江知府彭继志告示[①]

　　钦加盐运使衔调署丽江府事开化府正堂兼西防副营务处彭，为出示劝诫事。

　　照得中甸、维西两厅地方，古宗喇嘛，都是朝廷的赤子，本系纯良百姓。只缘不读汉书，不懂汉礼，不知□□，□致身犯重□，□不知不觉。本府来此办理军务、安抚各事，已有了半年，见你们僧俗这些情形，心中实在的怜□。我既做了你们的府官，就是你们祖、父一样，你们就是我的儿孙□。实不忍你们儿孙不读汉书，不懂汉礼，不知法律，再犯重罪，所以我这两个月，时时刻刻，都替你们想法子，使你们不致再犯重罪，永远保全身家□□□□□方得安乐。今我特将这个法子，一样一样的，写在这个告示上，有要你们学的，有要你们改的，古宗喇嘛，须要仔细听着记着。

　　第一样，抗不得官。你们从前被人控告，府官、厅官票差传讯，□□□□□就扯票；即不打差扯票，总是抗传不到。你想那个差人被你们打了、估了，他回衙门去，岂有说你们好话的么？官□□□，岂有不生气的么？这气一生，就将你们抗官藐法可恶的情形，一齐禀报督、抚各大宪衙门，你们抗一回，官府禀一回，以致大宪衙门案积如鳞。所以督、抚各大宪都疑着你们不是好人。你们要晓得，朝廷设立长官，原是管束百姓、保卫百姓的，原是抑强扶弱，替百姓分忧，防盗案□□百姓乐业的，理宜恭敬听命，岂是抗得的么？票为官票，差为官差，岂是扯得、打得的么？在你们喇嘛想，我们各寺人多势大，广有银钱，还怕谁来？齐心合力，万无一失。在你们土弁、土目、古宗们想，汉官隔得远，一年一换，喇嘛隔得近，永远相处，若顺长官，必遭祸害；不如附和喇嘛，不受欺侮，可以保身全家性命。所以无法无天犯了叛逆大罪，到于今各寺喇嘛，弄得东逃西散。德钦寺□□、东竹、羊八□□□，还要赔军费，赔教堂。到底人多势大，算得算不得呢？土弁、古宗们，房屋多有□□□□□什物多有被掳

[①] 转引自李汝春主编《唐至清代有关维西史料辑录》，维西傈僳族自治县志编委会办公室1992年印，第319～332页。

的，弄得妻离子散，□□的络绎不绝，还要摊粮食、摊银钱，一时一刻不得安宁。到底附和喇嘛保全身家性命没有呢？你们哪晓得：你们的人有数，死不复生；钱有数，去无来路；官家兵马如水潮，愈来愈多；粮饷如水涌，愈用愈有的道理。这都是由于你们平时抗官，官虑其事小，不肯认真跟究，你们就越抗越胆大，造下的罪孽。于今虽已明白，悔之晚矣。所以□□□先教你们不要抗官。从今以后，你们□□僧蛮，都要以此为诫〔戒〕。若地方□□□□事传你们，或你们被控告，票差提你们，你们□□随传随到，万万不可再有估抗。如要你们承办□□□□的，即要□办；办不下的，尽可当堂回话，官长断无压逼之条。如被人控告，尽可到案与原告对审，你有不合之处，官长打你骂你，是应该的，□□□断具结，二次不敢再犯。你无不合之处，官长打你骂你，冤屈了你，天外尚有天，你们尽可去打上控。厅官断屈你，你到府官衙门告；府官断屈你，可到道台衙门告；道台断屈你，可到制台、藩台、臬台衙门告，断无有道道衙门都把你们这个官司断屈之理。纵有冤屈，何愁不伸。你们各寺、各地方，从前均有抗传不到的案子，均要赶紧投案，求官剖断了结。官长亦必秉公讯断，照例办理；你们均要遵断具结，改过自新，免得案悬日久。倘犹估抗，定予严提。则是存心犯法，即为法所不容。这是教你们安分守己、保全身家性命的第一个法子，你们须要谨谨记着。

  第二样，仇不得教。他们洋人，到我们中国传教，不是他们自己来的，是他外国王子与我们中国皇帝主子讲相好，讲人情，承认保护，载在条约，他才来的。那洋人就是我们中国皇帝主子的客人一样，官长、百姓都要好生款待他，岂可轻慢得的么？譬如你们喇嘛寺，克媲请个客到寺，迭巴格规、小喇嘛们□□要以客礼款待的。□小喇嘛不□□□□□了客人，克媲定要跟究迭巴格规，迭巴格规定要打骂小喇嘛，叫小喇嘛与客人赔礼才能了事。又如你们百姓请个客人到家，兄弟、子侄、丫头娃子自然都要以客礼款待的，若丫头娃子不懂事，得罪了客人，你们定要打他骂他，叫他与客人叩头赔礼，客人不生气，不说话，方对得住，方不失主客之礼。这个道理，你们僧俗都是知道的。何以皇帝主子请些外国客人□□中国传教，你们当百姓的，并不以客礼款待他，反要恨仇他，杀害他，掳抢他的什物，烧毁他的教堂，这岂不是找人得罪么？自罹法网么？你想，你们寺里、家里的客人被小喇嘛、丫头娃子得罪了，你们知道跟究，要为客人出气；皇帝主子的客人被你们杀害烧抢了，岂有不跟究的么？属鼠的那一年，山东、直隶两省仇杀洋人，到后来，王爷、宰相都杀了多少，赔了四万万零五千万两银子，你们总也听得说。你们有多大的气魄？多少的财力？敢于这们横行！官长跟究的时候，杀了的洋人要抵命，还要命价银两，烧了教堂要赔修，抢了东西要赔价，都在你们身上跟究。现在教你们所摊之粮食五百石，均系分给教民吃食。如你们不闹事，你们的粮食，他们教民拿着银子向你们买，还要看你们愿不愿。愿卖才卖，不愿就不卖，教民不能把你怎样，那〔哪〕有白白拉拉驮着背着送与他吃的道理呢？闹来闹去，总闹在自己头上，这岂不是自杀自、自烧自、自抢自么？官长如父母，百姓如儿女，父母岂有不爱儿女的么？只因你们儿女闹了大事，犯了大法，做父母的替你们包涵不下来，看着你们可怜的样子，心中扎实的难过。所以我这第二样，就教你们不要仇教，从今以后，你们弁目、僧蛮，都要以此为诫〔戒〕。洋人自外国带着银钱，□□□□吃的用的，都是他自己的银钱买的，愿从教的从，不愿从教的不从，他亦无强逼之事。我不惹他他亦不得惹我，平时相遇，存一个主客之心，自然相安无事。如教民欺压你们，尽可到□□衙门控告，厅官自然秉公讯断，不能袒护教民冤屈你们的。若因洋人相貌、种族不同，心中有些不乐，你们奉的如来佛祖，原说过"无人无我，无人相，无我相，无寿者相，无一切等等相"，这就是教你们"天下一家，中外一人"的玄秘大道理，何以于洋人，遂分彼此呢？佛祖能知过去未来，早知数千年后，外国人当入中国传教通商，怕你们看不得，听不得，闹到灭亡的地步，所以于数千年前，说下这几句话，要你们体会，方得保全。何以你们朝朝暮暮都在礼佛念经，没把这几句话体会出来，以致糊糊涂涂遭此大祸。本府特为解说明白，这是教你们要遵佛法，要守官法，不与外人生气为难，保全寺庙、身家的第二个法子，须要谨谨记着。

第三样，中、维两厅各处喇嘛寺，从前有点资本，都是做生意赚利钱供众僧。近来尽是放账，重利盘剥。债主富实的，将账还来，你们不收，希图利上加利；债主穷苦的，锁拿到寺镣铐拷打，非刑逼勒。私设卡房，任意羁押，□掳债主家财牲畜，估拉人口，变卖为奴。还有恃着喇嘛势耀，估着债主的亲戚朋友，要他替债主还账的。只图账目收到手，不管情理合不合。这些情形，都是违条犯法的。你想，你们擒着一个债主到寺里拷打一回，这个债主出去，岂有不逢人遍传么？一人传十，十人传百，把你们喇嘛寺的声名，说得个稀烂。官长听了，岂有不生气的么？官长一生气，你们的罪恶通天了。加之你们平日常在抗官，那个罪恶更是彰明较著的了。一个官来，说你们不好；两个官来，也说你们不好；个个官来，都说你们不好。你们不好的声名，如此之大，官长焉得不恨？推其原故，总是你们自己不是。你想，你们的如来佛祖，原是大慈大悲，救苦救难，普度一切众生的。你们做喇嘛的，本是佛祖弟子，天天念佛讽经，不但不知救苦救难，反要盘剥人，吊打人，抄家产，拉人口，无恶不作，事事与佛祖相反。如此行为，不但官法不能容，抑且佛祖不保佑。从今以后，账不可乱放，不可恶收；纵有资本，还是做生意的好，寺中卡房，赶早折〔拆〕毁，镣铐赶紧销化，万不可学从前的糊〔胡〕作非为。洗心涤虑，仰体佛祖慈悲，官长自然欢喜，寺庙自然兴旺。你们地方村寨，处处有个经堂，地方有甚事故，都到经堂报告。乡约、老民、伙甲人等，居然私设公堂，擅理词讼，擅用刑具，藐视官长，肆无□□，往年□□，□有镣铐土官重案。朝廷法律，佐贰等官，均不准理民情。你们乡约、老民，胆敢如此妄为，你想，官长能容不能容？这是极犯王法的事。以后□□地方，无论大小事件，都要报官，万不可再学从前的枉道，自干重罪。我这些话，都是为你们好的。你们地方约民并各寺喇嘛，须要谨谨记着。

第四样，你们地方百姓，有因小小仇恨，动辄约些党羽，杀人抄家，只图报仇雪恨。不知我杀他、抄他一回，他又杀我、抄我一回，冤仇越结越深。你们试想，杀到何年何月可以休息？这个冤仇，又何年何月可以解释？还是自抄、自杀一样。这们看来，你们就实在的蠢！至尔红、黄两教，同是佛门弟子，尤应弃怨修好。从今以后，无论僧俗，有什么仇恨，尽可到厅官衙门告状。官府将你们两造传案，讯明曲直，剖断清楚，令你们心平气和，释仇解怨，仍敦和好，彼此都得保全，岂不甚好？本府因你们心里糊涂，自相残害，特为你们明白晓谕，曲全你们。你们以后遇有寻仇的事，就将我这些话细细想想，自有无限的好处。僧家、俗家、土弁、土目，均要谨谨记着。

第五样，你们地方爸妈老死，与兄弟、妻子亡故，或用火烧，或弃水中，或砍做几块抛弃荒□，喂那些飞禽走兽。这个办法，大干天地之和，皆因不读汉书，不知礼义，向来又无人对你们说过这个使不得的道理，你们就习以为常，不以为怪。我既做了你们的府官，不忍你们做这些干天犯地的事，特为你们明白讲说。你想，你爸妈将你生下来，捧在手里喂养，整整三年，方离怀抱。你有病痛，百般调治，总要医好，心里才安。衣之食之，煞费心力。到你长大了，要替你讨媳妇，望你成家立业，做个好人。或是做喇嘛，先要替你找师父，到了进藏的时候，又要替你筹盘缠。你在藏里住个三年五年，你爸妈在家，怕你害毛病，怕你没钱用，时时刻刻都在焦心。望你经典高超，得个"春追""郎觉"名目回家，方有荣耀。既已回家，又要入寺，一年之中，在家里不得几天，你爸妈不得常常见面，总是忧心的。你想，你爸妈自把你们生下地来，直到死的时候，哪一个时刻，不在你们儿女头上耽心？何以你们一见爸妈死了，就把他尸身砍烂抛弃，任那些禽兽吃嚼，任火烧化，任水冲去，全不痛心，全不想爸妈在生的恩典呢？假如爸妈活着的时候，你们见野兽□着爸妈，张口要吃，你们定要拿枪提棒，将那野兽赶开，救护爸妈回家的。倘或家里失火，爸妈尚在火中，你会不顾生死，将爸妈从火里救出来的。倘或爸妈行走水边，失足落水，你们定要不顾生死，将爸妈从水里救起来的。这是你们至性至情，大家都是晓得的。何以爸妈死后，你们偏要把他送与野兽吃，送到火里、水里去呢？就说死尸不知痛痒，总是你爸妈身体，你们心中，何以就忍他受此兽食、水、火之苦呢？你们的佛祖观音菩萨，舍著手眼度他的爸妈妙庄王，地藏菩萨游遍地狱，寻他的阿妈刘十四。这两位佛祖，知道爸妈的恩大如天，做儿女的，毕生毕世报答不尽，所以受尽千磨百难，定要将爸妈救出苦脑〔恼〕，无非欲劝化后人的意思。此乃释家行孝之道，你们都是晓得的。儒家圣人的教训，要"生，事之以礼；死，葬之以礼，祭之以礼"，事死还要如同事生的一样。以儒、释两教考较起来，这爸妈死后，定要用衣衾棺木好好殡殓；择个地方好好安葬；做好坟墓，春、秋两季，逢年逢节，拜扫一番，教道子孙，不忘根本，方尽为子之道，方不干犯天地佛祖。你们终身，方有□□，□□兄弟，与你同胞的；媳妇，与你同体的；儿女是你生养的；都是骨肉至亲，痛养相关，□不能砍尸抛弃，付之水火的。从今以后，你们各处村寨，都要痛除这□伤天害理的事，责成弁目、伙头，先请木匠做些棺木搁在公处，遇有村中死亡的人，无论老少，均要叫他装棺安埋。这个棺木做成多少价钱，即在死者之家如数索出另做。若贫苦之家，无力办此棺木，即用草席、毯子包裹安埋亦无不可。亡人得土如得金，这是亘古不磨的话。倘有不愿安葬，仍要抛弃水、火的，即由伙头报知，土弁、土目剀切开导，必要劝他激发天良，用棺安葬。如犹不从，则是禽兽不如，不可以教化的，尽可以送厅官衙门，或就近送弹压委员衙门，治以刑罚，使之畏惧遵行。必令你们人人知父母、兄弟、妻子，均系骨肉至亲，不可抛弃水、火的道理，我心里方才喜欢。我这是苦心苦口，望你们孝父母、重骨肉、知礼义的良言，你们须要谨谨记着。

第六样，你们地方，家里有几兄弟，除上门做喇嘛外，也有一夫一妻的，也有三兄两弟共个媳妇的。这个风俗，无论古宗、傈僳、摩挲□□□□□在你们想，几兄弟讨几个媳妇，养育必多，多则吃的穿的都难找；又怕媳妇不□□□得要分家，分做几家，房子不够住，田地不够种，必致大家为难，到不如□□□□好。就不想变成禽兽了。皆因你们不读汉书，不懂伦理，不知廉耻的缘故。你看那母狗起草的时候，这个公狗才扒过，那个公狗又来扒，还有几个公狗蹲在侧边等候。你们在旁见着，都也觉得害羞的。至于那些牛马畜牲，都是不知配合的，一个母的，几个公的跳。你们既受天地养育之恩，入了人道、得了人身，就要知道人伦。如皇帝主子只有一个，娘娘就有三宫，妃嫔还有六院。做官的人，常有三妻四妾的。百姓人家，男子三十无后，乃准娶妾。俗话说的，好汉男儿有九妻，从未闻一个妇人有几个男人的话。你们这个办法，就是禽兽一般，为人所不齿。我既做了你们的府官，不忍你们流于禽兽，特为你们讲说明白。从今以后，再不要兄弟同娶，效那猪狗行为。爸妈生你兄弟几个，除上门做喇嘛外，家里有几个，就要讨几个媳妇。要大□□□□永远不消分家，所生男女不怕多，天生人，必有一路。俗话说的，有了人就有了世界，□□□俭为本，何愁没穿没吃。你们古宗，也有〈一〉夫一妻的□，你看那些人家，几多兴旺。你们能听我的话，把这个风俗改变，就成了人；若不改变，虽披人皮，还是禽兽。你想，到底是做人的好？做禽兽的好呢？

第七样，你们地方，皆因不读汉书，不懂汉话，不知法律，以致常常犯法。你看他们洋人，几万里路来到中国，又读汉书，又懂汉话，又读蛮书，又懂蛮话，这就见得他们的心思深，志向大，所以他们国家兴旺。你们是中国百姓，自雍正初年归汉，于今已二百多年，仍是一个汉字不识，一句汉话不懂。这们看起来，洋人实在聪明，你们就实在愚蠢。为今之计，你们定要赶紧读汉书，学汉话，明白孝弟忠信礼义廉耻的大道理，方能挽回风俗，保全地方。你们土弁、土目，多有家道富实的，都要请个教汉书的先生，设个学堂，令所管每个伙头项下，择年轻聪明子弟二人，送到学堂，读汉书，学汉话。动手的时候，□□只学认几个字，只学几句话，吃食由该伙头自备，学钱由土弁目奉送，毋须派给送来读书□□□。该管项下，每年共有多少读书的，应由该管于年终将课本课字，汇报府、厅，听候提入府、厅学堂。以能延师教管下弟子多的为有功；有〔以〕堂少的有过，有罚。如弁目家中寒苦，无力延师，准其传集所管伙头，摊捐银两。公请先生教读，年终仍由该管汇送课本课字。倘有置若罔闻，并不遵行的目弁，年终并无读书子弟姓名、课本课字汇送府、厅，初次重罚，二次斥革，另选贤能充当。中甸、维西厅城，早年设有义学，现已改为学堂，原是教你们地方百姓的。你们土弁、土目，应送子弟及所管夷民之聪俊者进城，入堂读书学话。中甸之归化、承恩两寺，维西之羊八、德钦、东竹、丫拉各黄教寺，来远、荣先、寿国、南〔兰〕经各红教寺，均应选择年轻聪俊之喇嘛数人，送入学堂，读书学话。每处每寺可送多少，在你们自己斟酌。丽江府亦设有中学堂、小学堂、蒙养学堂，你们中、维两厅本归府辖，两厅百姓原应到府学堂读书的。今本府为你们两厅僧俗，另设蒙养夷学堂一个，替你们定个人数规则：两厅土弁、土目，每家要送子侄一人，到府学堂读书；归化、东竹两寺，每寺要送年轻喇嘛四人，到府学堂读书；德钦、羊八两寺，每寺要送年轻喇嘛二人，到府学堂读书；其余承恩、来远、荣先、寿国、南〔兰〕经红教各寺，每寺要送年轻喇嘛一人，到府学堂读书；丫拉七寺，要送年轻喇嘛二人，到府学堂读书。子弟由弁目自送，喇嘛由各寺管事、活佛选送，定限本年六月底齐送到府，不准迟误！你们自己，只消预备吃食，应用书籍、笔墨、纸张，概由本府发给。先只认字学话，每月考验一次，字认得熟、话学得快的，均有重赏。以汉文满看得通，汉话满说得来，汉礼满懂得到，为学成。学成之后，给予顶戴、文凭。弁目子侄，各回各家，喇嘛各回各寺，转相教习。其应送府学堂学生员额，再由弁、僧另选另送。年深月久，不得松劲。从今以后，土弁、土目，不识汉字的，不准承袭；民人不懂汉话的，不准做喇嘛。此乃本府爱你们的实心实意，你们务要遵行。三五年后，村村有人识汉字，说汉话，懂汉礼，久而久之，蛮貊之地变为礼义〔仪〕之邦，那就不负本府一片苦心了。

  第八样，我既教你们读汉书、学汉话，无非要你们懂汉礼、知法律、重人伦、敦廉耻，不再抗官仇教，犯法违条，不抛弃尸骸，忍心害理，不再兄弟同妇，无耻乱伦。自经此次开导之后，你们弁目、伙甲、百姓中，如有奉行维谨，能送子弟读汉书、学汉话，能劝村里不抗官、仇教，不抛尸、同妇，不自相仇杀，一村的人为之感化，都佩服恭敬的这们一个人，即由该村老民保举，土弁申送到府，由本府当堂考验不虚，赏给六品顶戴，并予文凭，永远豁免其家夫马。又如有能送子弟读汉书、学汉话，家里遇有死亡的，遵照用棺安葬，兄弟亦不同娶的人，亦可申送到府，赏给七品顶戴，夫马较平家减免一半。再如，有无子弟读书，学话，能改抛尸、同娶恶俗的人，亦可申送到府，赏给八品顶戴，不免夫马。定作三等取法。至于各寺喇嘛，如有恪守清规、精通经典、能识汉字通汉话，不估抗官长、不盘剥百姓、事事安分守己、阖寺喇嘛都信服、地方人民都尊仰的，即由老僧、老民保举，土弁申送到府，由本府当堂考验不虚，给予上上等和尚执照，衙门所给口粮，较众僧加三倍；寺中分子，亦加三倍。又如，有经典不十分精通、能恪守清规、识汉字、通汉话、不抗官、不盘剥、事事安分守己，寺中喇嘛、地方百姓都佩服恭敬的，亦可保举，申送到府，赏给上等和尚执照，衙门所给口粮，较众僧加两倍；寺中分子，亦加两倍。再如，有经典仅通大意、能恪守清规、识汉字、通汉话、不抗官盘削、安分守己，寺庙、地方都说他好的，亦可申送到府，赏给中等和尚执照，衙门所给口粮，较众僧加一倍；寺中分子，亦加一倍。亦定作三等取法。凡有僧、俗，经土弁申送赴府考验的，来往盘缠，概由官处发给，衙门书吏，不要你们花费一分一厘。你们喇嘛进藏，花费多少盘缠，无非得个"春追""郎觉"名目；到府考验，不花一文，即得官府凭据，一生吃着不尽，较之进藏，便宜得多。考得之后，僧家能清修不懈，约束众僧，毫不妄为；俗家能修己齐家，劝化□□，安分守己，经土弁汇报到府，年年均有赏赐。如考得后，僧家有犯清规，俗家有不安分的，亦照三等挨次降革。赏罚严明，不徇情面。本府这个法子，要你们僧俗知道观感，愿你们个个做好人，人人行好事，永远同享太平的意思。你们知道遵照办理，自有无限的好处。

第九样，云南夫马，各处地方，原是有的。光绪九年，大宪出令，裁撤夫马，并入钱粮项下，加收钱文。你们中、维两厅，因有藏差，所以未纳这项钱文，依旧供应夫马。厅官下乡关边，还要送过山礼，供应酒肉吃食。虽各处土弁、土目、伙头、甲长，种有公田公地，收获的粮食，多有不敷开销的。从今以后，厅官阅边，不要你们送过山礼，不要你们供应酒肉吃食，这两项一概与你们永远禁革。你们弁目、伙头，万不可藉作官长过路，仍复摊派百姓。至夫马柴草，在你们边夷地方，无处催买，仍是要照常供应的；歇宿处所，仍是要照常收拾，好好招扶的。官长当有赏号，不得自使你们的白用你们的。兵差下乡，要用夫马，要有本官夫马差票，方能照应，不要供应吃食。如无差票，在乡勒索夫马；有差票，勒索吃食的，均准你们扭禀厅官衙门或弹压委员衙门，立时跟究，断不准他们在乡无故的扰害你们。这是爱惜你们的意思，你们当得知道。

  第十样，阿墩子管税的司事，你们叫为税官，有事就到他那里去告。他乃收税的司事，不是朝廷官长，不能替你们禀报存案，无非哄你们几个钱。现经本府禁革；你们以后亦不得再往税房递呈。今本府委设弹压委员官一位，带有土勇一百个，驻扎阿墩地方，专办你们醉酒打降、赌博斗殴、口角衅故各事，是非曲直，一秉至公。不要你们花费一文，就替你们禀报立案。如有强悍为非、欺压良民的，抢劫杀人的，一经呈报，就替派勇查拿，解厅惩办。本府因你们阿墩地方，相隔厅城太远，特为设立这个委员，就近替你们理事伸〔申〕冤。这个委员，就同官府一样，你们有甚么冤屈，他能替你们转禀厅官、府官；府官、厅官据他的禀，就可转禀制台、藩台各大宪。从今以后，你们断没得有冤无处诉之苦了。这是本府保护你们的真心实意。你们僧、俗，都要恭敬体贴这个委员，一点都估抗不得，是为至要。

  第十一样，你们土弁、土目、各寺喇嘛，从前都怕见得汉官，以为汉官个个都是恶的，个个都是要钱的，所以你们再不肯往见。殊不知你们就是吃了这个亏。本府到你们地方住了半年，到底无故打过那个来没有？问过那个要过钱来没有？你们大家当也知道。我现在既叫你们读汉书、学汉话，又叫你们送子弟、送喇嘛到府学堂读书，你们土弁、土目、各寺喇嘛，均要有驻府听差的人。中甸土弁二十三员，均住在城内，常见厅官的；驻府听差的只消两个。维西土弁、土目，三千、五把、二十外委，系分维西、其宗、叶枝、奔子栏、阿墩子五大股，每股须驻府听差一人。归化、东竹两寺，每寺须驻府听差喇嘛二人；德钦、羊八两寺，每寺须住府听差一人；丫拉七寺，须驻府听差一人；其余红教各寺，或三寺一人，或两寺一人，听其自然。有这听差的人驻在府里，一则你们地方、寺里有事，随时可以求谒府宪，详细回明，不得遭冤受屈；二则可以照应读书学生。本府定以绅士礼节优待你们，你们得渐渐与府官相亲。官民通气，不致隔阂，你们地方就永远清平了，身家性命就远保全了。你们务要赶紧遵行。

第十二样，我这告示，共有七千七百四十三个字，共有一千四百一十八句话；外有一个《化俗歌》，也是订成一本的。另派有人，挨村挨户讲说。你们男、妇、大、小，都要学唱这个歌。你们读书认字的，先要将这示上、歌上的字，个个认得熟，写得来，学汉话的，先要将这示上、歌上的话，句句说得熟，讲得通。申送到府的时候，就以这示、这歌考验你们。你们能把这示上、歌上的字、的话都透熟了，也就不愁不识汉字，不懂汉话。你们务要赶紧遵行。

以上共计十二样，千言万话，无非爱惜你们、保全你们的意思。本府系湖南人，虽做了你们府官，然系署事，多则两年，少则一年，就交卸去了，你们好与不好，我也管不得许多。只因到了你们这个地方，看你们这些百姓，小心的时候，见着官吐舌端掌、落帽叩头，惟恐官加罪戾；大胆则无法无天，不知死活。这都是从前的官长失于教化的过错。我所以不忍不加教训。你们能一样一样的听着遵着，是你们地方人民的福气，我纵到了别处，亦自放心得下。你们原有知识，万不要把我这些苦口良言，当作过耳风。毋违特示。

右仰通知。

光绪三十二年四月二十九日　告示

参考文献

一、档案文献

[1] 云南省德钦县志编纂委员会. 德钦县志［M］. 昆明：云南民族出版社，1997.

[2] 中国人民政治协商会议云南省德钦县委员会文史资料委员会. 德钦县文史资料：第 1 辑［M］. 迪庆藏族自治州：中国人民政治协商会议云南省德钦县委员会文史资料委员会，2003.

[3] 云南省中甸县志编纂委员会. 中甸县志［M］. 昆明：云南民族出版社，1997.

[4] 迪庆藏族自治州民族宗教事务委员会. 迪庆州宗教志［M］. 北京：中国藏学出版社，1994.

[5] 迪庆藏族自治州政协文史资料委员会. 迪庆州文史资料：第 8 辑［M］. 迪庆藏族自治州：迪庆藏族自治州政协文史资料委员会，2010.

[6] 中国人民政治协商会议迪庆藏族自治州委员会文史资料研究委员会. 迪庆州文史资料选辑：第 2 辑［M］. 迪庆藏族自治州：中国人民政治协商会议迪庆藏族自治州委员会文史资料研究委员会，1988.

[7] 中国人民政治协商会议迪庆藏族自治州委员会文史资料研究委员会. 迪庆州文史资料选辑：第 3 辑［M］. 迪庆藏族自治州：中国人民政治协商会议迪庆藏族自治州委员会文史资料研究委员会，1990.

[8] 中国人民政治协商会议迪庆藏族自治州委员会文史资料研究委员会. 迪庆州文史资料选辑：第 5 辑［M］. 迪庆藏族自治州：中国人民政治协商会议迪庆藏族自治州委员会文史资料研究委员会，1994.

[9] 中甸县志编纂委员会办公室. 中甸县志资料汇编［G］. 迪庆藏族自治州：中甸县志编纂委员会办公室，1991.

[10] 刘群. 迪庆藏族自治州志［M］. 昆明：云南人民出版社，2003.

[11] 中山大学历史系. 滇西民族原始社会史调查资料［M］. 广州：中山大学历史系，1979.

[12] 贡山独龙族怒族自治县县志办. 贡山独龙族怒族自治县志［M］. 北京：民族出版社，2006.

[13] 中国人民政治协商会议怒江傈僳族自治州委员会文史资料研究组. 怒江文史资料选辑：第2辑［M］. 怒江傈僳族自治州：中国人民政治协商会议怒江傈僳族自治州委员会文史资料研究组，1984.

[14] 中国人民政治协商会议怒江傈僳族自治州委员会文史资料研究组. 怒江文史资料选辑：第4辑［M］. 怒江傈僳族自治州：中国人民政治协商会议怒江傈僳族自治州委员会文史资料研究组，1985.

[15] 中国人民政治协商会议怒江傈僳族自治州委员会文史资料研究组. 怒江文史资料选辑：第7辑［M］. 怒江傈僳族自治州：中国人民政治协商会议怒江傈僳族自治州委员会文史资料研究组，1987.

[16] 中国人民政治协商会议怒江傈僳族自治州委员会文史资料研究组. 怒江文史资料选辑：第8辑［M］. 怒江傈僳族自治州：中国人民政治协商会议怒江傈僳族自治州委员会文史资料研究组，1987.

[17] 中国人民政治协商会议怒江傈僳族自治州委员会文史资料研究组. 怒江文史资料选辑：第17辑［M］. 怒江傈僳族自治州：中国人民政治协商会议怒江傈僳族自治州委员会文史资料研究组，1991.

[18] 中国人民政治协商会议怒江傈僳族自治州委员会文史资料研究组. 怒江文史资料选辑：第18辑［M］. 怒江傈僳族自治州：中国人民政治协商会议怒江傈僳族自治州委员会文史资料研究组，1991.

[19] 陈瑞金. 怒江旧志整理［M］. 怒江傈僳族自治州：［出版单位不详］，1998.

[20] 中国人民政治协商会议贡山独龙族怒族自治县委员会文史资料委员会. 贡山文史资料·创刊号［M］. 怒江傈僳族自治州：中国人民政治协商会议怒江傈僳族自治州委员会文史资料研究组，1992.

[21] 云南省民族研究所. 独龙族社会历史综合考察报告·专刊：第1集［M］. 昆明：云南省民族研究所，1983.

[22] 《民族问题五种丛书》云南省编辑委员会. 怒族社会历史调查［M］. 昆明：云南人民出版社，1981.

[23] 怒江傈僳族自治州地方志编纂委员会. 怒江傈僳族自治州志［M］.

北京：民族出版社，2006.

[24] 周光倬. 滇缅南段未定界调查报告书[M]. 铅印本. [出版地不详]：成文出版社，1935.

[25] 中国人民政治协商会议云南省维西傈僳族自治县委员会文史资料委员会. 维西文史资料：第3辑[M]. 迪庆藏族自治州：中国人民政治协商会议云南省维西傈僳族自治县委员会文史资料委员会，1995.

[26] 中国人民政治协商会议云南省维西傈僳族自治县委员会文史资料委员会. 维西文史资料：第5辑[M]. 迪庆藏族自治州：中国人民政治协商会议云南省维西傈僳族自治县委员会文史资料委员会，2000.

[27] 中国人民政治协商会议云南省维西傈僳族自治县委员会文史资料委员会. 维西文史资料：第7辑[M]. 迪庆藏族自治州：中国人民政治协商会议云南省维西傈僳族自治县委员会文史资料委员会，2008.

[28] 中国人民政治协商会议云南省维西傈僳族自治县委员会文史资料委员会. 维西文史资料：第8辑[M]. 迪庆藏族自治州：中国人民政治协商会议云南省维西傈僳族自治县委员会文史资料委员会，2011.

[29] 云南省维西傈僳族自治县志编纂委员会. 维西傈僳族自治县志[M]. 昆明：云南民族出版社，1999.

[30]《民族问题五种丛书》云南省编辑委员会. 独龙族社会历史调查：二[M]. 昆明：云南民族出版社，1985.

[31]《民族问题五种丛书》云南省编辑委员会. 纳西族社会历史调查[M]. 昆明：云南民族出版社，1983.

[32] 国家民委《民族问题五种丛书》编辑委员会，《中国民族问题资料·档案集成》编辑委员会. 中国民族问题资料·档案集成：第5辑，中国少数民族简史丛书：第98卷. [G]. 北京：中央民族大学出版社，2005.

[33]《傈僳族简史》编写组. 傈僳族简史[M]. 昆明：云南人民出版社，1983.

[34]《怒族简史》编写组. 怒族简史[M]. 昆明：云南人民出版社，1987.

[35] 《独龙族简史》编写组. 独龙族简史［M］. 昆明：云南人民出版社，1986.

[36] 云南民族学院图书馆. 云南傈僳族及贡山福贡社会调查报告［M］. 成都：西南民族学院图书馆，1986.

[37] 中国地方志集成工作委员会. 中国地方志集成：西藏府县志辑［M］. 成都：巴蜀书社，1995.

[38] 《中国少数民族社会历史调查资料丛刊》修订编辑委员会. 云南少数民族社会历史调查资料汇编：一［M］. 北京：民族出版社，2009.

[39] 国家民委《民族问题五种丛书》编辑委员会，《中国民族问题资料·档案集成》编辑委员会. 中国民族问题资料·档案集成：第2辑，中国少数民族简史丛书：第5卷.［G］. 北京：中央民族大学出版社，2005.

[40] 国家民委《民族问题五种丛书》编辑委员会，《中国民族问题资料·档案集成》编辑委员会. 中国民族问题资料·档案集成：第2辑，中国少数民族简史丛书：第13卷.［G］. 北京：中央民族大学出版社，2005.

[41] 李汝春. 唐至清代有关维西史料辑录［M］. 迪庆藏族自治州：维西傈僳族自治县志编委会办公室，1992.

[42] 木光. 木府风云录［M］. 昆明：云南民族出版社，2006.

[43] 张永康，彭晓. 木氏宦谱［M］. 昆明：云南美术出版社，2001.

[44] 方国瑜. 云南史料丛刊：第4卷［M］. 昆明：云南大学出版社，1998.

[45] 方国瑜. 云南史料丛刊：第12卷［M］. 昆明：云南大学出版社，2001.

[46] 高发元. 怒族：贡山丙中洛乡查腊社［M］. 昆明：云南大学出版社，2001.

[47] 于希贤，沙露茵. 云南古代游记选［M］. 昆明：云南人民出版社，1988.

[48] 张其勤. 清代藏事辑要［M］. 吴丰培，增辑，拉萨：西藏人民出版社，1983.

二、中文专著

[1] 邢建国，汪青松，吴鹏森. 秩序论［M］. 北京：人民出版社，1993.
[2] 王天玺. 西藏今昔［M］. 济南：山东大学出版社，1988.
[3] 张增祺. 中国西南民族考古［M］. 昆明：云南人民出版社，1990.
[4] 方国瑜. 方国瑜文集［M］. 昆明：云南教育出版社，2001.
[5] 石硕. 藏彝走廊：历史与文化［M］. 成都：四川人民出版社，2005.
[6] 高志英. 藏彝走廊西部边缘民族关系与民族文化变迁研究［M］. 北京：民族出版社，2010.
[7] 东嘎·洛桑赤列. 论西藏政教合一制度［M］. 陈庆英，译. 拉萨：西藏人民出版社，1985.
[8] 梁治平. 法律的文化解释［M］. 北京：生活·读书·新知三联书店，1994.
[9] 陶长松. 藏事论文选［M］. 拉萨：西藏人民出版社，1985.
[10] 李安宅. 藏族宗教史之实地研究［M］. 上海：上海人民出版社，2005.
[11] 李安宅，于式玉. 李安宅、于式玉藏学文论选［M］. 北京：中国藏学出版社，1992.
[12] 何明，吴明泽. 中国少数民族酒文化［M］. 昆明：云南人民出版社，1999.
[13] 林继富. 灵性高原：西藏民间信仰源流［M］. 武汉：华中师范大学出版社，2004.
[14] 吴飞. 火塘·教堂·电视：一个少数民族社区的社会传播网络研究［M］. 北京：光明日报出版社，2008.
[15] 丹珠昂奔. 藏族神灵论［M］. 北京：中国社会科学出版社，1990.
[16] 李志农，丁柏峰. 融痕：滇西北汉藏文化边缘奔子栏藏族村落民族志［M］. 昆明：云南人民出版社，2009.
[17] 康志杰. 基督教的礼仪节日［M］. 北京：宗教文化出版社，2003.
[18] 阎云翔. 私人生活的变革：一个中国村庄里的爱情、家庭与亲密关系：1949—1999［M］. 龚小夏，译. 上海：上海书店出版社，2009.
[19] 郭建斌. 边缘的游弋：一个边疆少数民族村庄近60年变迁［M］.

昆明：云南人民出版社，2010.

[20] 刘曼卿. 国民政府女密使赴藏纪实：原名康藏轺征［M］. 北京：民族出版社，1998.

[21] 摩罗. 中国的疼痛：国民性批判与文化政治学困境［M］. 上海：复旦大学出版社，2011.

[22] 马鹤天. 甘青藏边区考察记［M］. 兰州：甘肃人民出版社，2003.

[23] 杨仲华. 西康纪要［M］. 北京：商务印书馆，1937.

[24] 刘鼎寅，韩军学. 云南天主教史［M］. 昆明：云南大学出版社，2005.

[25] 郑维川. 独龙族：贡山丙中洛乡小茶腊社［M］. 昆明：云南大学出版社，2001.

[26] 王恒杰. 迪庆藏族社会史［M］. 北京：中国藏学出版社，1995.

[27] 刘俊哲，罗布江村. 藏传佛教哲学思想资料辑要［M］. 北京：民族出版社，2007.

[28] 傅嵩炑. 西康建省记［M］. 陈栋梁，重刊. 南京：中华印刷公司，1932.

[29] 张坦. "窄门"前的石门坎：基督教文化与川滇黔边苗族社会［M］. 昆明：云南教育出版社，1992.

[30] 坚赞才旦，许韶明. 青藏高原的婚姻和土地：引入兄弟共妻制的分析［M］. 广州：中山大学出版社，2013.

[31] 张诗亚. 祭坛与讲坛：西南民族宗教教育比较研究［M］. 昆明：云南教育出版社，1992.

[32] 任乃强. 西康图经：民俗篇［M］. 台北：南天书局有限公司，1987.

[33] 温士贤. 家计与市场：滇西北怒族社会的生存选择［M］. 北京：社会科学文献出版社，2013.

[34] 杨毓骧，杨奇威. 雪域下的民族［M］. 昆明：云南教育出版社，2008.

[35] 张自强. 傈僳族祭祀经［M］. 张自强，杨宗，译. 昆明：云南人民出版社，2006.

[36] 郑风田. 制度变迁与中国农民经济行为［M］. 北京：中国农业科技出版社，2000.

［37］杨恩洪. 藏族妇女口述史［M］. 北京：中国藏学出版社，2006.

［38］张劲夫，罗波. 独龙江文化史纲：俅人及其邻族的社会变迁研究［M］. 广州：中山大学出版社，2013.

［39］段伶. 怒族［M］. 北京：民族出版社，1991.

［40］费孝通，张之毅. 云南三村［M］. 北京：社会科学文献出版社，2006.

［41］陈立明，曹晓燕. 西藏民俗文化［M］. 北京：中国藏学出版社，2003.

［42］杨智勇，秦家华，李子贤. 云南少数民族生葬志［M］. 昆明：云南民族出版社，1988.

［43］顾希佳. 社会民俗学［M］. 哈尔滨：黑龙江人民出版社，2003.

［44］何显明. 中国人的死亡心态［M］. 上海：上海文化出版社，1993.

［45］卜长莉. 社会资本与社会和谐［M］. 北京：社会科学文献出版社，2005.

［46］陶云逵. 陶云逵民族研究文集［M］. 北京：民族出版社，2012.

［47］朱文惠. 佛教寺院与农牧村落共生关系：中国西南藏族社区研究［M］. 台北：唐山出版社，2002.

［48］斯那都居，扎西邓珠. 圣地卡瓦格博秘籍［M］. 昆明：云南民族出版社，2007.

［49］潘发生. 揭开滇川藏三角区历史文化之谜［M］. 昆明：云南民族出版社，2008.

［50］施琳. 经济人类学［M］. 北京：中央民族大学出版社，2002.

［51］费孝通. 乡土中国［M］. 北京：北京大学出版社，1998.

［52］王明达，张锡禄. 马帮文化［M］. 昆明：云南人民出版社，1994.

［53］杨增适. 苍茫茶马道［M］. 昆明：云南民族出版社，2008.

［54］费孝通. 中国绅士［M］. 惠海鸣，译. 北京：中国社会科学出版社，2006.

［55］王铭铭. 人类学讲义稿［M］. 北京：世界图书出版公司北京公司，2011.

［56］王明珂. 华夏边缘：历史记忆与族群认同［M］. 增订本. 杭州：浙江人民出版社，2013.

［57］王恒杰. 傈僳族［M］. 北京：民族出版社，1987.

[58] 龚荫. 中国土司制度 [M]. 昆明：云南民族出版社，1992.
[59] 余海波，余嘉华. 木氏土司与丽江 [M]. 昆明：云南民族出版社，2002.
[60] 龚荫. 明清云南土司通纂 [M]. 昆明：云南民族出版社，1985.
[61] 胡兴东. 治理与认同：民族国家语境下社会秩序形成问题研究：以1840—2000年云南边疆民族为中心 [M]. 北京：知识产权出版社，2013.

三、中文译著

[1] 埃里克森. 无需法律的秩序：邻人如何解决纠纷 [M]. 苏力，译. 北京：中国政法大学出版社，2003.
[2] 李普塞特. 一致与冲突 [M]. 张华青，等，译. 上海：上海人民出版社，1995.
[3] 博登海默. 法理学——法哲学及其方法 [M]. 北京：华夏出版社，1997.
[4] 华莱士，沃尔夫. 当代社会学理论：对古典理论的扩展 [M]. 刘少杰，等，译. 北京：中国人民大学出版社，2008.
[5] 哈耶克. 法律、立法与自由 [M]. 邓正来，张守东，李静冰，译. 北京：中国大百科全书出版社，2000.
[6] 罗斯. 社会控制 [M]. 秦志勇，毛永政，译. 北京：华夏出版社，1989.
[7] 爱弥尔·涂尔干. 宗教生活的基本形式 [M]. 渠东，汲喆，译. 上海：上海人民出版社，2006.
[8] 韦伯. 支配社会学 [M]. 康乐，简惠美，译. 桂林：广西师范大学出版社，2004.
[9] 福山. 大分裂：人类本性与社会秩序的重建 [M]. 刘榜离，王胜利，译. 北京：中国社会科学出版社，2002.
[10] 帕森斯. 社会行动的结构 [M]. 张明德，等，译. 南京：译林出版社，2008.
[11] 列菲弗尔. 论国家：从黑格尔到斯大林和毛泽东 [M]. 李青宜，等，译. 重庆：重庆出版社，1993.
[12] 马丁·因尼斯. 解读社会控制：越轨行为、犯罪与社会秩序 [M]. 北京：中国人民公安大学出版社，2009.

［13］福柯. 规训与惩罚：监狱的诞生［M］. 刘北成，杨远婴，译. 4版. 北京：生活·读书·新知三联书店，2012.

［14］李普塞特. 政治人：政治的社会基础［M］. 张绍宗，译. 上海：上海人民出版社，1997.

［15］L. 科塞. 社会冲突的功能［M］. 孙立平，等，译. 北京：华夏出版社，1989.

［16］杜赞奇. 文化、权力与国家：1900—1942年的华北农村［M］. 王福明，译. 南京：江苏人民出版社，2008.

［17］约瑟夫·洛克. 中国西南古纳西王国：译校本［M］. 刘宗岳，等，译. 昆明：云南美术出版社，1999.

［18］大卫·妮尔. 一个巴黎女子的拉萨历险记［M］. 耿昇，译. 拉萨：西藏人民出版社，1997.

［19］史密斯. 宗教的意义与终结［M］. 董江阳，译. 北京：中国人民大学出版社，2005.

［20］布莱恩·S. 特纳，克里斯·瑞杰克. 社会与文化：稀缺和团结的原则［M］. 吴凯，译. 北京：北京大学出版社，2009.

［21］罗伯特B. 埃克瓦尔，波塞尔德·劳费尔. 藏族与周边民族文化交流研究［M］. 苏发祥，洛赛，编译. 北京：中央民族大学出版社，2013.

［22］凡勃伦. 有闲阶级论：关于制度的经济研究［M］. 蔡受百，译. 北京：商务印书馆，1964.

［23］萨林斯. 石器时代经济学［M］. 张经纬，郑少雄，张帆，译. 北京：生活·读书·新知三联书店，2009.

［24］斯科特. 农民的道义经济学：东南亚的反叛与生存［M］. 程立显，刘建，等，译. 南京：译林出版社，2007.

［25］罗德尼·斯达克，罗杰尔·芬克. 信仰的法则：解释宗教之人的方面［M］. 杨凤岗，译. 北京：中国人民大学出版社，2004.

［26］雷蒙德·弗思. 人文类型［M］. 费孝通，译. 北京：华夏出版社，2002.

［27］马林诺夫斯基. 文化论［M］. 费孝通，译. 北京：中国民间文艺出版社，1987.

［28］池田大作，B. 威尔逊. 社会与宗教［M］. 梁鸿飞，王健，译. 成

都：四川人民出版社，1991．

[29] 斐迪南·滕尼斯．共同体与社会：纯粹社会学的基本概念［M］．林荣远，译．北京：北京大学出版社，2010．

[30] 包尔丹．宗教的七种理论［M］．陶飞亚，等，译．上海：上海古籍出版社，2005．

[31] 罗伯托·希普里阿尼．宗教社会学史［M］．劳拉·费拉罗迪，英译；高师宁，汉译．北京：中国人民大学出版社，2005．

[32] 费尔巴哈．宗教的本质［M］．王太庆，译．北京：人民出版社，1999．

[33] 乌格里诺维奇．宗教心理学［M］．沈翼鹏，译．北京：社会科学文献出版社，1989．

[34] 雷蒙·阿隆．社会学主要思潮［M］．葛智强，胡秉诚，王沪宁，译．北京：华夏出版社，2000．

[35] 斯特伦．人与神：宗教生活的理解［M］．金泽，何其敏，译．上海：上海人民出版社，1991．

[36] 加尔布雷思．权力的分析［M］．陶远华，苏世军，译．石家庄：河北人民出版社，1988．

[37] 唐·布莱克．社会学视野中的司法［M］．郭星华，等，译．北京：法律出版社，2002．

[38] 亚当·斯密．道德情操论［M］．王秀莉，等，译．北京：北京理工大学出版社，2009．

[39] 布迪厄．实践感［M］．蒋梓骅，译．南京：译林出版社，2003．

[40] 葛兰言．古代中国的节庆与歌谣［M］．赵丙祥，张宏明，译．桂林：广西师范大学出版社，2005．

[41] 弗朗索瓦·巴达让．永不磨灭的风景：香格里拉：百年前一个法国探险家的回忆［M］．郭素芹，著译．昆明：云南人民出版社，2001．

[42] 冈田谦，尾高邦雄．黎族三峒调查［M］．金山，等，译．北京：民族出版社，2009．

[43] 兰德尔·柯林斯．互动仪式链［M］．林聚任，王鹏，宋丽君，译．北京：商务印书馆，2009．

[44] 哈布瓦赫．论集体记忆［M］．毕然，郭金华，译．上海：上海人

民出版社，2002．

［45］棚濑孝雄．纠纷的解决与审判制度［M］．王亚新，译．北京：中国政法大学出版社，2002．

［46］布迪厄，华康德．实践与反思：反思社会学导引［M］．李猛，李康，译．北京：中央编译出版社，2004．

［47］杜兰．世界文明史：第4卷［M］．幼狮文化公司，译．北京：东方出版社，1989．

［48］埃利希．法社会学原理［M］．舒国滢，译．北京：中国大百科全书出版社，2009．

［49］亨利·奥尔良．云南游记：从东京湾到印度［M］．龙云，译．昆明：云南人民出版社，2001．

［50］戴维·波普诺．社会学［M］．刘云德，王戈，译．沈阳：辽宁人民出版社，1987．

［51］莫斯．礼物：古式社会中交换的形式与理由［M］．汲喆，译．上海：上海人民出版社，2005．

［52］普里查德．论社会人类学［M］．冷凤彩，译．北京：世界图书出版公司北京公司，2009．

［53］W．古德．家庭［M］．魏章玲，译．北京：社会科学文献出版社，1986．

［54］贝克尔．家庭经济分析［M］．彭松建，译．北京：华夏出版社，1987．

［55］阿吉兹．藏边人家：关于三代定日人的真实记述［M］．翟胜德，译．拉萨：西藏人民出版社，1987．

［56］欧爱玲．饮水思源：一个中国乡村的道德话语［M］．钟晋兰，曹嘉涵，译．北京：社会科学文献出版社，2013．

［57］明恩溥．中国乡村生活［M］．午晴，唐军，译．北京：时事出版社，1998．

［58］戴维斯．云南：联结印度和扬子江的链环：19世纪一个英国人眼中的云南社会状况及民族风情［M］．李安泰，等，译．2版．昆明：云南教育出版社，2001．

［59］约翰·希克斯．经济史理论［M］．厉以平，译．北京：商务印书馆，1987．

［60］施坚雅. 中国农村的市场和社会结构［M］. 史建云，徐秀丽，译. 北京：中国社会科学出版社，1998.

［61］哈贝马斯. 公共领域的结构转型［M］. 曹卫东，等，译. 上海：学林出版社，1999.

［62］布罗代尔. 菲利普二世时代的地中海和地中海世界：第1卷［M］. 唐家龙，曾培耿，等，译. 北京：商务印书馆，2009.

［63］莫尔根. 古代社会［M］. 杨东莼，等，译. 北京：生活·读书·新知三联书店，1957.

［64］米尔斯. 社会学的想象力［M］. 陈强，等，译. 北京：三联书店，2012.

［65］石泰安. 西藏的文明［M］. 耿昇，译. 北京：中国藏学出版社，2005.

［66］卢柏. 西藏殉教者：杜仲贤神父传［M］. 侯鸿佑，译. 台北：光启出版社，1965.

［67］埃里克森. 小地方，大论题：社会文化人类学导论［M］. 董薇，译. 北京：商务印书馆，2008.

［68］陈光国. 藏族习惯法在判处刑事案件中的作用探讨［C］//民族学研究（第10辑）：中国民族学会第四届学术讨论会论文集，1989.

［69］陶云逵. 碧落雪山之栗粟族［G］//载夏鼐，陈寅恪. 历史语言研究所集刊：第十七册. 上海：商务印书馆，1948.

［70］范义田. 谈谈江边古宗［G］//云南边地问题研究：上册. 昆明：云南省立昆华民众教育馆，1933.

［71］林美容. 台湾民间信仰的社会面［G］//人类学与台湾. 台北：稻香出版社，1988.

［72］汪宁生. 记滇西北几个喇嘛寺［G］//汪宁生论著萃编：上. 昆明：云南民族出版社，2001.

四、中文论文

［1］杨华双. 土司制度下藏族传统社会秩序的法律调控分析：以川、甘、青、滇地区为例［J］. 西南民族大学学报，2013（8）.

［2］赵文红. 试论清代云南藏区的社会控制力量［J］. 思茅师范高等专科学校学报，2007（1）.

［3］卢梅. 国家权力扩张下的民族地方政治秩序建构：晚晴康区改流中

的制度性选择［J］. 民族研究，2008（5）.

［4］丹珠昂奔. 藏区寺院的社会功能及其改造［J］. 中央民族学院学报，1992（6）.

［5］朱丽霞. 藏族僧人的社会调解活动考辨：以15世纪之前的藏传佛教为例［J］. 西藏研究，2011（1）.

［6］切排，王兰. 藏传佛教高僧在和谐藏区构建中的地位和作用研究［J］. 青海社会科学，2013（1）.

［7］潘志成. 藏族社会传统纠纷调解制度初探［J］. 贵州民族学院学报，2009（1）.

［8］安静. 论我国藏区民间纠纷私力救助［J］. 法学杂志，2012（12）.

［9］吴成立. 民间组织与宗教：藏族乡村的社会控制：以西藏芒康县盐井纳西民族乡为例［G］. 任乃强与康藏研究学术研讨会论文摘要，2009.

［10］王玉琴，德吉卓嘎，袁野. 藏族民间调解的脉动［J］. 西藏大学学报，2011（4）.

［11］扎洛. 社会转型期藏区草场纠纷调解机制研究：对川西、藏东两起草场纠纷的案例分析［J］. 民族研究，2007（3）.

［12］赵书文. 国家权威阴影之下的宗教权威：以甘青藏区纠纷调解为例［J］. 湖北民族学院学报，2012（5）.

［13］钟玉英. 论藏族社会中的藏传佛教仪式及其社会功能［J］. 四川大学学报，2006（6）.

［14］卫霞. 习惯法与民族社会法律控制：以甘南藏区地区为例［J］. 甘肃理论学刊，2013（1）.

［15］完麻加. 森普神山崇拜及其社会整合功能［J］. 青海民族研究，2013（3）.

［16］坚赞才旦，岳小国. 论三岩藏族的壁葬及其社会控制［J］. 任乃强与康藏研究学术研讨会论文摘要，2009.

［17］胡兴东. 云南藏区属卡制度研究［J］. 中国藏学，2008（2）.

［18］总喀·漾正冈布，何乃柱. 地方性知识与藏区和谐社会的构建：以民间或非政府组织为视角［J］. 藏学学刊，2008（4）.

［19］贡保扎西，琼措. 论藏族村落中的民间组织及其社会功能：以舟曲县武平乡那下村为例［J］. 西藏大学学报，2010（4）.

[20] 李星星. 论"藏彝走廊" [J]. 藏学学刊, 2005 (2).

[21] R·C. 安吉尔. 社会整合 [J]. 秦东晓, 译. 国外社会学, 1990 (4).

[22] 杨桦. 穿行在神奇的"三江并流"区 [J]. 中国西部, 2004 (5).

[23] 涂长望. 中国气候区域 [J]. 卢鋈, 译. 地理学报, 1936, 3 (3).

[24] 王谟. 由地形气候物产说明康、卫、唐之重要性 [J]. 禹贡半月刊, 1937, 6 (12).

[25] 秦和平, 张晓红. 近代天主教在川滇藏交界地区的传播：以"藏彝走廊"为视角 [J]. 西南民族大学学报（人文社科版）, 2009 (2).

[26] 方国瑜, 和志武. 纳西族的渊源、迁徙和分布 [J]. 民族研究, 1979 (1).

[27] 吴浦骦. 自然环境与藏族文化 [J]. 新亚西亚, 1936, 12 (3).

[28] 和力民. 东巴教的性质：兼论原始宗教界说 [J]. 思想战线, 1990 (2).

[29] 郑逸苹. 西康与畜牧 [J]. 中国建设, 1936, 13 (6).

[30] 旦增遵珠, 多庆, 索南才让. 从习俗与惯例中考察藏区草场纠纷行文 [J]. 中国农村观察, 2008 (2).

[31] 李式金. 云南阿墩子：一个汉藏贸易要地 [J]. 东方杂志, 1944, 40 (16).

[32] 韦伯. 权力的三种类型 [J]. 郑也夫, 译. 社会学与社会调查, 1991 (2).

[33] 胡翼成. 论康藏喇嘛制度 [J]. 边政公论, 1941, 1 (3~4).

[34] 李近春. 纳西族祭天初探 [J]. 民族学研究, 1982 (3).

[35] 南文渊. 藏族神山崇拜观念浅述 [J]. 西藏研究, 2000 (2).

[36] 廖东凡. 扎什伦布寺的密宗金刚神舞 [J]. 西藏民俗, 1994 (2).

[37] 薛艺兵. 对仪式现象的人类学解释：上 [J]. 广西民族研究, 2003 (2).

[38] 狐僧. 西康之土司喇嘛 [J]. 边事研究, 1939 (3~4).

[39] 郭丽娜, 陈静. 论清代中叶巴黎外方传教会对四川天主教徒的管理和改造 [J]. 宗教学研究, 2008 (1).

[40] 范愉. 私力救济考 [J]. 江苏社会科学, 2007 (6).

[41] 安静. 论我国藏区民间纠纷私力救济 [J]. 法学杂志, 2012 (12).

[42] 夺节. 寺院与喇嘛生活 [J]. 康导月刊, 1945, 6 (2～4).

[43] 谭锡畴. 西康地理调查述略 [J]. 师大月刊, 1932 (3).

[44] 梁瓯第. 西康喇嘛寺的教育 [J]. 贵州教育, 1930, 2 (3).

[45] 李中定. 康区的习惯法 [J]. 边疆通讯, 1943, 1 (1).

[46] 贺觉非. 理化喇嘛寺之面面观 [J]. 新西康, 1938 (1).

[47] 赵艾东. 美国传教士史德文在1917—1918年康藏纠纷中的活动与角色 [J]. 西藏研究, 2008 (6).

[48] 震声. 外国教会与云南西南边疆之政教 [J]. 边事研究, 1937, 6 (4).

[49] 杨华双. 嘉绒藏区习惯法中的司法制度 [J]. 西南民族大学学报, 2005 (4).

[50] 刘芳. "宗教经济租"和马克思宗教本质论问题研究 [J]. 广西民族研究, 2012 (4).

[51] 周兴维. 神权农奴制的起源和终结: 中国传统藏区的一个宗教经济学解读以及在现代藏区发展中引入"宗教经营"的问题 [J]. 西南民族大学学报, 2006 (6).

[52] 意芬. 青海人的迷信喇嘛 [J]. 申报月刊, 1935, 4 (6).

[53] 厦峰. 喇嘛教在西藏 [J]. 中学生杂志, 1946 (171).

[54] 谢国安. 藏人论藏: 上 [J]. 李安宅, 译. 边政公论, 1942, 1 (7～8).

[55] 李复同. 喇嘛与喇嘛庙 [J]. 边事研究, 1935, 3 (6).

[56] 王端玉. 喇嘛教与藏族人口 [J]. 民族研究, 1984 (1).

[57] 荣盛. 蒙古人口 [J]. 中国少数民族人口, 1988 (1).

[58] 张印堂. 西藏环境与藏人文化 [J]. 边政公论, 1948, 7 (1).

[59] 毕素华. 论基督教的慈善观 [J]. 南京社会科学, 2006 (12).

[60] 施帝恩. "商人型传教士"的新型宗教: 法国天主教传教士在滇西北的早期活动 (1846—1865) [J]. 尼玛扎西, 刘源, 译. 西南民族大学学报, 2011 (1).

[61] 冉光荣. 天主教西康教区论述 [J]. 康定民族师专学报, 1987 (2).

[62] 刘龄九. 本部卫生工作简单介绍 [J]. 边疆服务, 1944 (7).

[63] 杨友墨. 甘边藏民民情述略 [J]. 开发西北, 1935, 3 (5).

[64] 李培芳. 西康的喇嘛和喇嘛寺 [J]. 康导月刊, 1939, 1 (9).

[65] 李祥文. 结拜风俗研究 [J]. 山西师大学报, 2009 (6).

[66] 罗兴佐. 农民合作的类型与基础 [J]. 华中师范大学学报, 2004 (1).

[67] 习煜华. 流行于纳西社会里的"赊" [J]. 云南民族学院学报, 1994 (4).

[68] 和秀涓. 纳西族化赊的功能变迁研究 [J]. 人民论坛, 2013 (2).

[69] 萧瑛. 藏族妇女的生活 [J]. 妇女月刊, 1948, 7 (1).

[70] 赵心愚. 纳西族的成人礼 [J]. 中国民族, 2011 (11).

[71] 陈保亚. 论茶马古道的起源 [J]. 思想战线, 2004 (4).

[72] 谭方之. 滇茶藏销 [J]. 边政公论, 1944, 3 (11).

[73] 崔可信. 盐井县之地质及盐产调查 [J]. 西康经济季刊, 1944 (8).

[74] 兰克. 从创世神话的社会作用看神话的本质特征 [J]. 云南民族学院学报, 1986 (4).

[75] 李明. 西康风光 [J]. 东方杂志, 1936, 33 (4).

[76] 谭英华. 康人农业家庭组织的研究：续完 [J]. 边政公论, 1945, 4 (4~6).

[77] PAUL HUSTON STEVENSON. 西康人文地理述略 [J]. 源泉, 译. 清华周刊, 1933 (7~8).

[78] 李明. 西康风光 [J]. 东方杂志, 1936, 33 (4).

[79] 江应樑. 云南土司制度之利弊与存废 [J]. 边政公论, 1947, 6 (1).

[80] 黄举安. 西康风俗丛谈 [J]. 开发西北, 1934, 2 (2).

[81] 杨益群. 明代丽江府的社会发展与木氏土司的统治 [J]. 丽江方志, 1989 (1).

[82] 刘琪. 国家与地方的纠葛与想象：以民国期间的德钦县为例 [J]. 西北民族研究, 2013 (4).

[83] 刘琪. 流动性与多样性：对云南德钦县的历史人类学考察 [J]. 社会转型与文化转型：人类学高级论坛, 2012.

[84] 阿伯勒·科恩. 伦敦诺丁山狂欢节发展中的戏剧和政治 [J]. 何国

强，王正宇．译．青海民族研究，2008（2）．

[85] 太虚．改进藏族经济政治教育之路线［J］．时代精神，1941，5（3）．

[86] 周晓和．川康地质考察旅行杂记：续二［J］．建设周讯，1937，3（11）．

[87] 张清，王烨．一妻多夫：一种民间法视角的"生存性智慧"［J］．原生态民族文化学刊，2012，4（4）．

[88] 张溪愚．保甲制度与社会治安的关联［J］．人言周刊，1934，1（26～50）．

[89] 柯象峰．西康纪行（续完）［J］．边政公论，1942，1（9～10）．

[90] 王存奎．民间信仰与社会和谐：民俗学视角下的社会控制［J］．中国人民公安大学学报，2009（6）．

[91] 埃莉诺·珀柯·利科克．保卫恩格斯（一）——《家庭、私有制和国家的起源》的美国版导引［J］．何国强，译．青海民族大学学报，2015（2）．

[92] 朱富强．社会扩展秩序中的"人类意识"刍议：哈耶克的自生自发秩序之检视［J］．制度经济学研究，2008（1）．

五、英文论著

[1] GOOLEY C H. Human nature and the social order［M］. New York：Scribners，1902．

[2] PARK R E，BURGESS E W. Introduction to the science of sociology［M］. Chicago：University of Chicago Press，1921．

[3] PARK R E. On social control and collective behaviour［M］. Chicago：University of Chicago Press，1967．

[4] COHEN S. Visions of social control［M］. Cambridge：Polity Press，1985．

[5] GLUCKMAN M. Order and rebellion in tribal Africa［M］. New York：The Free Press of Glencoe，1963．

[6] HSIAO KUNG-CHUAN. Rural China：imperial control in the nineteenth century［M］. Seattle：University of Washington Press，1960．

[7] SIU HELEN F. Agents and victims in South China：accomplices in rural revolution［M］. New Haven：Yale University Press，1989．

［8］ EVANC – PRITCHARD E E. Anthropology and history ［M］//Social anthropology and other essa Rys. New York: Free Press, 1962.

［9］ LHAMO R. We tibetans ［M］. London: Seeley Servise Co, 1926.

［10］ GELLNER E. Nations and nationalism ［M］. Oxford: Blackwell, 1993.

［11］ GLUCKMAN M. Custom and conflict in Africa ［M］. Oxford: Basil Blackwell, 1956.

［12］ NORMA DIAMOND. Kun shen: a Taiwan village. Holt ［M］. New York: Rinehart & Winston, 1976.

［13］ TURNER V W, TURNER E L B. Image and pilgrimage in Christian culture: anthropological perspectives ［M］. New York: Columbia University Press, 1978.

［14］ WEAVER W, BEADLE G W. U. S. Philanthropic foundations: their history, structure, management, and record ［M］. New York: Harper & Row Publishers, 1967.

［15］ SELIGMAN A B, WELLER R P. Rethinking pluralism: ritual, experience, and ambiguity ［M］. New York: Oxford University Press, 2012.

［16］ BLOCH M. Symbols, song, dance and fratures of artculation: is religion an extreme form of traditional authority? ［J］. European Journal of Sociology, 1974, 15 (1).

后　　记

　　《圣经》云："凡事谢恩。"本书从选题敲定到田野工作和文献查考，再到文本撰写，直至出版，其间有太多的人给予我最无私的关心和帮助，有太多的事情值得去追忆和珍藏。借此机会，特意向你们表示由衷的感谢。

　　首先，我要发自肺腑地感谢我的学术领路人何国强教授。三载门下受教，何老师在学业和生活中都给了我最无怨无悔的帮助。正是他孜孜不倦的教导和鼓励，使我的知识水平和学术研究有了很大的提高。推敲本书选题的过程中，何老师与我进行过无数次的交谈。他高屋建瓴式的提点总能让我在困顿之时灵光乍现，少走了许多弯路；在本书撰写过程中，何老师不但为我提供了大量有用的资料，而且还定期"查岗"，询问写作进展情况；初稿完成后，小到标点符号、句型句法，大到内容架构、观点商榷，何老师都不厌其烦地修改润饰。应该说，在学术生涯的起步阶段能够遇到一位如此负责的老师是我的幸运。回头想来，如果没有何老师的操劳和支持，本书实难按时完成。但由于自己资质鲁钝、学识浅薄，对导师的耳提面命只能理解十之一二，所以本书仍有很多需要延伸和深层挖掘的地方，自觉愧对老师的期望。"路漫漫其修远兮，吾将上下而求索。"唯有不断地努力，才能报答老师的教诲之恩。同时，也要感谢张应强、周大鸣、张振江、刘志扬、麻国庆、邓启耀、刘昭瑞、谭同学、朱爱东、朱健刚等中山大学人类学系的诸位老师，在我当年求学的时光中，他们都曾给予我不同方式的指点和帮助，使我受益匪浅。

　　感谢身边的朋友李亚锋、李何春、罗波、韩彦、邹礼跃、罗兆均和陈贵明，我们曾经一起学习，共同生活，留下无数美好且难忘的回忆。尤其是罗波和罗兆均，他们不但为我撰写本书献计献策，而且还时刻照顾我。

每当我思绪不清、举步维艰的时候，他俩总是我固定的求助和倾诉对象。本书稿的顺利完成，理应有他们的一份功劳，而这份干净又纯洁的友情也值得我用一辈子去铭记。

在搜集材料的田野过程中，我结识了许多好心的朋友和乡亲。肖杰一老人、徐贵生夫妇、鲍金汉老人、刘文高老师、姚飞神父、吴公底会长、金安此里、刘海清、刘海云、刘金海、刘小弟、和玉龙、吴飞、扎西顿珠和阿旺等都曾对我伸出过援助之手，而我也正是靠着他们的支持和帮助，才得以顺利地融入田野并获得大量的口述史料。田野调查的大部分时间，我都寄宿在徐贵生家中，他们夫妇二人待我犹如亲子，使我虽身处异域，却处处感受到家的温暖，很大程度上化解了我的思乡之苦。金安此里、刘海清、刘海云、刘金海、刘小弟、和玉龙等一帮青年小伙不但是我田野工作的重要报道人，而且还积极为我担任翻译，负责与村民进行沟通，甚至由于志趣相投，他们还成了我排解田野苦闷的重要伙伴。令人万分遗憾的是，和玉龙在一次突发的泥石流自然灾害中罹难，年仅29岁。昨日还席地围坐，饮酒畅聊，今日却天上人间，竟成永诀。每每想到此处，不觉潸然泪下，在慨叹人世无常之余，也希望我的好兄弟能在天堂安歇，永享康宁！肖杰一老人虽年近九旬，但身体依然康健，吐字清晰，思维缜密，是当地村民公认的"智多星"。用肖老师的话说，我们俩可算是忘年之交。每次到他家中拜访，肖老师都知无不言，言无不尽；而肖阿姨则忙前忙后，极力款待。返回学校至今，肖老师仍不时打电话嘘寒问暖，表达深切的思念之情。我不确定什么时候能重返田野与其相聚，但我真心地祝福肖老师及其家人在未来的日子里平安吉祥，和和美美！……由于给我提供帮助的村民和朋友太多，囿于篇幅所限，恕我不能一一列举，但他们的劳苦并非徒然，必被纪念。

中山大学出版社的嵇春霞老师、高洵老师等为本书的出版做了大量的工作，不但认真、细致地三审三校书稿，而且还就若干地方提出了颇具建设性的意见。她们对本职工作高度负责的态度，足以担得起我最真挚的谢意。

最后，高堂养育之恩和姐弟情谊亦不可不提。想我经年在外，不但不能尽榻前之孝，而且虽已至而立之年却丝毫未立，仍时时刻刻让父母操劳困顿、牵肠挂肚。所幸的是，有两位姐姐在家，还能稍稍缓解一下我的愧疚之情。2014年的春节联欢晚会让一首《时间都去哪儿了》一时红遍了整个大江南北。"时间都去哪儿了？还没好好感受年轻就老了……时间都去哪儿了？还没好好看看你眼睛就花了。"父母之恩，水不能溺，火不能灭。现将小书奉上，希望能博父母一笑。他们若能开心，便是我继续前行的最大动力。

王晓

2016年8月